보수주의자의 삶

KI신서 9847

보수주의자의 삶

1판 1쇄 인쇄 2021년 7월 26일
1판 1쇄 발행 2021년 8월 2일

지은이 송희영
펴낸이 김영곤
펴낸곳 (주)북이십일 21세기북스

TF팀 이사 신승철
TF팀장 김익겸
영업팀장 한충희
제작팀 이영민 권경민

진행·디자인 놀이터
교정교열 차은선
일러스트 NIMBUS

출판등록 2000년 5월 6일 제406-2003-061호
주소 (10881) 경기도 파주시 회동길 201(문발동)
대표전화 031-955-2100 **팩스** 031-955-2151 **이메일** book21@book21.co.kr

ISBN 978-89-509-9690-1 (03340)

(주)북이십일 경계를 허무는 콘텐츠 리더

21세기북스 채널에서 도서 정보와 다양한 영상자료, 이벤트를 만나세요!
페이스북 facebook.com/jiinpill21 포스트 post.naver.com/21c_editors
인스타그램 instagram.com/jiinpill21 홈페이지 www.book21.com
유튜브 youtube.com/book21pub

보수 리더들의 인생을 통해 바라본 한국 보수의 미래

보수주의자의 삶

송희영 지음

21세기북스

트럼프와 박근혜의 공통점은 극우 편향으로 보수 분열 초래

2021년 1월 6일 일단의 과격 시위대가 미국 국회의사당을 초토화시켰다. 5명이 사망하고 경찰 138명이 부상하는 참사였다.

미국 국회 습격 사건을 계기로 극우 단체들이 언론의 조명을 받았다. 큐어넌QAnon, 프라우드 보이즈Proud Boys, 네오나치Neo-Nazi 같은 이름이 거론되었다. 터무니없는 음모론과 가짜뉴스를 퍼뜨리고 무장 과격 시위를 조장해온 시민 단체들이다.

이들은 공화당 트럼프 대통령을 맹목 지지했다. 2020년 대선에서 실제로 트럼프가 대통령에 재선되었으나 부정 선거로 조 바이든이 훔쳐갔다고 우겼다. 선거 무효 소송을 제기한 보수 단체들이 부지기수다.

그중에서 큐어넌이라는 단체의 주장은 트럼프가 자주 인용해 유명해졌다. 대통령 재임 중 큐어넌의 주장을 트위터에 216번이나 인용했다는 통계가 있다.

극우 단체 회원들은 자신들이 절대자 큐Q의 지시를 따른다고 했다. 일부에서는 트럼프를 '큐 플러스Q+'라는 애칭으로 불렀다. 미국 언론은 가짜뉴스와 음모론을 생산, 확산시킨 익명의 Q(큐어넌은 Q Anonymity의 준말)를 추적했다.

그러자 자신을 '큐 샤먼Q Shaman(무당)'이라고 떠드는 시민활동가부터 큐어넌 신봉자라는 하원의원까지 등장했다. 하버드 대학을 멀쩡하게 졸업한 작가가 큐어넌의 리더로 언론의 각광을 받았다. 큐어넌 신봉자의 63퍼센트는 백인, 30퍼센트는 대졸자라는 통계도 나왔다.

극우 단체들이 난립하자 '8쿤8Kun' 같은 익명 사이트가 극우 음모론의 진원지라는 얘기가 파다했다. 8쿤은 일본에서 21세기 초반 반한 감정을 최악으로 고조시킨 '2채널(후타 차네루)'의 미국인 동업자가 2016년 미국에 만든 극우 성향의 사이트다. 후타 차네루는 한국인과 한국을 매번 조롱하고 모욕했고, 재일 동포들을 상대로 혐오와 증오 범죄(hate crime) 분위기를 조성하는 데 앞장섰다. 익명으로 댓글과 영상을 올리는 사이버 게시판이 미국과 일본에서 동시에 극우 세력을 단합시키는 역할을 하고 있는 셈이다.

큐어넌, 8쿤의 등장은 미국 보수진영의 분열을 상징하는 현상이다. 극우 세력이 판을 휩쓸고 있다는 반증이다.

리더가 진영을 통솔하려면 중간 지점에서 양극단을 견제하거나 배제하며 세력의 단결을 이끌어야 한다. 하지만 트럼프는 미국 보수진영을 단합시키지 못했다. 큐어넌, 프라우드 보이즈 같은 극우 세력의 지지에 편승했다.

트럼프가 멕시코 국경에 장벽을 설치할 때 미국 극우 세력은 열광했다. 그는 국익을 앞세워 동맹국에 무역 보복 위협을 가하고 한미 동맹, 미일 동맹, 북대서양 동맹(NATO)에 깊은 생채기를 내는 결정을 내렸다. 또 극우 단체의 시위와 활동을 반기는 발언을 삼가지 않았다.

그것은 트럼프와 극우 단체의 공생이었다. 국력의 쇠퇴, 경기 침체, 빈부 격차 확대, 전염병 창궐을 겪으며 보수 정치 지도자가 정상 궤도를 벗어나는 조짐이 뚜렷했다.

온건한 보수주의자들은 트럼프의 말과 행동에 혀를 내두르며 반발했다. 트럼프의 과속 질주, 극우 세력의 극성스러운 활동으로 인해 2020년 선거에서 미국 보수진영은 분열되었다.

저명한 보수주의자들이 민주당의 조 바이든을 지지하겠다며 보수진영에 등을 돌렸다. 공화당 의원들 가운데 일부는 트럼프 탄핵에 찬성했다. 박근혜 탄핵에 한솥밥을 먹던 새누리(현 국민의 힘)당 국회의원들이 대거 찬성표를 던진 것과 같았다.

지도자가 이념의 한쪽 편으로 치우치면 반드시 내부에서 분단을 낳고 끝내는 진영을 파멸로 끌고 간다.

트럼프와 박근혜는 오직 맹렬 지지하는 컬트 집단에 의존했다. 골수 추종자들의 유혹에서 헤어나지 못해 진영을 산산조각 내버린 실패한 리더의 모습을 보여주었다. 두 사람은 정치권력을 상실함으로써 구심점을 약화시켰다. 골수 지지층에 현혹되어 분열과 다툼을 재촉했다.

보수주의 영웅들의 다채로운 모습

어느 나라, 어느 시대든 보수진영에는 여러 갈래의 분파가 존재한다.

극우가 있는가 하면 좌파 성향의 보수가 있다. 경제적 자유를 최고 가치로 내세우는 보수가 있는가 하면 일상생활에서 개인의 자유를 중시하는 생활 보수도 있다. 법질서 준수를 까다롭게 따지는 부류도 있는 반면에 배려와 용서를 더 강조하는 보수도 있다.

진정한 보수주의 지도자는 다양한 생각을 포용해야 한다. 국가라는 큰 공동체를 이끌 권력자라면 트럼프나 박근혜처럼 한쪽 극단으로 달려가서는 안 된다. 로널드 레이건, 마거릿 대처처럼 진영의 중도에서 여러 갈래의 생각을 듣고 공통점과 차이점을 가려내며 통합해야 한다. 그렇지 않으면 진영은 몇 갈래로 갈라서고 내부 갈등이 심각해지고 만다.

보수주의 영웅들은 대부분 진영의 단결과 통합에 성공했다. 국가라는 큰 공동체나 대형 교단도 좋고, 동네의 작은 모임이라도 좋다. 국가 지도자, 종교 지도자, 협회 회장 등 공동체 대표의 임무는 명백하다. 공동체 구성원들이 가장 간절하게 바라는 것이 무엇인지, 어떤 위협에 맞서야 하는지를 찾아내고, 그것을 토대로 공동체의 통합을 이루어내야 한다.

이 책은 보수주의 영웅 10명의 인생을 탐구하고 있다.

'보수주의 지도자들은 무엇을 끝까지 지키려고 했던 것일까.'

'보수주의 리더가 애지중지한 것은 무엇이었고, 그것을 위해 무엇을 버려야 했던가.'

'보수주의 지도자가 일생을 통해 얻은 것은 무엇이고 잃은 것은 무엇인가.'

'그들은 왜 보수주의 영웅으로 존경받는 것일까.'

이런 의문을 떠올리며 영국, 미국, 한국에서 10명을 선정했다. 그들 인생에서 마주친 찬란한 장면을 통해 보수주의 리더가 추구하는 것이 무엇인지 생각해보려고 했다.

10명의 선정 기준이 무엇인지 학술적, 과학적 근거는 허약하다.

찰스 코크 회장은 한국에 거의 알려지지 않은 인물이다. 반면 박정희는 너무 잘 알려져 한국인이라면 누구든 한마디 언급할 자격이 있다. 일본, 독일, 프랑스, 심지어 중국, 러시아에도 보수주의 리더는 많지만 연구 부족과 지면 사정으로 대상을 더 늘리지 않았다.

게다가 논란이 될 만한 인물들도 포함되어 있다. 소설가 조지 오웰, 배우 클린트 이스트우드, 항일 독립운동가 김구는 보수주의 영웅이라는 명찰에 거부감을 보일 수 있다.

클린트 이스트우드는 자유 만능주의자를 자처하고 있다. 조지 오웰은 자신을 민주적 사회주의자라고 선언했다. 진보진영이 영웅으로 꼽는 김구도 진보 계열의 인사로 인식하는 사람이 적지 않다. 하지만 이들의 인생은 보수주의 리더들의 여러 모습, 보수주의의 이색적인 발상과 노선을 반영하고 있다.

『노예의 길』을 집필한 노벨 경제학상 수상자 프리드리히 하이에크는 "나는 보수주의자가 아니다"라고 했다. 그러나 하이에크는 공산당의 재산 공유나 기업 국유화에 결사반대했고, 자유 시장경제를 누누이 강조했다. 국가 주도의 경제성장 계획이 국민을 노예로 만든다고 했다.

하이에크는 1944년에 이미 "계획경제는 반드시 독재로 흘러간다"고 경고했다. 경제개발 5개년계획으로 성공한 박정희가 30년 뒤 장기 집권의 독재 통치로 달려갈 것을 예언한 듯하다.

영국, 미국의 경영인들은 보수주의자가 아니라고 우기는 하이에크를 추앙했다. 미국 코크 그룹의 회장 찰스 코크 같은 기업인이 대표적이다. 기업 경영의 자유, 개인의 일상적 자유가 중요하다고 역설했기 때문이다.

조지 오웰은 하이에크와 별반 다르지 않다. 본인 뜻과는 상관없이 보수주의자들이 그를 존경한다는 점에서 그렇다.

보수주의 사상가나 정치인은 미국, 영국에 많다.

에드먼드 버크는 서양 보수주의의 원조다. 그의 저서들이 최근에나마 하나둘 한글로 번역되고 있어 다행이다. 영국에서는 2차 세계대전을 승리로 이끈 처칠이나 보수당 전성기를 만든 디즈레일리 총리, 마이클 오크숏을 비롯한 여러 철학자를 빼놓기 힘들다. 다만 한국인의 기억에 남아있는 대처 총리를 선택했다.

미국에서는 러셀 커크, 윌리엄 버클리, 레오 스트라우스, 로버트 니스벳, 프랜시스 후쿠야마, 새뮤얼 헌팅턴도 중요한 보수주의 리더다. 한국에서 지명도가 그다지 높지 않은 사람들보다는 보수진영을 통합시킨 레이건 대통령과 기독교 보수운동을 주도한 빌리 그레이엄 목사의 행적을 세밀하게 들여다볼 필요가 있다.

우리나라 보수진영에서는 오로지 이승만과 박정희를 보수주의 원조로 숭배하는 분들이 많다. 이는 보수주의가 비민주적이거나 폭력적인 정치 이념일 뿐이라는 인상을 주기 쉽다.

한국 보수주의의 3대 특징은 반공주의, 친미 성향, 경제성장 노선으로 요약된다.(자세한 논의는 졸저 『진짜 보수 가짜 보수』를 참조) 이승만은 친미·반공 노선에는 철저했지만 경제에서는 박정희만큼 실적을 내지 못했다. 이승만의 보수주의는 미완성 제품에 머물렀다.

김구는 공산주의에 반대하며 이승만과 함께 우파 진영에서 활약했으나 건국 과정에서 북한 김일성 세력과 대화 노선을 추구했다. 미군, 소련군의 동시 철수를 주장하며 미국과 거리를 두는 제스처를 취했고, 미국은 김구를 무척 견제했다. 김구를 암살한 범인 안두희는 미군 방첩대 소속이었다.

그가 반미주의자였던 것은 결코 아니다. 미국도 그를 제거 대상으로 꼽았다는 증언이나 기록은 아직 없다. 김구는 미국의 한반도 정책에 할 말을 했고, 그 때문에 미국과는 늘 마찰이 있었다.

김구는 20세기 민주주의, 자본주의에 최대 위협이었던 공산주의, 사회주의에 결코 동조하지 않았다. 보수 세력이 김구를 빨갱이 또는 진보진영의 영웅이라며 외면하는 것은 옳지 않다.

박정희는 민족의 숙원인 배고픔을 해결하고 한국 보수주의의 골격을 갖추었다는 평가를 받는다. 그는 미국이 추구하는 반공 전선 구축, 글로벌 시장 경제권 확대 전략을 활용, 한국의 국익을 극대화하기 위해 일본의 성공 모델을 모방했다. 그가 성취한 경제적 성과는 모두 미국의 세계 전략 틀에서 이루어졌다. 박정희는 일본 보수 세력이 집결한 자민당과 크게 다르지 않은 노선을 추구했다.

한국의 보수 세력이 이승만, 박정희만을 숭배하는 것은 편협한 판단이다. 보수 언론인으로는 선우휘를 꼽을 수 있고, 장준하의 경우 박정희와 맞서긴 했지만 그의 주장은 보수주의 노선을 따르고 있었다. 김구와 장준하는 닮았다. 그들은 이승만, 박정희의 반대쪽으로 간 것이 아니라 다른 길을 걸었을 뿐이다. 보수 소설가와 시인은 더 많다. 한경직, 조용기 같은 종교인도 보수진영의 영웅 명단에서 빠트릴 수 없다.

특히 한국 보수주의에 시장경제의 풍미를 보탰던 영웅은 정주영, 이병철 같은 재벌 창업자들이다. 이들은 경제 분야의 보수주의 영웅이다.

이승만, 박정희, 전두환, 노태우 등 역대 보수 정권은 기업을 항상 권력의 통제 아래 두고 싶어 했다. 창업 기업인들은 권력자와 유착

관계를 맺고 글로벌 자유 시장 경쟁에서 살아남으려고 애썼다. 그들이 글로벌 경쟁자로 나섰을 때 국가권력의 통제가 기업의 경쟁력을 심하게 발목 잡는다는 사실이 명확해졌다. 이 때문에 정주영은 정치권력에 도전, 한국 보수진영의 최고 리더가 되고 싶어 했다.

가난한 농민의 아들 정주영은 부잣집에서 창업한 이병철과는 달랐다. 이병철은 조심스러웠지만 정주영은 언제나 긍정의 철학을 고수하며 지금보다 나은 삶을 위한 투자에 몰두했다. 그는 돌다리도 두들겨 가며 건너라는 전래의 가르침을 무시하고 큰 위험을 안고서 모험을 감행했다. 정주영이야말로 한국 보수주의에 신선한 자극을 안긴 공로자가 아닐 수 없다.

| 차례 |

01 보수주의자의 다양한 얼굴

02 미국, 영국 보수 영웅의 인생

03 한국 보수주의 영웅

1부

보수주의자의 다양한 얼굴

클린트 이스트우드
Clint Eastwood, 1930~

"다른 사람의 간섭을 받지 않는
삶을 살고 싶다."

'황야의 무법자'는 어떻게
미국 보수의 영웅이 되었나

공화당 전당대회에서 '빈 의자' 퍼포먼스로 오바마 조롱

2012년 8월 30일 목요일, 미국 플로리다주 템파Tampa.

대형 태풍이 불어닥친다는 예보가 공화당 전당대회를 스산하게 만들었다. 예비선거에서 공화당 대선 후보로 미트 롬니Mitt Romney가 확정되어 후보 수락 연설이 예정된 날이었다.

롬니 후보의 수락 연설 직전 두 명의 스피커만 남겨두고 있었다. 마지막 한 명은 롬니를 청중에게 소개하는 인물이어서 이제 하이라이트를 장식할 가장 중요한 연사가 나올 차례였다. 분위기가 최고조에 올랐을 때 미스터리 연사가 등단했다. 미국의 대형 집회에서는 취재기자와 참석자들의 관심을 끌기 위해 미스터리 스피커의 순서를 배치한다.

이날 공화당 대선 후보를 한껏 띄워주는 역할을 맡은 인물이 영화

배우이자 감독 클린트 이스트우드였다. 82세에 공화당 대선 후보를 위한 지지 연설에 나선 것이다.

이스트우드는 무대 위에 빈 의자를 배치해놓고 연설을 시작했다. 빈 의자는 오바마가 대통령으로서 해야 할 일을 하지 않고 있다는 상징물이었다. 오바마가 비판과 조언을 듣지 않는다는 메시지이기도 했다.

이스트우드는 12분 동안 '빈 의자' 촌극을 펼쳤다. 다소 횡설수설이었으나 3,000만 명이 시청하는 가운데 열기가 달아올랐다. 할리우드 영웅은 공화당원과 보수 시청자를 한껏 흥분시켰다.

'빈 의자' 연출은 진보진영의 반발을 샀다. 진보 성향의 앵커, 배우들이 호된 비판을 이어갔다. 이스트우드는 그러나 굽히지 않았다.

"오바마는 일을 하지 않아요. 국회의사당에 찾아가 협상을 하지 않습니다. 백악관에 앉아 뭘 하는지 모르겠어요. 톱 자리를 차지하고 있는 사람은 모든 사람이 잘 되도록 만들어야 할 책임이 있어요. 두 명밖에 없는 회사든 200명이 근무하는 회사든 똑같아요. 최고위직이라면요."

그는 롬니에게 선거 자금을 모아주는 파티에 적극 참가했다.

오바마 공격은 거기서 그치지 않았다. 2016년 대선에서는 트럼프를 지지하겠다고 말하고 다녔다. 오바마가 뒤를 밀어주는 힐러리 민주당 후보가 싫기 때문이라고 했다. 나중에 트럼프에게 투표하지 않겠다고 한발 물러섰지만 진보진영에서는 그를 적대시했다.

이스트우드는 아이젠하워가 대선에 출마하자 그를 지지하려고 일찌감치 공화당 당원으로 등록했다. 하지만 공개 석상에서는 자신을

"정치적으로 무개념"이라고 말했다. 때로는 "사회문제에서는 리버럴이고, 경제 문제에서는 보수주의자"라고 했다.

2009년 이후 그는 스스로 자유 만능주의자(Libertarian)라고 했다. 리버테리언이란 미국에서 정부의 개입은 물론 이웃의 간섭까지 혐오하며 기업 활동의 자유와 얽매이지 않는 개인의 삶을 중시하는 일파를 말한다.

한때는 민주당 후보를 캘리포니아 주지사로 밀어주었다. 2020년 대선에서는 민주당의 예비선거 후보 마이크 블룸버그 지지를 선언했다.

일부 평론가는 그의 정치 성향을 따지는 일은 무의미하다고 말한다. '실용적 무소속' 또는 '그저 미국인', '특급 배우이자 아카데미상을 두 번 받은 영화감독'일 뿐이라는 것이다.

그를 어떤 정치 성향이라고 평가하든 이스트우드는 할리우드에 머물러 있지 않고 현실 정치 참여에 열심이었다. 대선 예비선거가 시작되면 이스트우드가 누구를 지지할 것인지가 최고의 정치 가십거리 중 하나였다. 할리우드 최고 스타가 지지하는 후보는 혜택을 볼 수밖에 없기 때문이다.

그는 자신이 살고 있는 동네의 시장 선거에 출마하기도 했다. 1986년, 이스트우드는 캘리포니아 최고급 주택가로 꼽히는 카멜(Carmel-by-the-sea) 시장 선거에서 당선되었다. 카멜은 인구 4,800명 안팎의 마을이다. 유명한 페블비치 골프장 바로 옆에 자리 잡고 있다.

이스트우드가 시장 출마를 결심한 계기는 두 가지다.

시에서 콘 아이스크림을 해안가 매점에서 팔지 못하도록 금지하는 명령을 내렸다. 길거리에서 아이스크림 콘을 빨고 돌아다니는 모습이 부자 동네에 맞지 않는 품위 없는 행동이라고 했다. 아이스크림을 즐기던 이스트우드에게 그처럼 부당한 행정 규제는 없었다.

또 다른 이슈는 시청이 이스트우드가 운영하는 식당의 증축 공사를 허가하지 않은 일이었다. 그는 유리창이 많은 2층 건물을 지으려고 했는데 시에서는 목재를 많이 쓰라고 요구해 마찰을 빚었다. 그는 애매한 기준으로 허가를 내주지 않는다며 소송을 걸겠다고 엄포를 놓다가 출마를 결심했다.

그는 72퍼센트의 압도적 지지로 당선되었다. 시장의 주급은 고작 200달러였다. 그가 선거전에 투입한 비용이 4만 달러였다.

시장 취임식에는 스타 연예인을 보려는 팬과 기자들까지 그가 받은 지지표만큼이나 많은 인파가 몰려들었다. 언론은 레이건에 이어 할리우드 배우가 또 한 명 정치판에 뛰어들었다고 법석을 떨었다.

레이건은 백악관에서 이스트우드에게 전화를 걸어왔다.

"원숭이와 함께 영화에 출연했던 배우가 정계에 무슨 볼일이 있으실까."

당선을 축하하는 농담이었다.

이스트우드는 캘리포니아에서 주지사 자문위원을 맡은 적이 있었다. 닉슨 행정부에서는 국가 예술위원회 위원을 역임했다. 레이건의 환영 전화까지 받자 정치인 변신은 자연스러운 수순으로 보였다.

취임식이 끝나자 그는 곧바로 식당 증·개축 허가를 방해하던 도시계획위원회 위원장을 교체했다. 길거리 가게의 아이스크림 콘 판매를 허용했다. 이어 해안가로 걸어갈 수 있는 산책길을 늘리고, 공공

도서관과 공용 화장실을 신축했다.

카멜의 해안가 습지를 매립해 대규모 주택 단지를 조성하려는 부동산 개발 프로젝트를 막으려고 개인 돈 550만 달러(61억 원가량)를 시에 쾌척했다. 로마교황 요한 바오로 2세가 미국을 방문했을 때 카멜에 잠시 머물도록 일정을 받아내는 데 성공하기도 했다. 그 후 카멜은 국내외 관광객이 즐겨 찾는 명소로 떠올랐다.

시장직을 맡은 동안 시정은 전문 컨설턴트에게 일임하고 그는 영화 제작에 대부분의 시간을 보냈다. 2년 임기가 끝나자 더는 현실 정치에 미련을 두지 않았다.

그가 시장직을 노린 이유는 현지 지자체 정부의 규제 때문이었다. 주민들의 생활을 불편하게 만드는 말단 권력기관이 그의 행동을 촉발했던 것이다.

레이건과 대처가 큰 정부, 거대 권력과 싸웠다면 이스트우드는 작은 권력과 일전을 펼쳤다. 레이건과 대처가 기업을 옥죄던 규제를 철폐했다면, 그는 시민의 일상생활을 불편하게 만든 장애물을 폐기했다.

이스트우드에게 중요한 것은 개인의 자유로운 삶이었다. 권력이 개인 생활에 간섭하고 억압하는 것을 참지 못했다.

그가 카멜 시장에 출마할 때 당적은 무소속이었으나 기본 성향은 보수주의자였다. 몇 번의 예외를 빼면 대선 때는 항상 공화당 후보에게 지지를 선언했다.

아이젠하워에 이어 닉슨을 지지했고, 레이건과는 정말 친하게 지냈다. 2008년에는 존 매케인 공화당 대선 후보를 지지했다.

1988년 대선 때 아버지 부시가 여론조사에서 민주당 후보에게 무려 18퍼센트포인트 차이로 밀리는 위기를 맞았다. 부시의 핵심 참모들은 수렁에서 탈출하는 방안으로 이스트우드를 공화당 부통령 후보로 잠시 검토했다.

누가 뭐라고 말하든 미국의 보수진영은 그를 할리우드의 대표적 보수주의 스타로 보고 있다. 그가 공화당 대선 후보를 자주 지지하는데에다 말과 행동이 보수주의자들과 공통점이 많기 때문이다.

영화 속의 배역과 그가 제작한 영화의 메시지는 보수진영을 흠뻑 만족시켰다.

'법과 질서' 상징 인물로 스타가 된 상처투성이 영웅

이스트우드를 1960년대 한국의 영화 팬에게 처음 소개한 영화는 서부극이었다.

〈황야의 무법자〉, 〈석양의 건맨〉, 〈석양의 무법자〉 3부작이었다. 세르지오 레오네Sergio Leone라는 이탈리아 감독이 주로 스페인에서 찍은 마카로니웨스턴이었다. 이스트우드는 무법자 3부작 외에 〈헌팅파티〉, 〈무법자 조지 웨일즈〉에 이어 아카데미상 작품상과 감독상 수상작인 〈용서받지 못한 자〉까지 서부극을 연속 히트시켰다.

주인공은 193센티미터 언저리의 껑충하고 마른 몸매에 낡은 청바지를 입고 눌러쓴 챙 넓은 모자에 멕시코 판초를 걸쳤다. 허리에는 방울뱀 무늬가 새겨진 권총을 차고 있거나 채찍을 손에 들고 있다. 면도를 하지 못해 주변이 꺼칠한 입에는 보기만 해도 쓴맛이 물씬 느껴지는 굵디굵은 시가를 물고 있다.

이스트우드가 사막 한가운데 있는 주막 문을 열고 그 안으로 들어서면 극장은 온통 심상치 않은 충돌이 일어날 것이라는 긴장감에 휩싸이곤 했다. 이때 엔니오 모리코네의 경쾌하면서 애태우는 음악이 첨가되기 일쑤였다.

이스트우드는 존 웨인과 함께 서부영화의 최고 스타였다. 청바지, 판초, 챙 넓은 모자는 한국 젊은이들을 흥분시키는 인기 아이템이 되었다.

이스트우드는 서부영화에서 '이름 없는 사나이'로 등장했다. 주인공의 대사가 극히 적어 '말 없는 총잡이'라는 카리스마가 화면에 가득했다. 긴 침묵, 느릿느릿 걷는 태평함, 무표정한 얼굴, 공허한 미소가 고독한 남성미를 발산했다. 승부의 순간에는 강렬한 눈빛과 판초를 제치며 재빠른 권총 뽑기로 관객의 스트레스를 단숨에 폭발시켰다.

이스트우드를 스타덤에 올려놓은 서부영화는 유럽의 이민자들이 신대륙에 정착하고 서부 개척에 성공해 세계 최강 국가로 등장한 미국 역사를 담고 있다. 황무지에 새로운 질서를 만들며 공동체를 건설한 개척자들의 스토리가 영화에 녹아들었다. 영화 배경인 황야나 사막은 황량한 신대륙을 상징했고, 새 질서를 구축하려는 개척지의 지도자로 무법자 총잡이를 내세웠다. 이스트우드는 미국 역사를 만든 선조들을 훌륭하게 대역하고 있었다.

이스트우드가 연기한 주인공은 결점투성이 인간이다. 현상금이나 노리는 총잡이 킬러이거나 추격에 쫓기는 떠돌이 방랑자 또는 사기꾼이다. 착한 짓을 한다는 보장이 없고 정의나 의리를 지키려고 목숨을 내놓지도 않는다. 그는 매번 영화에서 미완성의 인간, 불완전한 인간을 맡았다.

하지만 흠결이 많은 주인공은 더 큰 범죄 조직과 대결하고 훨씬 나쁜 악당과 싸운다. 거악巨惡을 물리치는 소악小惡이 이스트우드의 단골 역할이었다.

이스트우드는 생존을 보장받지 못하는 무질서의 땅에 질서를 만들어 가는 영웅이었다. 떠돌이 총잡이가 무법과 무질서 상황을 끝내는 역할을 맡았다. 그것은 서부 개척 역사에 등장하는 전설의 총잡이를 닮은 배역이었다.

이스트우드는 영화에서 인간의 원초적 모습을 보여준다. 주인공은 순수하지도 착하지도 않다. 작은 현상금에 집착하고, 때로는 어리석은 판단으로 생명을 잃을 뻔한 위기를 겪는다. 의리와 자비심, 정의감이 가끔 발동하지만 믿고 의지할 사람은 아무도 없다. 총 한 자루에 의지해 결단을 내리며 홀로 일어서야 하는 고독한 존재다.

그의 10번째 서부극 〈용서받지 못한 자〉(1992년)는 은퇴한 총잡이가 펼치는 복수극으로 오스카 작품상, 감독상을 받았다. 주인공은 현상금 1,000달러를 내건 창녀들을 위해 돼지 사육을 잠시 접고 살인청부업에 복귀한다. 동네 술집 주변의 조폭, 그 조폭들을 두둔하는 보안관이 복수의 대상이다. 폭행, 욕설, 복수 장면이 한도를 초과해 여러 나라에서 검열에 걸리거나 청소년 관람 불가 판정을 받았다.

이스트우드가 연기한 주인공들은 보수주의자의 인간관을 그대로 반영하고 있다. 유혹에 잘 넘어가고 결점이 많다. 그러면서도 어떻게든 구조적인 거악을 퇴치, 공동체의 질서를 형성하고 보존하려는 의지를 보인다.

웨스턴 무비는 서부 개척 시대 공동체 건설과 유지, 보존에서 힘을 발휘하는 도구가 법이 아닌 총이었다는 것을 말한다. 법이란 사람들끼리 공동체를 발족한 뒤에 만들어진 것이 아닌가.

〈더티 해리Dirty Harry〉 5부작은 '법과 질서'를 강조한 영화다. 미국인이 말하는 법과 질서(Law and Order)란 한국식으로 표현하면 법질서, 혹은 범죄와의 전쟁이다.

이스트우드가 배역을 맡은 주인공 해리 캘러헌은 샌프란시스코 하급 경찰이다. 해리는 매번 수사 규정을 어기기로 유명한 말썽꾸러기로 용의자에게 거리낌 없이 욕설을 퍼붓고 고문을 가한다. 은행 강도에게는 무작정 권총을 난사해버린다. 법질서를 유지해야 하는 그에게 인권 보호는 사치스러운 액세서리에 불과하다.

어린아이들을 납치, 살해하는 살인마를 매그넘 권총으로 즉결 처분한 뒤 경찰 배지를 떼어 던져버린다. 흉악범은 현장에서 사살해버리는 편이 더 낫다는 식이다. 법보다 총이 앞선다는 메시지다.

해리는 악당들과 싸우다 인사 좌천을 당하고, 마피아 보스를 거칠게 밀어붙였다가 정직 처분을 받기도 한다. 그러면서도 거대한 악마들과의 전쟁을 멈추지 않는다. 범죄 조직은 물론 그들과 내통하는 경찰 상관들과 전면전을 벌인다. 그때마다 불법적이거나 변칙적 방식으로 악당들을 응징하는 데 성공한다.

〈더티 해리〉 시리즈는 1960년대 말~1980년대 미국 보수진영을 단합시키는 데 큰 역할을 했다. 영화 몇 편이 동조자들을 모으는 접착제로 작용하면서 정치판을 바꾸는 데 결정적인 파워를 과시한 것이다.

미국 보수진영은 1960년대부터 범죄가 급증하는 현실에 넌더리를 내고 있었다. 민권 운동이 거세지면서 길거리 시위와 약탈, 강도가 늘어났다. 대학가에는 마약이 대거 흘러 들어갔고 히피족이 늘었다. 15년 사이 형사 범죄가 3배 이상 폭증하고 있었다. 미국의 몰락을 걱정하는 목소리가 높아졌다.

1968년 대통령 선거에서 닉슨 공화당 후보는 '법과 질서'를 핵심 공약 중 하나로 선언했다. 그때부터 법질서는 공화당의 핵심 정강 정책 중 하나가 됐다. 2020년 대선에서 '흑인 목숨도 중요하다(BLM)'는 과격 시위가 격렬해지자 트럼프 대통령도 법질서를 강조하는 유세를 벌였다.

범죄가 급증하는 가운데 이스트우드가 내놓은 히트작이 〈더티 해리〉(1971년)였다. 해리는 종종 법을 어기면서도 필요할 때마다 거악을 박멸하는 멋진 활약을 펼친다. 일탈하고 싶은 유혹에 쉽게 무너지지만 공동체 보존을 위해 자신을 희생하는 이미지를 남긴다.

이스트우드는 〈더티 해리〉 시리즈를 계기로 법과 질서를 지키는 상징적 영웅으로 떠올랐다. 영화가 흥행에 대성공을 거두면서 닉슨 대통령은 이스트우드 부부를 다른 배우들과 함께 리셉션에 특별 초청했다.

어떤 작가는 그 리셉션에서 닉슨이 이스트우드에게 '알랑거렸다'고 썼다. 헌법 질서 수호의 상징으로 떠오른 배우에게 대통령이 최상의 대우를 했다는 뜻이다. 이스트우드가 정치에 막강한 영향력을 행사하는 전국적 셀럽으로 단번에 격상된 것이다.

정치판에서 발언권이 커지자 이스트우드의 영화 속 명대사를 현실 정치에 인용하는 정치인이 늘었다.

대표적인 명대사는 〈더티 해리〉 4편 〈서든 임팩트Sudden Impact〉(1983년)에서 뱉어낸 말이다.

카페에서 모닝커피를 마시던 해리는 4명의 강도와 마주친다. 강도들이 반항하자 그는 즉시 권총을 발사해 3명을 쓰러뜨린다. 나머지 한 명이 부상한 채 카페의 여자 종업원을 인질로 잡고 위협하자 해리도 범인 머리에 총구를 겨누었다. 정면 대치 상황이다.

해리는 인질범에게 이렇게 자극하며 인질을 죽이고 도망쳐보라고 한다.

"어서 해봐, 할 테면 해보라고!(Go ahead, make my day!)"

단호한 최후통첩이다. 간결하고 통쾌한 대사다.

대본에는 원래 이 대사가 없었다고 한다. 촬영 도중 이스트우드가 즉석에서 뱉어낸 애드리브였으나 이제는 미국인의 일상생활에 정착한 문장이 되었다. 미국 영화 100년위원회가 선정하는 '미국 영화 속 명대사 100개' 중 6위를 차지했다.

레이건은 대통령 재임 중 강한 결단 의지를 표시하려고 여러 번 이 대사를 가져다 썼다. 의회가 세금을 올리겠다고 위협했을 때 이 대사로 응수했다. 세금 인상을 입법화하면 당장 거부권을 행사하겠다는 통첩이었다.

이스트우드는 이 대사를 시장 선거에 활용했다. '어서 저를 시장으로 뽑아주세요(Go ahead, make me Mayor!)' 스티커를 카멜 시내에 대량 배포했다.

해리 역시 서부극의 총잡이처럼 결점 많은 악동이다. 무법자의 권총이 리볼버에서 매그넘으로, 무대는 황야에서 대도시로 바뀌었을 뿐이다. 하지만 서부영화의 '이름 없는 사나이'나 '더티 해리'는 공동체의 구축과 유지, 보존에 필수적인 인물이다.

이스트우드는 영화를 통해 완벽한 인간, 완벽한 세상은 없다고 말한다. 그의 영화에는 궁지에 몰렸거나 유혹 앞에서 죄를 저지를 수밖에 없는 유약한 인간이 부각된다.

그는 〈퍼펙트 월드〉의 예고편에서 이렇게 말한다.

"완벽한 세상에는 범죄도, 두려움도, 감옥도 없다. 하지만 완벽한 세상이란 이 세상에 없다는 것을 사람들은 곧 깨닫는다."

인간은 이상향을 꿈꾸지만 결코 실현될 수 없다는 이야기다. 인간의 일탈과 탈선을 억제하고 공동체를 보존하려면 그 도구로 총이나 법이 필요하다고 암시한다.

미국의 보수 정치 지도자들은 이스트우드의 활약 덕분에 범죄와의 전쟁을 수행할 명분을 얻었다. 똑같은 범법 행위를 세 번 저지르면 무겁게 처벌하는 3진 아웃 제도가 여러 주에서 도입되었다. 어린이, 여자를 대상으로 하는 범죄를 중벌에 처하는 지역도 증가했다. 경찰의 법 집행에 저항하며 공권력에 도발하는 혐의자를 현장에서 인정사정없이 제압하는 광경까지 속출했다. 여러 지역에서 사형 집행이 늘어났다.

이는 누구보다 백인 보수층이 진심으로 바라던 일이었다. '미스터 법질서'는 보수 세력을 뭉치게 하는 데 혁혁한 공을 세웠다.

동성애·낙태엔 찬성하고, 반전·환경보호 주장한 변칙 보수

이스트우드는 할리우드에서 최장기 인기를 누리고 있는 배우다. 동시에 많은 여성을 편력한 스타로 유명하다.

첫 부인과 31년 동안 결혼 생활을 유지하면서도 영화 제작, 여행, 인터뷰에서 만난 여성들과 외도를 즐겼다. 그중에는 한 동네에 사는 배우가 있었는가 하면 스튜어디스와도 자녀를 두었다. 부인의 묵인 아래 톱 여배우와 13년가량 동거했다. 장기간 동거한 여배우에게는 떠들썩한 재판 끝에 엄청난 이별 비용을 물어주었다. 66세 나이에는 35세 연하의 앵커와 재혼해 딸을 낳았다.

그는 외도로 얻은 자녀들에게 이스트우드를 성씨로 쓰는 것을 허용했고, 몇몇은 자신이 제작하는 영화에 출연시키기도 했다. 그가 여러 여성에게서 얻은 자녀들의 수는 언론 추적으로 7명까지 드러났지만 실제로는 몇 명인지 밝혀진 적이 없다.

그의 영화에서는 여성이 그다지 중요한 역할을 맡지 않는다. 〈매디슨 카운티의 다리〉(1995년) 같은 소수의 작품을 제외하면 여자 배우는 단역에 불과한 경우가 많다. 섹스나 애정 신이 무척 짧은 것은 이스트우드 영화의 특징 가운데 하나다.

'영화 한 편 찍을 때마다 애인이 바뀐다'는 말을 듣는 그였지만 영화 속에서 위기에 처해 구해준 여자와 사랑하는 관계로 맺어지는 경우도 별로 없다. 심지어 여자 배우가 아예 등장하지 않는 영화까지 있다. 이 때문에 보수주의자들은 영화에서 남성미가 넘친다며 좋아하는 반면 진보 세력은 여성을 지나치게 무시했다고 지적한다.

실생활에서 자유분방한 섹스를 즐겼기 때문인지 이스트우드는 정통 보수주의자들과는 달리 낙태에 찬성했다. 13년 동거한 여배우는 이스트우드와의 사이에 임신한 아이를 두 번 낙태했다고 털어놓았다.

미국의 보수 가톨릭 신도 집단과 기독교 원리주의 집단은 낙태에 결사반대한다. 강간에 의한 임신 등 불가피한 낙태조차 허용하기를 반대하는 종교 세력이 있다.

이스트우드는 낙태뿐 아니라 동성애에도 너그러웠다. 인간의 성적 취향이 다양할 수 있다고 인정했다. 보수진영의 다수가 군대 내 동성애 허용에 대해 안 된다고 할 때마다 그는 동조하지 않았다.

어쩌면 뚜렷한 목표 없이 술집 근처를 어슬렁거리며 재즈와 춤, 주먹 싸움을 즐기던 그를 할리우드에 입문시킨 친구가 게이였기 때문인지 모른다. 이스트우드는 친구의 소개로 할리우드 동성애자들 모임에도 끼어들었다. 그 모임에는 그가 스타덤에 오를 수 있도록 도와준 사람이 적지 않았다.

게다가 한때 그와 동거했던 여배우의 남편은 동성애자였다. 그 덕에 그는 부담 없이 외도를 즐길 수 있었다. 동성애는 매번 그의 인생에 행운을 가져다주었다.

이스트우드는 멜로, 코미디, 스릴러에서 출중한 작품을 내놓았고 휴먼 드라마도 성공시켰다. 하지만 미국 보수진영과 진보진영 사이에서 논쟁이 많았던 작품은 전쟁영화였다.

〈독수리 요새〉부터 〈아버지의 깃발〉 〈이오지마에서 온 편지〉를 거쳐 〈아메리칸 스나이퍼〉에 이르기까지 논쟁이 벌어졌다. 보수진영은 이스트우드가 전쟁 영웅을 통해 애국주의를 강조한다고 반가워했다.

반면 진보 인사들은 전쟁 영웅을 미화한 영화가 미군의 해외 파병을 부추긴다며 혹평했다.

최근에는 이라크 전쟁의 저격수 실화를 담은 〈아메리칸 스나이퍼〉(2014년)가 뜨거운 논쟁거리였다. 이 영화는 명작 〈라이언 일병 구하기〉의 기록을 깰 정도로 흥행에 성공했으나 진보진영으로부터 이라크 전쟁을 미화했다는 거센 반발을 불러일으켰다. 마침 영화가 개봉된 시기는 후세인을 축출한 전쟁이 미국에 엄청난 부담을 안겨주었다는 여론이 들끓고 있던 무렵이었다.

〈아메리칸 스나이퍼〉에서 주인공은 국가를 위해 전쟁터에 연달아 자원했으나 끝내 자기 목숨을 내놓게 된다. 저격수의 죽음을 애도하는 마지막 장례식 장면은 지루할 만큼 길고 성조기가 대거 등장한다. 확실히 관객들에게 애국심을 심어줄 만한 영상이었다.

이스트우드는 그러나 정작 전쟁에는 비판적이었다. "어릴 적 2차 세계대전을 겪었다. 그것으로 끝난 줄로 알았다. 한국전쟁이 발발하자 영장을 받고 군에 입대했다. 이어 월남전, 그리고 이라크 전쟁…. 도대체 언제 끝날 것인지 걱정하지 않을 수 없다. 더 좋은 방안은 없는 것인가."

전쟁이 가족을 파괴하고 평범한 시민을 일상으로 되돌아가지 못하게 만든다고 그는 지적했다. 그런 측면에서 〈아메리칸 스나이퍼〉는 반전 메시지를 담은 영화라고 이스트우드는 설명했다.

이스트우드의 해명에도 불구하고 공화당 소속 정치인들과 보수 언론인들의 호평이 이어졌다. 전쟁 영웅을 그린 작품이라면 언제든 애국심을 자극하는 효과를 내기가 쉽기 때문이다.

이스트우드가 연기하거나 제작한 영화 속 주인공은 대개 고독하고 속을 알 수 없는 인간들이다. 서부극의 무법 총잡이건 경찰이건 외톨이 영웅이 많다. 〈사선에서〉라는 영화에서는 대통령보다 수행 경호원에 카메라 앵글을 맞췄고, 〈밀리언 달러 베이비〉에서는 실패한 권투 코치를 등장시켰다.

그는 왕이나 대통령, 공주, 최고 권력자를 주인공으로 삼지 않았다. 두뇌가 고속 회전하는 월스트리트의 천재나 소득수준이 상위 10퍼센트 이내에 들어가는 인물도 없다.

그는 우리가 주변에서 늘 만나거나 만날 수밖에 없는 평범한 인간을 부각시켰다. 그들은 법보다 총이 앞서고, 총보다 주먹이 앞선다. 한 가지 일, 단일한 목적에 우직하게 온 힘을 다 쏟는 외골수들이다.

그들은 상처가 깊은 과거를 안고 있거나 치명적인 결함을 지닌 채 살아간다. 오판과 실수를 반복하고 곧 반성하지만 함정에 빠지고 만다. 이스트우드가 만들어낸 히어로는 대개 하위 30퍼센트 계층에서 탄생했다. 이 때문에 소득수준이 낮은 저학력 백인 노동자 계층은 이스트우드의 골수 팬덤을 형성하는 핵심층이다.

TV 화면을 보면 가끔 목에 붉은색 스카프를 두른 미국인 시위대를 보게 된다. '레드넥Rednecks'으로 통하는 집단이다.

레드넥은 원래 미국 남부지역의 목화 농장에서 일하던 노동자들이 햇볕에 목이 빨갛게 그을렸다고 해서 붙여진 별명이었다. 레드넥이 남부의 가난한 백인 하층 노동자 계층을 상징하는 단어가 된 것은 광부들의 대규모 파업이 계기였다. 파업 광부 노조는 '레드넥 군대'를 표방하며 자본가·정치인과 싸웠고, 그 후 레드넥은 연대 투쟁을 의

미하는 용어로 정착했다.

레드넥의 단결력은 극성스럽다. 요즘도 할리데이비슨 오토바이나 픽업트럭을 몰면서 떠들썩한 길거리 데모를 실행한다. 버드와이저 로고가 들어간 모자에 가죽점퍼를 입고 장총을 들고 나타나는 일이 허다하다.

레드넥을 자처하는 세력은 미국 남부지역에 집중되어 있고, 미식축구와 섹스, 야간 사냥을 즐긴다. 그들은 '만약 총기 소유가 불법이라면 오직 무법자만이 총기를 보유할 것이다'라는 스티커를 자랑스럽게 붙이고 다닌다. 총을 자유롭게 소유하도록 하자는 미국 보수진영의 골수층이다.

이스트우드 영화에는 레드넥이 주인공이거나 레드넥 집단이 우호적으로 그려지고 있다. 〈더티 파이터〉(1978년)라는 코미디 영화는 스토리는 싱겁기 짝이 없지만 레드넥의 행동거지를 담은 장면이 나온다. 이곳저곳을 떠돌면서도 한 가지 일로 인생의 승부를 보려는 중하류 미국인의 인생을 살펴볼 수 있다.

레드넥은 2016년 대선, 2020년 대선에서 트럼프에게 몰표를 안긴 유권자층이다. 그들은 트럼프의 패배를 끝까지 받아들이지 않았다.

레드넥 집단은 〈그랜 토리노〉(2008년) 주인공처럼 혼다 승용차나 도요타 밴을 파는 아들을 못마땅하게 여기며 포드 자동차의 그랜 토리노를 몰고 다니는 국산품 애용자들이다. 이로 인해 인종차별주의자, 쇄국주의자라는 거센 비판을 받고 있으나 전혀 아랑곳하지 않는다.

그들은 존 웨인과 이스트우드를 최고 영웅 배우로 꼽는다. 이스트우드는 레드넥을 미화했다는 이유로 가끔 인종차별주의자라는 비판에 직면, 인종차별에 반대한다는 인터뷰를 여러 차례 해야만 했다.

이스트우드는 배우, 감독, 제작자 외에도 재즈나 컨트리 뮤직을 노래하고 작곡한 가수이자 작곡가다. 그는 미국을 상징하는 문화 상품은 서부극과 재즈, 컨트리 뮤직이라고 믿었다. 그가 지극히 평범한 중하층 미국인들의 인생을 영화 관객들에게 전했던 것과 일치한다. 무엇이 가장 미국다운 문화인지를 평생 추구했다고 할 수 있다.

미국인들이 신대륙을 찾아 나서면서 가장 원했던 것은 종교의 자유였다. 퓨리턴들은 국교를 따르지 않는다는 이유로 영국에서 직업과 재산 소유를 제한받는 박해를 받았다. 그들이 서부 황무지에서 찾으려 했던 것도 일상의 무한한 자유였다.

이스트우드가 총잡이, 경찰로 분장해 지키려고 했던 것도 자유로운 삶이었다. 정부나 다른 사람의 간섭은 물론 어떤 위협도 받지 않으며 살고 싶은 자유였다. 어쩌다 공동체에 머무는 동안에는 잠시 이웃과 연대하지만 어디까지나 인간은 외톨이다.

이스트우드 작품에서는 그런 신념이 묻어난다. 부나 사회적 성공마저도 좀 더 넉넉한 자유를 확보하려는 디딤돌에 불과하다고 말하고 있다.

한국인에게 낯선 이스트우드의 '기본권+알파' 자유주의

이스트우드는 보수주의자를 자처하지 않는다. 사회 현안과 정치 이슈에 있어 다수의 보수 세력과는 다른 생각을 피력했다. 하지만 그가 인간의 본성과 인간 사회를 바라보는 눈은 보수주의 철학의 핵심을 찌르고 있다. 그런 신념이 미국 보수진영을 단합시킨다. 그것이 미국 보수 세력의 진한 사랑을 받는 영웅으로 꼽히는 이유다.

한국에 이스트우드의 영화를 사랑하는 팬은 많지만 그의 생각과 삶을 따르는 사람은 매우 드물다.

한국인들은 중앙집권적 권위주의에 너무 오랜 세월 동안 빠져 있었다. 코로나19 방역에서 보듯 많은 사람이 개인의 자유보다는 권력의 통제를 더 편한 것으로 여긴다. 국민 다수가 마스크를 강제로 쓰도록 하는 정부 조치를 당연한 것으로 받아들였다. 자유로운 자기 결정권의 행사보다 통제에 의한 행동 통일이 바람직하다는 합의를 보았다.

이런 의식구조를 악용, 한국의 보수 지도자들은 걸핏하면 법질서를 앞세웠다. 역대 보수 정권은 검찰, 경찰, 국정원 같은 권력기관을 풀가동해 국민을 압박하고 통제하기 일쑤였다.

일부 권력자는 개인의 자유를 보장하기는커녕 기본권을 깡그리 말살하는 고문과 학대를 절제하지 못했다. 아이스크림 콘 문제로 시장 출마를 감행했던 이스트우드가 보았다면 기절할 만한 일이 한국에서는 수없이 벌어졌다.

자유가 만능이라는 말이 아니다. 한국이 한 단계 더 높은 국가로 성장하려면 모든 분야에서 인간의 자유가 더 보장되어야 한다. 개인의 자유는 헌법이 보장하는 기본권을 지켜주는 선에서 머물지 말고 '기본권+알파'의 권리를 용인해야 한다. 공동체가 법으로 금지하는 행위 이외에는 개인의 자유의지에 따라 스스로 결정할 수 있는 분위기가 되어야 한다.

한국의 보수 지도자들은 "한국에는 왜 이스트우드 같은 특급 보수
주의 엔터테이너가 없느냐"고 아쉬워할 일이 아니다. 한국 보수주의
자에게 절실한 것은 이스트우드와 같은 자유로운 생각과 삶이다.

조지 오웰
George Orwell, 1903~1950

"평등 사회는
영원히 이룰 수 없는
환상이다."

한국인을 위한 반공 교과서로 번역된
『동물농장』

작가의 임무는 정치와 예술을 하나로 합치는 일

소설 『1984년』의 첫 문장은 이렇게 시작된다.

"화창하고 쌀쌀한 4월의 어느 날, 시계 종이 울리며 13시를 가리켰다."

어떤 시계도 오후 1시에 종을 열세 번 울리지 않는다. 기이한 풍경 묘사다. 소설 배경이 비정상의 세계라는 것을 짙게 암시한다.

그리고 소설의 마지막 문장은 "그는 빅 브라더를 사랑했다"로 끝난다. 주인공 윈스턴 스미스가 그처럼 몸부림치며 싸웠던 독재자를 사랑한다는 문장으로 매듭지었다. 완패 선언이자 비극적 결말이다.

과거의 행적을 수정하고, 잃어버린 기억을 오늘의 필요에 맞춰 다시 조립했다. 거짓을 말하면서도 거짓말이라고 생각하지 말아야 한다. 주인공이 혼을 바치는 정신 개조가 이루어졌다.

권력의 집요한 압박에 본능, 감정까지 버려야 하는 인간의 절망감이 담긴 종말이다. 어쩌면 참담한 종결로 권력에 굴복하지 말고 싸울 의지를 불태우라고 부추기는 듯하다.

『1984년』은 미국 서평 잡지가 영문 소설에서 최고의 첫 문장과 최고의 마지막 문장을 선정할 때 10위 안에 들어간다. 문학적으로 대성공한 작품이다. 70년 이상 많은 나라에서 꾸준히 팔리는 고전으로 자리 잡았으니까.

소설을 읽는 사람치고 조지 오웰 작품을 만나지 않은 이는 드물 것이다. 9권의 소설집 가운데 적어도 최소한 하나 또는 둘 이상을 읽었으리라.

『동물농장』은 미국, 영국에선 초등학생 시절에 읽는 책이다. 오웰의 소설은 유명 언론사와 출판사가 선정하는 100대 근현대 영문 소설에 매번 꼽힌다. 하버드 대학에서는 꼭 읽어야 할 재학생 독서 목록에 해마다 오웰의 작품을 넣고 있다.

그는 문학의 테두리를 넘어 다른 분야 예술가들에게 번뜩이는 영감을 주고 있다.

비디오 아트 작가 백남준은 「굿모닝 미스터 오웰」이라는 작품으로 1984년 새해를 열었다. 『1984년』은 일본의 최고 인기 작가 무라카미 하루키村上春樹가 『1Q84』라는 베스트셀러를 낳은 자극제가 되었다. 스티브 잡스가 1984년에 출시한 애플의 매킨토시 PC는 PC 시장을 장악한 IBM을 빅 브라더에 비유해 저격하는 딱 한 번의 광고로 유명해졌다.

오웰이 창조한 빅 브라더Big Brother 캐릭터는 많은 영화와 팝송, 연극, 코미디의 주제가 되었다. 헤아릴 수 없는 감시 카메라와 위치 추적 시스템 속에서 살아가는 현대인에게 빅 브라더는 거부할 수 없는 이웃이자 권력자가 되고 말았다. 이 때문에 조지 오웰은 여전히 생명력이 충만한 채 우리 곁을 지키고 있다.

오웰은 소설가에 머물지 않는다. 그는 정치사상가로 평가받고 있다. 미국, 영국, 일본에는 그의 평전을 집필한 정치학자가 적지 않으며 오웰의 사상을 연구하는 정치철학자도 있다. 『1984년』을 '문학적 정치 문서'라고 평가한 정치학자까지 있다.

오웰은 '냉전(Cold War)'이라는 용어를 대중 미디어에 처음 등장시켰다.

2차 세계대전이 끝난 지 채 2개월 만이었다. 일본에 2발의 핵폭탄이 투하됨으로써 세계대전이 끝났다. 오웰은 1945년 10월 19일 자 영국 「트리뷴」 지 '당신과 원자폭탄'이라는 칼럼에서 '냉전'이라는 용어를 소개했다. 다음 해 3월 「옵서버」 지에도 소련과 영국 간의 미묘한 갈등을 '냉전'이라고 표현했다. 전투는 않지만 전쟁과도 같은 대결 구도를 냉전이라는 말로 압축했던 것이다.

오웰이 국제 정세를 반영한 단어로 냉전을 등장시킨 2년 뒤, 미국 저널리스트 월터 리프먼Walter Lippmann은 『냉전』이라는 책을 집필했다. 이로써 '냉전'은 소련이 해체될 때까지 반세기 동안 공산주의와 자본주의의 대치 상황을 반영한 국제정치 용어로 정착되었다.

그는 현실 정치판에 뛰어든 적이 없었지만 정치권력의 실체를 파헤치는 필치가 날카로웠다. 글쓰기를 정치 행위로 보았다.

"지난 10년간 내가 가장 하고 싶었던 일은 정치적 저술을 하나의 예술로 만드는 것이었다. 나의 출발점은 언제나 어떤 당파적 감정, 즉 부정을 감지하는 일이었다. 내가 앉아 책을 쓰기 시작할 때 나는 나 자신을 향해 '지금부터 예술 작품을 쓴다'고 하지 않는다. 무엇인가 폭로하지 않으면 안 되는 거짓이 있고, 주의를 환기시키고 싶은 사실이 있기 때문이다."

"어떤 책도 정치적 편견에서 자유로울 수 없다. 예술이 정치와 아무 관계가 없다는 의견 자체가 정치적 태도다."

그에게 글쓰기란 정치적 진실을 전달하는 도구였다. 그러면서도 작가가 정치적 포스트에 취임하거나 특정 정치 조직을 위해 활동하는 것에는 결사반대했다. 예술가가 정치 활동에 몸담으면 예술이 추구하는 진실 추구라는 순수성은 사라지고, 조직의 지시에 따라 움직이는 홍보 요원이 될 수밖에 없다고 보았다.

작가는 글을 통해 정치적 견해를 전파해야 한다는 신념에서 끊임없이 정치와 예술의 합일을 노렸다. 그렇다고 해서 그는 특정 이념에 빠져 하나의 이데올로기나 정당을 쫓아다니지 않았다.

한때는 반제국주의 작가였고, 어느 시기엔 무정부주의자를 자처했다. 반파시즘 작가로 활약하다 노동당 좌파를 지지한 시절도 있었다. 스페인 전쟁에 참전했을 때는 러시아혁명의 주역 레온 트로츠키Leon Trotsky를 추종하는 것처럼 보였다. 무정부 보수주의자(tory anarchist), 반좌파적 좌파 소설가로 불린 적도 있다.

본인은 민주적 사회주의자(democratic socialist)를 자처했고, 사회주의에 관한 글도 여러 편 남겼다.

"내가 사회주의자가 된 것은 계획 사회 구상에 찬성해서가 아니다.

가난한 노동자들이 억압받고 무시당하는 것이 싫었기 때문이다."

그러나 소련의 5개년 경제개발계획 같은 정책에는 반대했다. 더불어 러시아혁명을 맹목적으로 숭배하는 영국 사회주의자들을 향해 분노를 표시했다.

『1984년』을 한창 쓰고 있던 1947년 무렵에는 "오늘의 사회주의자는 거의 살아날 희망이 없는 환자를 치료하는 의사와 같은 입장이다. 과학자로서 사실을 직시하고 환자가 필시 죽을 것이라고 인정하는 것이 그의 의무다"라고 썼다. 사회주의적 처방이 그 시대의 고민을 해소할 수 없는 현실을 비관했다고 볼 수 있다.

『동물농장』이라는 명작은 그런 배경에서 탄생했다.

그는 "정치적 목적과 예술적 목적을 하나로 통합한 최초의 책이 『동물농장』"이라고 했다. 자신의 정치적 메시지를 전달하기 위해 쓴 소설이라는 말이다. 이 때문에 『동물농장』은 반공산주의, 반스탈린을 표방한 정치 소설일 수밖에 없다.

오웰은 20세기 지구상을 휩쓴 여러 이념의 열병을 온몸으로 체험했다. 제국주의와 자본주의를 경멸했으며 사회주의자가 되고 싶었으나 러시아혁명과 스탈린에 절망했다.

그래서 쓴 작품이 『동물농장』이었다. 그것은 반공산주의 선언이었다. 당시 모스크바에 주재했던 미국 외교관은 『동물농장』을 읽고 "어쩌면 이렇게 러시아의 실정을 정확하게 알고 쓸 수 있느냐"고 감탄했다.

『동물농장』은 미국 보수 세력이 최고로 꼽는 소설

『동물농장』이 영국에서 첫선을 보일 때 표지 제목에 '동화'라는 부제가 붙었다. 오웰도 친구의 자녀들이 재미있게 읽는다는 얘기를 들으면 무척 기뻐했다.

이솝 우화처럼 동물을 주인공으로 삼아 스토리를 만들었기에 어린이용 작품이라고 볼 수 있다. 소설은 문고판으로 길이는 100쪽 안팎에 불과하며 쉬운 문장과 평범한 단어로 쓰였다. 이 때문에 영어 교사들이 영문 소설을 읽고 싶어 하는 외국인들에게 가장 먼저 권하는 소설 중 하나다.

오웰은 러시아혁명의 허위성을 비판하려고 썼다. "영국인들 대부분이 소련에 대한 환상에 사로잡혀 있다. 서유럽 사람들은 소련의 실체를 정확히 봐야 한다"고 집필 의도를 분명히 했다.

오웰이 『동물농장』을 구상한 시기는 1937년, 34세 때다.

스페인에서 내란이 일어나자 그는 어니스트 헤밍웨이나 많은 시인, 소설가들처럼 자원병으로 참전했다. 프랑코의 파시스트 정권에 맞서 싸우겠다는 순수한 의지가 작동했다.

스페인 내전에서 외국인 자원병 관리는 공산당 세력(제3 인터내셔널)이 주도했다. 오웰은 트로츠키 파벌의 부대에 배치되었다. 노동자, 농민을 끌어모은 민병대에서 막 결혼한 아내와 함께 115일간 싸웠다.

오웰은 스페인 내전에서 공산주의와 파시즘의 민낯을 절절하게 목격했다. 스탈린 세력은 스페인에서 프랑코와 싸우며 트로츠키 세력을 숙청하는 데 혈안이었다. 오웰은 수십 명의 전우가 아무 죄 없이 감옥에 갇히거나 처형되는 것을 생생하게 겪었다.

"스페인에서 일어난 인간 사냥은 러시아에서의 대숙청과 동시에 이루어졌다. 러시아에서와 마찬가지로 스페인에서도 기소 내용은 파시스트와 공모했다는 것이었다. 나는 그 기소가 거짓이라고 믿을 만한 충분한 이유가 있었다."

단지 다른 당파에 소속되어 있다는 이유로 이단아로 몰아 제거하는 광경에 그는 엄청난 충격을 받았다. 트로츠키 부대에 있었던 오웰 부부도 제거 대상이었다. 체포가 임박했다는 것을 알아차린 부부는 야간열차를 타고 가까스로 전쟁터인 바르셀로나를 탈출했다.

그보다 20여 년 전, 러시아에서 노동자·농민 혁명이 일어나자 오웰은 희망에 부풀었다. 왕정이 무너지고 귀족계급이 몰락하면 진정한 평등 사회가 올 것이라고 믿었다. 그러나 러시아에서 일어난 현실은 달랐다. 『1984년』의 윈스턴 스미스처럼 인간 개조 작업을 시도하며 무자비한 집단 학살을 자행했다. 집단농장제 도입과 5개년 계획경제 추진에도 하층민의 굶주림은 해결되지 않았다. 그는 "1930년부터 소비에트연방이 오히려 계급사회로 변질되고 있다는 뚜렷한 징후를 보고 깜짝 놀랐다"고 썼다.

오웰은 러시아혁명에 회의론이 짙어지던 무렵 스페인 내전에 참전, 공산주의자들의 노선 갈등과 대숙청을 자기 눈으로 목격했던 것이다. 스탈린, 프랑코, 히틀러, 무솔리니가 이상향을 내걸고 있지만 실은 권력에 중독된 미치광이들이라는 결론에 도달했다.

오웰을 더욱 답답하게 만든 것은 영국 지식인들의 착각이었다. 그들은 러시아혁명을 선망하며 러시아와 스페인에서 일어난 비인간적

숙청과 학살을 아예 못 본 척했다.

"총성 한 번 들어보지 못한 사람을 상상의 승리를 거둔 영웅으로 마구 치켜세우고, 일어난 적도 없는 사건에 감정적인 살을 붙이는 것을 보았다. 역사가 실제 일어난 대로가 아니라, 당의 노선에 따라 일어났어야 마땅한 대로 기록되는 것을 보았다."

오웰은 스탈린 추종자들의 인간 학살에 진저리를 쳤다. 진정한 사회주의 혁명을 원한다면 소련 신화의 파괴가 필요하다고 믿었다. 소련 신화란 노동자·농민 계층이 연대해 부르주아적 계급을 붕괴시키면 모두가 평등을 누리는 유토피아 세상이 온다는 꿈을 말한다.

"스페인에서 귀국한 뒤 나는 많은 사람에게 쉽게 이해되고 다른 나라 언어로 쉽게 번역될 수 있는 스토리를 통해 소련 신화를 폭로하려고 생각했다. 그러나 세부 스토리가 금방 떠오르지 않았다."(우크라이나어 번역본 서문)

스페인의 전쟁 체험이 번듯한 작품으로 떠오르기까지 6년여간의 발효 과정을 거쳤다.

그는 스페인에서 돌아와 시골에서 닭과 개, 오리, 염소를 키우며 소일했다. 암탉을 덮치곤 하던 수탉에게는 헨리 포드, 수탉을 보면 짖어대는 개에게는 카를 마르크스라는 애칭을 붙였다.

어느 날 열 살쯤 되어 보이는 동네 소년이 커다란 마차를 끌고 좁은 길을 가면서 말에게 채찍질하는 광경을 목격했다. 짐마차의 무게를 감당해야 하는 말이 고개를 좌우로 흔들 때면 가차 없이 채찍이 쏟아졌다. 말은 아무런 저항을 하지 못했다.

"저런 짐승들이 자신의 힘을 깨닫게 되면 인간은 그들을 통제할 힘이 없을 것이라는 생각, 또 부르주아 계급이 노동자 계급을 착취하는 것처럼 인간이 동물을 착취한다는 생각이 언뜻 뇌리를 스쳤다. 그래서 나는 동물의 시각에서 마르크스 이론의 분석으로 나아갔다."

말이 소년에게 당하는 모습을 보며 『동물농장』을 착상한 것이다.

『동물농장』에는 러시아의 공산주의 혁명 과정이 각종 패러디와 풍자, 해학적 묘사로 등장한다. 마르크스-엥겔스의 공산당 선언은 소설에서 동물주의 선언으로 정리되고, 러시아혁명의 주역인 스탈린과 트로츠키는 각각 나폴레옹, 스노볼이라는 이름으로 무대에 오른다. 러시아 경제개혁을 둘러싼 논쟁과 대립은 풍차 재건이라는 에피소드를 통해 소개된다.

오웰이 『동물농장』에서 강조한 것은 혁명 정신의 변질과 사망이다. 새로운 독재자는 혁명 초기 내걸었던 7가지 계명을 멋대로 바꾸었다. 어떤 동물도 인간의 침대에서 잘 수 없다던 혁명 공약은 신흥 권력자들은 시트가 깔린 침대에서 자도 되는 것으로 수정됐다. 혁명 주체 세력이 권력의 맛을 보면서 폭군으로 등장한 것이다.

『동물농장』에서 가장 인상적인 문장이 이것이다.

"모든 동물은 평등하다. 그러나 어떤 동물은 다른 동물보다 더 평등하다."

포악한 지배자로 등장한 돼지들은 다른 동물들의 자유를 박탈했다. 정치적 의견을 표명할 기회를 봉쇄하고 각자의 권리에 대한 의식을 길러주지 않았다. 다른 동물은 어느새 세뇌 교육에 길들여진다. 비판이나 반대를 금지하는 대신 평등 사회가 왔다고 믿게 만든 것이다.

동물들이 자유를 희생한 대가로 얻은 선물은 평등 세상이 아니었다. 혁명이 죽은 자리에 떠오른 세상은 새로운 지배 계층인 돼지들을 위한 계급사회였다. 사라진 권력의 자리에 새 권력자가 왕관을 쓴 채 만능 권력 지팡이를 휘두르며 나타난 것이다.

오웰은 러시아 황제 니콜라이 2세가 제거된 왕좌에 스탈린이 앉아 새 황제로 군림한 현실을 고발했다. '모든 인간은 평등하다'라고 했던 공산주의 혁명 공약은 산산조각 흩어지고 말았다.

"모든 인간이 똑같은 집에 살며 똑같은 옷, 똑같은 음식, 똑같은 술을 즐길 수는 없다. 평등 사회란 절대 이룰 수 없는 환상이다. 자유와 기본권을 양보하면 평등을 선물하겠다는 약속은 공산주의의 거대한 사기다."

오웰이 『동물농장』에서 말하고 싶었던 메시지는 바로 이것이었다. 그는 인간의 자유와 개성, 본성을 존중하고 보듬어주는 세상을 갈망했다.

인류는 소비에트연방이 해체되었을 때에야 비로소 오웰의 경고를 너무 가볍게 받아들였던 것을 후회했다. 그사이 소련에 이어 중국공산당은 대약진 운동과 문화대혁명이라는 이름으로 수천만 명의 대학살을 자행했다. 캄보디아의 폴 포트 공산 정권은 200만 명을 집단 학살했다. 김일성 정권도 마찬가지 비극을 썼다. 공산주의 권력이 70여 년 동안 전 세계에서 정치범 처형, 전쟁, 굶주림, 강제 노동으로 죽음을 강요한 숫자는 얼추 1억 명으로 추산된다.(『The Black Book Of Communism』)

공산당 권력자들은 오웰의 고발과 경고를 한마디도 들으려 하지 않았다. 평등한 세상을 갈망했던 대중은 굶주림과 학대, 죽음의 공포에 갇혀 끔찍한 삶을 살아야 했다.

『동물농장』이 한국에서 일찍 번역된 배경엔 미국의 대소련 전략
『동물농장』은 영국에서 발간하기까지 우여곡절이 많았다. 한번은 원고가 독일의 공습으로 불에 타버릴 뻔한 적도 있다. 작품을 완성했으나 18개월 동안 출판사 네 곳이 출판을 거절했다.

영국은 2차 세계대전을 치르고 있었다. 전쟁 막판에 소련과 동맹을 맺고 히틀러와 최후의 전쟁에 돌입하고 있었다. 동맹국 소련의 통치 체제를 정면 비판하는 소설에 대한 영국 문단의 시선은 곱지 않았다.

현대 모더니즘의 대표적 시인 T. S. 엘리엇Eliot마저 오웰에게 보낸 편지에서 "『동물농장』은 트로츠키주의자의 작품으로 오늘의 정치 상황을 비판하는 데 설득력이 없다"고 했다. 엘리엇이 근무하던 출판사 측도 따로 편지를 보내 "이 우화가 일반적인 독재자와 독재 정권을 다루었다면 출판해도 괜찮겠지만, 소비에트 정부와 그 두 독재자의 행보를 완전히 따르고 있어 오직 러시아에만 들어맞는다"면서 하필 돼지를 지배계급으로 선택한 점을 들어 "러시아 사람들처럼 조금 과민한 사람들에게 틀림없이 불쾌감을 줄 것"이라고 했다. 반러시아 작품을 내고 싶지 않다는 거절 통보였다.

처칠은 비판해도 좋고, 스탈린은 비판해서는 안 된다는 출판계의 태도에 오웰은 무척 실망했다. 그래서 자비로 출판하려고 마음먹기도 했다.

영국 정보부 내부에 암약하던 소련 스파이가 출판사에 출판 가계약을 취소하도록 압력을 넣었다는 사실은 훗날에야 공개되었다. 젊

은 작가의 소설 한 편을 놓고 공산주의자들의 방해 공작이 몰래 진행
된 셈이다.

1945년 8월 『동물농장』을 출판한 곳은 신생 출판사였다. 작은 출판
사여서 종이조차 구하기 어려웠다. 그러나 발매되자마자 인기가 폭
발했다. 초판 4,500권이 순식간에 매진되었고, 11월 1만 권, 다음 해
엔 6,000권이 팔렸다.

영국 왕실은 엘리자베스 여왕과 여왕의 어머니를 위해 단골 거래
서점에 책을 요청했지만 구하지 못했다. 왕실 시종이 실크 모자를 쓴
채 왕실 마차를 타고 무정부주의자들의 단골 서점까지 찾아가서야
겨우 책을 입수할 수 있었다.

공산주의자들의 방해 공작은 미국에서도 벌어졌다. 적어도 18곳의
출판사가 『동물농장』 출간을 거절했다. 하지만 1946년 뉴욕에서 이
책이 출간되자 초판 5만 부 매진 이후 4년 사이 무려 60만 권이 팔려
나갔다. 오웰은 소설가로서 처음으로 목돈을 손에 쥐었다.

『동물농장』은 미국에서 반공 캠페인의 불쏘시개가 되었다. 미국에
서는 소련이라는 새로운 적을 알아야 한다는 분위기가 달아오르고
있었다. 작가 본인은 미국 보수 세력이 『동물농장』을 반공 교과서로
사용하는 것을 못마땅하게 여겼지만 공산주의, 사회주의 실체를 알
려면 반드시 읽어야 할 책이라는 평판이 미국에서 널리 퍼졌다. 해방
후 미 군정청 지배 아래 있었던 한국에서는 『동물농장』이 그 어떤 나
라보다 빨리 번역되었다.

영어권 밖에서 가장 먼저 출간된 외국어 번역본은 우크라이나판
(1947년)이었다. 러시아의 침공으로 우크라이나 난민들이 독일에 몰

려들었다. 난민들이 번역을 허락해 달라고 부탁하자 오웰은 저작권료를 일절 사양하고 집필 과정을 설명하는 서문까지 덧붙여주었다.

『동물농장』 번역본의 두 번째 언어가 한글이었다. 한글본은 1948년 발행되었다. 미국 해외정보국(USIS)의 지원을 받아 주한 미 군정청이 번역 작업을 맡았다. 해외정보국은 2차 세계대전 중 적대국 국민을 상대로 선전 방송을 담당하는 기관이었다. 전쟁이 끝나자 공산주의에 대항, 자유민주주의를 홍보하는 일로 역할이 바뀌었다. 식민지에서 독립한 신생국가 한국은 주요 타깃이 되었다.

한국어판은 김길준이라는 인물이 번역, 1948년 10월 국제문화협회 출판부 이름으로 발간되었다. 김길준은 평안도 출신의 미국 유학파였다. 주한 미 군정청 장관의 공보 고문으로 통역과 번역을 맡고 있었다.

미 군정청에는 미국 유학파 청년들이 대거 근무 중이었다. 대다수가 평안도, 황해도의 교회 출신이었다.

한반도 서북지역은 일제강점기 미국 북장로회 관할 지역이었다. 평양은 '아시아의 예루살렘'이라는 별칭을 갖고 있었다. 그 무렵 평안도와 황해도 출신 기독교인들이 미국에 유학한 한국인의 절반을 점유할 정도였다. 이들은 대부분 북장로교 선교사들의 교회 인맥이나 학맥을 통해 미국 유학길에 올랐다.

김길준의 번역에는 적지 않은 오역이 포함되어 있지만 좌우 이념 대결이 날카롭던 상황에서 반공 교재로 적격이었다. 미국 중앙정보부(CIA)는 『동물농장』을 만화 영화로 만들어 배포했다.

미 국무부는 한국전쟁이 터진 이후에는 『1984년』을 30개국 언어로 번역하는 사업에 예산을 투입했다. 국무부 내부 보고서는 "『동물농장』과 『1984년』은 공산주의에 대한 심리적 공격이라는 측면에서 대단히 가치 있는 일"이라고 평가했다.

『동물농장』, 『1984년』 번역판 출간에서 짐작할 수 있는 것은 미국의 반공 캠페인 무드가 한국에 직수입되는 과정이다. 한국 보수의 이념 형성에 미국 정부, 미국 기독교 교단이 어떤 역할을 했는지 파악할 수 있다.

미국은 1940년대 후반 반공산주의, 반소 진영을 본격 구축하기 시작했다. 한국에 상륙한 미군은 한반도 서북지역 출신의 친미 유학파 기독교인을 대거 군정청 관리로 활용했다. 일제 말기 한반도에서 추방당했던 미국인 선교사들이 해방 후 귀국, 미 군정청에 서북지역 교회 출신의 미국 유학파를 대거 미 군정청에 소개했다.

남궁혁, 윤하영, 한경직 목사가 서북지역 출신 기독교 지도자의 상징적 존재들이다. 남궁혁과 윤하영 목사는 실제로 미 군정청에서 중책을 맡았고, 한경직은 미 군정청 도움으로 영락교회 설립에 필요한 땅을 쉽게 확보했다.

이들은 모두 항일 독립운동에 이어 광복 후 반공 전선에 뛰어들었다. 서북지역 출신 기독교 지도자들은 공산당의 핍박 때문에 월남한 실향민들을 영락교회를 중심으로 끌어모았다.

그중에서 가장 돋보이는 조직이 서북청년회였다. 청년들의 우익 행동 조직인 서북청년회는 미 군정청, 이승만 지지 세력, 기독교계의 엄호를 받으며 반공 투쟁의 선봉에 섰다. 여기에 한경직 등을 통해 미국 기독교 교단의 지원이 이어졌다. 미국 유학파 기독교 지도자들이 건국 초기부터 한국 보수진영의 중심 세력을 형성했던 것이다. 『동물농장』의 한글 번역본이 빨리 나온 이유도 이런 맥락에서 이해해야 한다.

서북지역 출신 친미 기독교 지도자들은 친미·반공 노선을 표방하는 이승만과 연대했다. 이어서 박정희 쿠데타를 계기로 영남 출신이 중심이 된 군부 세력과 손을 잡았다. 그들은 남한에서 다른 나라 기독교 교단이 놀랄 만큼 빠른 속도로 초대형 교회를 대거 일구었다.

이들 '교회 보수' 지도자들은 친미·반공을 추구하는 군사정권 아래서 월남민과 신흥 중산층을 신도로 포섭, 권위주의 정권을 지지하는 핵심 세력으로 자리 잡았다. 보수 기독교 지도자들은 조찬 구국기도회에서 전두환을 여호수아로 치켜세우기도 했다. 일부 극단 세력은 최근 몇 년 사이 태극기와 성조기를 함께 들고 탄핵당한 대통령을 옹호하는 주장을 감추지 않고 있다.

인간 본성을 꿰뚫어 보고 모든 권력에 저항한 반항아

조지 오웰의 아버지는 영국의 식민지 인도에서 경찰로 재직했다. 부모는 아들이 공무원이 되기를 바랐다.

조지 오웰은 최고의 명문 학교 이튼스쿨에 왕실 장학생으로 입학, 중등학교 과정을 마쳤다. 이튼의 왕실 장학생은 교복 위에 장학생 전용 가운을 걸치고 다녔고 일반 학생들과 다른 기숙사를 이용했다. 보리스 존슨 총리를 비롯해 20여 명의 영국 총리와 경제학자 케인스 등 많은 지도자들이 이튼의 왕실 장학생 출신이다.

오웰은 "이튼에서 학업에 그다지 열중하지 않았고 별로 배운 것도 없었다"고 했다. 그러면서 시험은 기출문제를 달달 암기해 패스했다고 털어놓았다.

그는 기숙사에서 잠자던 중에 오줌을 지려 교장 선생님으로부터 공개 모욕을 당하는 수모를 겪었다. 아이들이 교장 부부를 그토록 미워하면서도 그들의 총애를 받으려고 아양 떠는 모습을 보며 일찌감치 인간의 이중성을 깨닫기도 했다. 돈과 권력을 갖춘 동급생들의 대화를 들으며 자신이 가난한 집안 출신이라는 열등감을 절감했다. 그는 자기 집안이 '상류 중산층의 하층계급'이라고 썼으나 보통의 평범한 서민층이었다. 어릴 적부터 권력과 부에 항거하는 반항심이 길러졌다고 볼 수 있다.

졸업 성적은 167명 가운데 138등이었다. 많은 동기생이 명문 옥스퍼드나 케임브리지 대학에 진학했으나 그는 식민지인 인도 총독부의 경찰 간부 후보 시험에 합격했다.

대영제국의 경찰로 그는 인도 총독부 관할인 미얀마에서 근무했다. 식민지 경찰로 지내며 힘들고 더러운 일을 직접 하는 것과 그 열매만을 따먹는 일은 전혀 다르다는 것을 알게 된다. 자신이 모욕을 주었던 늙은 농부들, 화가 날 때 두들겨 팼던 하인들의 모습이 그의 뇌리를 떠나지 않았다. 자신이 대영제국 착취 시스템의 톱니바퀴 중 하나임을 자각했다.

영국 경찰 90여 명이 1,300만 미얀마 인구를 지배하고 있었다. 그의 눈에는 영국과 미얀마는 주인-노예의 관계이고, 대영제국이란 '탐욕적인 도둑질' 시스템으로 보였다. 지배 계층의 일원으로서 양심의 가책 때문에 고통스러운 나날을 보냈다.

명문 학교 장학생으로 입시 위주의 학업에 반항했던 아이가 사회 생활에서 식민지를 약탈하는 임무에 강한 거부감을 갖게 되었다. 반제국주의자로 변신한 것이다.

그의 양심선언은 제국의 비리를 글로 폭로하고, 스스로 하층민 생활을 결행하는 행태로 나타났다.

"스스로 밑바닥까지 내려가 억압받는 사람들 사이로 들어가 그들 중 한 사람이 되어 압제에 대항하고 그들 편에 서기를 원했다."

그는 노동자 계층으로 변신, 빈곤 체험을 자청했다. 파리 뒷골목의 허름한 호텔 주방에서 10주 동안 새벽 5시부터 밤 10시까지 접시를 닦았다. 생계비를 마련하기 위한 임시직이었다. 그는 접시닦이는 '현존하는 노예의 하나'라며 그 생활을 '지옥'이라고 단정했다.

"접시닦이 노동자의 유일한 휴가는 해고되었을 때뿐이다. 결혼도 할 수 없다. 감옥에 들어가는 방법 말고는 그 생활에서 벗어날 수 없다."

18개월 동안 헌책방 점원으로 일하면서 그는 독서를 정말로 좋아하는 고객은 열 명 가운데 한 명쯤이라고 느꼈다.

"초판본을 밝히는 속물이 문학 애호가보다 훨씬 흔했다. 싼 교과서를 더 깎으려는 동양 학생이 더 흔했고, 그저 조카 생일 선물을 구하러 들르는 아가씨가 가장 많았다."

그는 탄광에서 두 달간 광부 생활을 거쳤고, 장애인 도우미로 지내기도 했다. 또 좌파 잡지의 원고 청탁을 받아 빈민수용소 생활을 체험했다. 10년 동안 인간 사회의 하등 직업을 체험하며 거지, 부랑아, 창녀, 범죄자 같은 인간의 다양한 모습을 탐구했다. 빈곤 현장을 스스

로 체험했기에 누구보다 하층민의 냄새를 잘 맡았다. 그는 공산주의
만 비판한 게 아니라 빈곤 문제에 무능한 자본주의를 냉소했다. 이는
주요 산업의 국유화를 주장하는 것으로 나타났다.

그렇다고 한국의 참여 작가들처럼 현장에서 노동운동을 전개하거
나 노동운동가들과 공동 투쟁을 벌이지는 않았다. 글쓰기를 정치 행
위로 보면서도 정당 활동을 하지 않는 것과 같은 소신이었다. 노동운
동과는 거리를 두고 어디까지나 글쟁이로서의 선을 지켜야 한다고
믿었다.

오웰은 현장 체험을 토대로 글쓰기에 전념한 실천적 참여 작가였
다. 그의 삶과 글은 일치할 수밖에 없었다. 식민지 경찰로 제국주의의
무서운 약탈 구조를 깨달았고, 밑바닥 가난 체험에서 자본주의 체제
의 맹점을 보았다. 스페인 내전의 체험은 프랑코의 파시즘과 스탈린
의 공산주의에 진저리를 치는 전기가 되었다. 세 가지의 커다란 현장
체험은 모두 소설과 에세이로 탄생하여 빛을 보았다.

책보다 중요한 소득은 바로 인간 본성에 대해 깊이 이해하게 되었
다는 점이다.

오웰이 한국의 보수 정권 아래서 소설을 썼다면

"인간은 대체로 착하려고 하지만 너무 착하려고 하지도 않고 언제나
착한 것만도 아니다."

오웰은 인간이 자신을 완전히 선하다거나 완전히 악하다고 믿는
것은 정신병이라고 했다. 인간은 선과 악을 동시에 갖고 태어난다는
견해다. 인간은 선량하게 태어났다는 진보 좌파들의 인간관을 부정

했다.

"인간은 완벽을 추구하기 위해 지상에 온 것이 아니다. 때로는 충성심을 발휘하기 위해 기꺼이 죄를 저지르는가 하면, 친밀한 교제를 불가능하게 만들 정도로 금욕을 실천하지도 않는다."

그는 어린 시절의 기숙학교와 미얀마에서의 경찰 활동을 통해 일찌감치 인간의 이중성을 똑바로 목격했다. 인간이란 천사의 얼굴을 하고 있다가도 언제든 악마로 돌변하는 '하이브리드적 존재'라는 것을 통찰했다.

그는 '좋은 나쁜 책' '나쁜 좋은 책'을 선별했다. 좋으면서도 나쁘다는 표현은 모순 어법이지만 책이 좋은 점, 나쁜 점을 동시에 갖고 있다는 것을 그렇게 표현했다. 『1984년』에도 '전쟁은 평화' '자유는 예속' '무지는 힘' '어둠은 빛'이라는 모순되는 서술이 종종 등장한다. 이는 자본주의가 붕괴하면 모두가 평등을 맘껏 누리는 공산주의, 사회주의 유토피아가 전개된다는 좌파들의 주장을 반박하고 있다.

조지 오웰의 시대에는 모든 인간은 평등하게 살아갈 권리가 있다는 명분이 지배했다. 하지만 인류가 탄생한 이래 평등 사회가 실현된 적은 없었다. 인간이라는 동물은 집단을 이루면 자연스럽게 지도자 그룹이 형성되고, 집단의 의사 결정을 최후에 마무리하는 지배자가 등장했다. 그렇게 일단 계급이 생기면 평등은 이룰 수 없는 돈키호테의 꿈이 되고 만다.

오웰은 한동안 '인류의 위엄과 권리를 위한 연합'이라는 국제기구 설립 운동에 참여했다. 오웰이 작성한 국제기구의 강령에는 균등한 기회 보장, 경제적 착취 금지가 포함되었다. 인간이 다른 인간의 권리와 이익을 빼앗는 것에 반발이 강했고, 인간에게 동등한 성공의 기회를 제공하자고 주장했다.

그러나 그는 기계적으로 똑같은 말을 반복하는 '녹음기 심성'을 가진 사회주의나 공산주의, 파시스트 권력을 좋아하지 않았다. 그는 인간은 평등 사회로 가는 노력을 꾸준히 해야 하지만 계급화는 불가피하다고 받아들였다. 그가 가난한 노동자들이 억눌리고 무시당하는 현실에 염증을 느껴 사회주의에 기울었다고 술회한 것도 이 때문이다.

『동물농장』, 『1984년』을 읽다 보면 오웰은 사회 밑바닥에서 말없이, 그러면서 열심히 하루하루를 살아가는 평범한 인간을 사랑했다. 『동물농장』에 등장하는 복서라는 말이 상징적 동물이다.

복서는 프롤레타리아 계층의 전형적 인물로 체제 안에서 정직하고 열성적으로 일하는 근로자다. 비록 역사를 모르고 자신이 살아가는 세상의 정치 상황을 전혀 모르지만 복서는 권력을 무너뜨릴 수 있는 주변에 신뢰와 파워를 갖고 있다. 오웰은 그런 하층민들이 연대하면 진정한 혁명을 이룰 수 있다고 믿었는지 모른다.

『1984년』의 주인공 윈스턴도 무산계급의 혁명을 꿈꾸었다가 사상경찰에 체포되어 세뇌당한 뒤 죽게 된다. 윈스턴은 줄리아와의 사랑의 힘으로 빅 브라더를 무너뜨리겠다고 결심한다. 권력과의 싸움에 이성 간의 사랑이라는 감정을 동원한 것이다. 인간의 원초적 본능 가운데 하나가 이성 간 사랑이다. 이는 에덴에서 인간에게 첫 번째 비극을 초래했던 마약 같은 것이다. 그런 본능마저 말살하는 전체주의나 공산주의를 오웰은 결사반대했다.

그는 2차 세계대전이 발발하자 38세 나이에 자원 입대하려 했으나 실패하고 그 대신 BBC에서 영국 정부의 해외 선전 업무를 수행했다. 다른 지식인들과는 달리 "영국 정부에 충성을 다할 각오"라고 밝히며, 조국을 찬양하는 애국심을 여러 편의 글로 남겼다. 이는 영국 보수주의자들과 일치하는 행동이다.

오웰이 진심으로 기대했던 세상은 개인의 자유를 한껏 보장하는 체제였다. 50만 명이 사망하고 50만 명이 해외로 탈출한 스페인 내전을 통해 프랑코의 우익 파시즘도, 러시아에서 진행되는 스탈린의 공산주의 좌파 독재도 인간이 걸어야 할 길이 아니라는 결론에 도달했다. 겉으로는 민주주의, 평등 사회, 행복한 이상향을 내건 채 실제로는 인간이 인간을 살해하고 학대하는 권력자에 넌더리를 쳤다.

오웰은 이념앓이와 방황을 거쳐 30대 후반부터는 안정기로 접어들었다. 인생 후반기 그는 인간의 자유로운 사고와 인간다운 삶에 관심을 집중했다. 그는 자유를 '인간 의식 영역의 확대'라고 정의했다. 그가 말하는 인간다운 삶이란 각자의 본능, 개성, 감정이 자연스럽게 발산될 수 있는 상태를 가리킨다. 인간은 특정 이념이나 명분에 사로잡힌 노예로 살아서는 안 된다고 보았다.

그는 개인의 자유와 인간다운 삶을 억압하거나 학대, 단절하는 모든 권력에 저항했다. 인간의 일상적 삶에 개입하려는 권력에 대해 반대하면서 '작은 정부'를 주장하는 보수주의자들의 사고방식과 딱 맞아떨어진다. 이것이 미국의 자유 만능주의자들이 오웰의 작품을 애독하는 이유다.

일부 평론가는 보수주의자들이 반공, 반소련 캠페인에 오웰의 작품을 이용한 것을 못마땅하게 여긴다. 인간다운 품위를 탐색한 오웰의 순수함을 보수주의자들이 악용하고 있다는 비판도 있다. 가장 양심적이고 가장 가치 없는 내부 비판자라며 오웰을 어디까지나 진보 진영의 대표 작가로 가둬두려는 의견도 있다.

하지만 정치인이 연설과 저서, 표결로써 유권자에게 마음을 전달한다면 작가는 작품으로 독자들에게 자신의 진심을 말한다. 오랜 방황과 현장 체험을 거쳐 완성한 『동물농장』, 『1984년』에는 오웰의 농익은 진심이 담겼다고 봐야 한다. 말년의 두 소설이야말로 오웰이 선포하고 싶었던 정치선언문으로 볼 수 있다.

그가 생존했던 시기의 영국과 미국에서 '보수주의자' 명찰은 지식인 사회에서 냉소와 경멸의 대상이었다. 유럽 문단에서는 오로지 누가 더 진보적인 글을 쓰느냐가 화제였다. 그는 진정한 사회주의, 순수한 평등 사회를 꿈꾸었으나 그렇다고 그것이 가능하리라고 믿지는 않았다.

오웰의 속마음은 어쩌면 사회주의자에서 말년에 보수주의자로 바뀌었는지 모른다. 많은 좌파와 진보주의자들이 스탈린의 횡포에 환멸을 느끼고 슬슬 소속을 보수진영으로 변경하고 있었다. 오웰은 다만 겉으로 내색하기 싫었던 '샤이 보수(shy conservative)'이거나 진영 변경을 미처 선언하지 못한 '잠재적 신보수(Neo-Con)'가 아니었을까.

오웰의 대표작 『동물농장』, 『1984년』은 권력자의 허울 좋은 이념에 흔들리는 인간의 허약함을 말하고 있다. 하지만 미국의 세계 전략 틀 속에서 한국의 보수 세력은 두 작품을 반공 교과서로 삼았다.

20세기 말 공산주의는 붕괴했다. 북한의 세습·독재 정권과 중국의 국가주의가 한반도에서 대립각을 형성하고 있다. 이념 대결의 냉전 시대가 가고 독재 또는 전제 정권과 민주주의 대결이 펼쳐지고 있다.

오웰의 작품은 더는 이념 교재로 사용할 수 없다. 보수 정권은 활용할 곳을 바꾸지 않을 수 없다.

만약 조지 오웰이 한국의 보수 정권 치하에서 소설을 썼다면 어땠을까 상상해보자.

오웰은 우선 권력의 폭주를 인내하지 못했을 것이다. 어쩌면 『동물농장』, 『1984년』을 절판하고 보수 정권의 독주와 전횡 그리고 허구성을 폭로하는 작품을 남겼을 것이다. 그리고 투옥에 이어 옥사獄死를 감수했을 것이다.

이승만, 박정희, 전두환은 권력 창출과 정권 유지를 노리고 헌법을 멋대로 파괴하거나 수정하고 새로 제정했다. 개인의 인권은 국가 안보, 경제성장, 사회 안정이라는 명분 아래 묵살되었다.

오웰의 작품은 앞으로 한국 보수 지도자들에게 자신의 권력욕을 들여다보는 거울이 되어야 한다. 무엇보다 권력의 무한한 폭력성을 경계하는 거울이어야 한다. 권력의 세뇌에 거짓을 진실이라고 믿는 인간의 허약함을 깨닫는다면 더욱 좋을 것이다.

김구
1876~1949

"민족 공동체를 파괴하는 자는
제거하는 게 정의다."

이념 대립 때마다 '빨갱이'로 몰리는
우파 지도자

공산주의 거부했으나 이승만 세력이 '크렘린궁 신도'로 몰아

2009년 이명박 정권 시절이다. 5만 원권 지폐 발행을 논의할 때 10만 원권 지폐 발행 방안도 함께 논의되었다. 사용자 편의를 고려하면 5만 원권보다 10만 원권이 우선순위가 더 높았다.

한국은행은 10만 원권 지폐에 들어갈 인물로 백범 김구의 초상화를 준비해놓고 있었다.

김구가 문제였다. 일부 극단 보수 인사들이 "공산주의자를 왜 지폐에 넣느냐"며 이의를 제기했다. 진보진영이 숭배하는 인물을 지폐에 넣을 수 없다는 논리가 권력 핵심을 압도했다. "이승만, 박정희도 아직 지폐에 못 넣었는데…"라는 불평이 보수 강경파로부터 흘러나왔다. 고액권이 인플레 심리를 유발한다는 우려도 있었으나, 10만 원권 초상화 후보를 김구로 결정하지 않았더라면 10만 원권 발행 가능성은 높았다.

보수 역사학계에서 당시 '김구가 공산주의자였다니 무슨 말이냐'라는 변론은 들리지 않았다. 진보진영도 해방 후 '통일' 화두를 앞세워 김일성과 대화 노선을 걸었던 김구를 자신들의 정치에 활용하려고 입을 다물었다.

김구는 황해도 농민 집안 출신이다. 신분 상승을 노리고 10대에 과거 시험에 도전했다가 실패했다. 본인은 상놈 집안 출신이라고 했다.

하층계급으로서 겪었던 가난과 천대와 차별, 그로 인한 응어리와 울분은 자서전 『백범일지』에 고스란히 담겨있다. 18~19세 무렵 동학혁명에 동참, 고향에서 지역 책임자로 활동했다. 그는 평등주의를 내걸고 새 나라 건설을 약속하는 동학에 금방 동조했다. 계급 타파와 농민의 궐기를 외치는 공산혁명에 앞장섰다 해도 전혀 이상할 게 없는 인생이었다.

그러나 김구가 사회주의 이념을 공부하거나 추종했다는 흔적은 발견되지 않는다. 마르크스 『자본론』이나 러시아혁명 이후 경제개발계획, 모택동 이론을 탐구했다는 일화도 없다.

그는 공산주의자들의 행동거지를 통해 공산주의를 관찰하고 그 실체를 파악했다.

『백범일지』 곳곳에 공산주의에 호의적이지 않은 에피소드가 들어있다. 김구는 공산주의자들의 행태를 혐오하고 배척하는 입장을 피력하고 있다. 공산주의에 비호감 단계를 넘어 적대감을 뚜렷하게 드러낸다.

『백범일지』에는 상해 임시정부에서 있었던 공산주의자들과의 일화가 여럿 소개되어 있다. 1918년 러시아혁명 성공 이후, 공산혁명의 열풍이 유럽과 아시아 대륙으로 번지고 있었다.

임정 초기의 국무총리 이동휘는 공산혁명 지지파였다. 하루는 이동휘가 경무국장인 김구를 공원으로 불러내 "아우도 나와 공산혁명을 가는 게 어떻소?"라고 권했다. 김구는 그 자리에서 반문했다.

"우리가 공산혁명을 하면 제3 국제당(국제 공산당 연대, 즉 코민테른)의 지휘, 명령을 받지 않고 독자적으로 혁명을 할 수 있습니까?"

이동휘가 "그건 불가능하다"라고 답변하자 김구는 강한 어조로 반대했다. '한민족 독자성을 떠나 제3자의 지도, 명령을 받는 것은 자존성을 상실한 의존성 운동'이고, 그것은 '임정 헌장의 위배'라는 논리였다. 그는 이동휘를 "따르지 않겠다"고 통보하는 선에서 그치지 않고 한발 더 나아가 "선생의 자중을 권한다"고 했다. 전향을 거부하며 거꾸로 공산혁명의 꿈에서 깨어나라고 촉구한 꼴이다. 김구는 안창호, 이동녕의 민족주의 노선을 지지했다.

공산주의자들의 운동 방식은 김구의 눈에 꼭두각시놀음으로 보였을 것이다. 『백범일지』에는 공산 진영 인사들이 줏대 없이 갈팡질팡하는 사례가 나온다.

어느 날 레닌의 한마디에 공산당원들의 말과 행동이 정반대로 바뀐 사례를 소개했다. 레닌이 "식민지 운동은 복국復國운동이 사회운동보다 우선한다"고 말하자 그토록 복국운동을 비난하고 조롱하던 공산 진영이 독립-민족운동을 공산당 강령으로 주창했다고 한다. 복국운동은 나라를 되찾는 운동을 뜻하고, 사회운동은 평등 사회를 만들자는 공산당 구상을 말한다.

김구는 공산주의 이론의 맹점과 허구성을 따지지는 않았다. 소련과 코민테른의 지시에 춤추는 공산주의자들의 경거망동을 비웃었다. 공산 세력이 임정 개조부터 임정 본거지 이전, 임정 해체까지 주장하며 임시정부 체제를 허물어뜨리려 한다는 반감이 거셌다.

김구와 이동휘의 대화를 보면 김구는 코민테른의 지시를 따르지 않고 자기 결정권을 중시한 점, 임정 요인들의 합의인 임정 헌장을 판단의 기준으로 삼고 있는 점이 돋보인다. 민족이라는 큰 공동체의 독자적 결정권, 임정이라는 작은 공동체의 합의를 중시하는 태도를 취했다. 망명지의 임시 공동체를 소중하게 지키고 싶다는 열의를 느낄 수 있다.

『백범일지』는 공산 진영 인사들의 비리까지 적나라하게 폭로하고 있다.

이동휘의 경우 몰래 러시아에 밀사를 파견, 레닌이 제공한 돈을 횡령했다. 레닌이 혁명 자금으로 제공한 200만 루블 중 선수금으로 받은 40만 루블 상당의 금괴 일곱 궤짝을 임시정부에 바치지 않았다고 한다. 이동휘는 그 돈을 빼돌려 자기 식구들이 경작할 북간도 땅을 매입하거나 첩질과 향락에 사용했다는 것이다. 레닌이 제공한 2차 공작금 20만 루블로는 공산당원을 결집, 임정 조직과 활동을 흔들어 대는 용도로 사용했다. 임정이 레닌 공작금의 행방을 추궁하자 이동휘는 러시아로 도망쳐버렸다는 스토리였다. 한 푼이 아쉬웠을 임정 형편에서는 분개할 만한 일이었다.

김구를 정말 화나게 만든 일은 공산주의자들이 임정의 항일 투쟁을 방해한 것이다. 『백범일지』에 이렇게 적었다.

"공산당들은 상해의 민족운동자들이 자기 수단에 농락되지 않음을 깨닫고 만주로 진출해 상해에서보다 십배 백배 더 맹렬하게 활동했다."

김구는 만주 독립운동 단체에 공산당이 침투, 김좌진 장군을 비롯한 독립운동계의 '다시없을 건강한 장군들'을 살해했다고 성토했다. 그로 인해 동포들의 독립사상이 날로 미약해져 갔다고 안타까워했다. 이어 "독립군이 자기 집이나 동네에 도착하면 비밀리에 왜놈에게 고발하는 악풍까지 생겼다"고 한탄했다.

공산주의자들로 인해 임정과 만주 독립운동 단체들과 연계가 끊어졌다고 비난했다. 만주 독립투쟁 단체들이 처음에는 임정의 항일 전선을 지지하고 힘을 보탰으나 공산주의자들이 들어간 이후 서로 불신한 끝에 만주 독립운동 단체들끼리 충돌했고, 끝내는 공산 진영과 민족 진영이 함께 몰락했다는 원망이었다.

망명 정부로서는 국제사회의 지지가 절실한 시기였다. 임정은 어느 나라로부터도 한국을 대표하는 정부로 승인받지 못하고 있었다. 김구는 『백범일지』에 자금 횡령 사건으로 임정과 소련의 외교 관계가 단절되었다고 기록했다.

김구는 임정에서 민족 진영에 섰고 공산 진영과는 분명하게 거리를 두었다. 그럼에도 김구는 이념 정파 간 대결 상황 때마다 '빨갱이'로 몰리곤 했다.

그가 공산주의자 누명을 쓰게 된 첫 번째 사건은 1930년대 말 김원봉과 연대한 일이었다.

김구는 임시정부를 충칭 근처로 옮기는 과정에서 공산당과 연대하기로 합의했다. 중국 국민당과 중국공산당이 합작, 항일 전쟁에 나서면서 공산당과 연대할 것을 임정에도 강력 권고했기 때문이다. 임정 식구들은 '거지 중 상거지'로 떠돌며 중국 국민당에게 자금을 구걸하다시피 해서 끼니를 연명하는 처지였다. 그렇기에 김구도 김원봉도 중국 측 권고를 딱 잘라 거부할 입장이 되지 못했다.

이때부터 동포들은 김구가 공산주의자와 손잡았다고 의심하기 시작했다. 특히 미국 동포들 사이에 의심이 컸다.

김원봉과 연대했다고 해서 공산주의를 보는 김구의 시각이 변한 것은 아니었다.

『백범일지』 하권에는 공산당의 비리와 독립운동 방해 활동을 집중 서술한 대목이 있다. 김구는 1939년부터 김원봉과 대화를 본격화했던 반면 하권의 공산당 비판은 훨씬 뒤인 1941~1942년에 썼다. 김구는 공산당과 손을 잡긴 했지만 믿지 못하겠다는 확고한 신념이 있었다는 얘기다.

김원봉과의 연대는 공산주의에 동조하거나 공산주의자들을 진정한 동지로 받아들인다는 제스처가 아니었다. 단지 중국 지원을 받으며 항일 전쟁을 본격화하려는 생각에서 김원봉과 통일 전선을 구축한 것이었다.

'빨갱이 김구' 이미지는 해방 후 친일파 숙청 갈등, 신탁통치 반대, 남한만의 단독 선거 과정에서 걷잡을 수 없이 널리 퍼져 나갔다. 김구는 대권을 다투는 경쟁에서 조직과 명망, 여론 전쟁으로 이승만에게 밀리고 있었다.

1948년 김구는 남한만의 단독 선거에 반대하는 입장을 발표했다.

이어 김규식과 함께 평양을 방문, 김일성과 회담을 진행한 일은 '빨갱이' 낙인을 퍼뜨리는 데 큰 영향을 미쳤다.

그의 평양 방문이 김일성 세력에게 이용만 당하고 얻은 게 전혀 없다는 비판은 그래도 나은 편이다. 북한에서 김일성의 공산당 세력이 집권하는 데 도움을 주었다는 공격이 쏟아졌다. 급기야 이승만 지지 세력은 '크렘린궁의 한 신자'라고 김구를 비난하기에 이르렀다.

실은 평양회담 후 김구는 북측에서도 비난을 받았다. 그들은 공산당을 보는 김구의 시각이 좋지 않다는 것을 잘 알고 있었다.

김구의 아들 김신의 회고록에는 평양에서 있었던 일이 서술되어 있다.

"아버지는 이곳에 온 이유를 남쪽에서 단독 정부를 세우려고 하는데 거기에 반대하기 때문이라고 말씀하셨다. 그러자 회의장에 모인 사람들이 열광적으로 박수를 쳐댔다. 그런데 아버지가 북쪽에서 단독 정부를 세우는 것에도 반대한다고 말씀하시자, 이번에는 박수는 커녕 바늘이 땅에 떨어지는 소리가 들릴 정도로 고요해졌다."

김일성의 단독 정부 수립에 반대했기에 북한은 김구에게 '무쌍한 욕설'을 퍼부었다. 이런 김일성 세력의 공격에 김구는 '탄식과 쓴웃음'이 나온다고 한탄했다.

김구는 남한의 단독 정부 수립에 반대했지만, 북한만의 단독 정부 수립에도 반대했다. 단독 정부 수립은 민족의 분단을 초래할 것이라고 경고했다. 그는 소련군과 미군의 동반 철수를 주장했고, 미국과 소련의 신탁통치에 저항했다. 그가 공산당 편에 선 적은 없었다.

'김구 지지 = 친일파 처벌 = 빨갱이 = 반미주의자' 프레임이 한국 사회 지배

김구의 정치 이념은 '나의 소원'이라는 글에 정리되었다. 이 글은 김구가 1947년 말 자서전 『백범일지』를 발간하며 부록처럼 덧붙인 작품이다. '나의 소원'은 『백범일지』와는 딴판으로 문장이 너무 매끄럽고 논리가 정돈되어 있다. 전문가들 사이에는 이광수나 다른 문필가가 대필해준 것이라는 견해가 많다.

하지만 김구가 자서전에 첨부한 것을 보면 본인이 직접 초고를 쓰지 않았어도 최소한 그가 동의한 내용이 원고에 담기고 원하지 않는 내용은 삭제되었다고 볼 수 있다.

'나의 소원'에서 김구는 자신의 정치적 입장을 천명했다. 사상 갈등, 건국 논쟁이 최고조에 달했을 때 자서전 발간 방식으로 소신을 밝힌 셈이다.

"나의 정치 이념은 한마디로 표시하면 자유다. 우리가 세우는 나라는 자유의 나라여야 한다."

그는 조선의 양반 정치, 이탈리아의 파시스트, 독일의 나치스트를 계급 독재의 나쁜 사례로 비판했다. 사상, 학문, 언론의 자유를 강조하면서 "개인 생활에 잘게 간섭하는 것은 결코 좋은 정치가 아니다"라고 했다. 그가 권력의 지나친 개입을 경계하고, 평등보다는 자유를 강조한 대목이 눈길을 끈다.

그는 "미국의 민주주의 정치제도가 반드시 최후적으로 완성된 것이라고는 생각하지 아니한다"면서도 공산주의자들을 비난했다.

"주자의 방귀가 향기롭다고 하던 자들을 비웃던 입과 혀로 이제 레닌의 방귀가 향기롭다 하고 있으니, 청년들이여 정신 차릴지어다."

공산주의 이념을 유학과 함께 악취를 풍기는 '방귀'에 비유하며 청년들에게 절대 추종하지 말라고 역설한 것이다.

"공산당이 주장하는 소련식 민주주의란 것은 독재정치 중에서도 가장 철저한 것이어서 독재정치의 모든 특징을 극단으로 발휘하고 있다"고 했다. 그는 이어 "공산당과 소련의 법률과 군대와 경찰의 힘을 한데 모아서 마르크스 학설에 일점일획이라도 비판하는 것은 엄금한다"고 전제, 이를 위반하면 "죽음의 숙청으로써 대한다"며 반감을 드러냈다.

김구는 스탈린 집권 후 수백만 명을 학살했던 비극까지 상기시켰다. 공산주의 노선과는 선을 긋는 말이었다. 공산국가는 자유가 없고 집단 학살이 일어나는 곳이라는 인식이 뚜렷했다. 김구의 '나의 소원'은 반공 선언이자 자유민주주의자 선언이나 마찬가지였다.

김구의 '빨갱이' 이미지에 한 번 더 덧칠한 계기는 친일파 숙청 논란이었다.

김구는 망명 시절 임정을 무너뜨리려는 친일파 세력과 줄곧 싸웠다. 그에게 가장 큰 적은 물론 일본이었으나 또 다른 적은 독립운동을 훼방하는 친일파 조선인들이었다.

김구는 건국 과정에서 친일 행위자와 독립운동 훼방꾼의 색출과 처벌에 공을 들였다. 반민특위(반민족행위특별조사위원회) 구성에서부터 운영, 명단 작성을 김구의 임정 세력이 주도했다.

그러나 생사 갈림길에 서게 된 친일파 다수가 미 군정에 적극 협조하며 이승만 지지로 돌아섰다. 그들은 단독 정부 수립 거부와 평양 방문을 트집 잡아 김구를 공산주의자로 몰아갔다. 김구를 헐뜯는 내용의 전단 살포와 집회가 극성을 부렸다. 미국 유학파 기독교인들이 줄지어 귀국, 이승만 세력과 미 군정을 연결시키는 역할을 맡았다.

김구 세력도 이에 대항, "단독 정부 수립을 주장하는 세력은 친일파"라며 더욱 거세게 비난했다. 이승만 세력의 중심 인맥을 친일파라고 낙인찍은 셈이다.

대중의 여론은 김구보다 이승만 지지가 더 강했다. 해방군인 미 군정도 이승만 지지로 굳혀가고 있었다. 미국이 세계 전략을 다듬는 과정에서 한국의 정치 판도에 결정적인 파워를 과시하고 있었다. 민족 중심의 평화 통일을 외치며 외세 배격을 주장하는 김구는 미국의 지지를 얻지 못했다.

김구와 이승만의 결별은 좌우 이념 분열이 아닌 우파 민족 진영의 내부 분열이었다. 친탁-반탁 대립, 단독 정부 수립, 남북 대화 등을 통한 우파 진영 내부의 의견 대립은 새로운 공화국의 권력을 장악하려는 대권 싸움이기도 했다. 1949년 김구 암살은 우파 세력의 내부 갈등이 최고조에 오른 사건이었다.

해방 후 한반도는 지정학적 시각에서 보면 대륙 파워와 해양 파워가 격돌한 공간이었다. 북쪽에는 신생 대륙 파워인 소련의 지원을 받은 김일성이 집권했고, 남한에는 해양 파워인 미국의 대리인 이승만이 권력을 잡았다. 김구는 또 다른 대륙 파워인 중국의 내분 때문에 남쪽에서 큰 세력을 형성하지 못하는 상황이었다고 볼 수 있다.

해방 공간에서 진영 간 대립 끝에 남한에는 '이승만 지지=친일파 두둔=반공주의자=친미 세력'이라는 공식과 함께 '김구 지지=친일파 처벌=빨갱이=반미주의자'라는 프레임이 형성되었다.

김구가 암살당한 뒤 친일파 처벌은 흐지부지되었다. 하지만 친일파 논쟁이 남긴 상처는 그 후 70년이 넘도록 오늘까지 한국 사회를 지배하고 있다.

'반공주의자=애국자'라는 등식은 이승만, 박정희 정권을 거치며 더욱 강화되었다. 김구처럼 '친일파 처벌'을 주장하거나 '민족 통일'을 강조하면 빨갱이 또는 비애국자로 적대감을 보이는 풍조가 자리 잡았다. 미국과 소련이 구축한 냉전 구도 안에서 김구와 그 추종자들은 보수 정권의 정적이 되고 말았다.

노무현 정권 이후 진보진영이 김구를 우상으로 숭배하는 분위기가 달아오르자 보수진영에서는 대놓고 김구를 기피하는 경향이 강해졌다. 김구 묘소를 찾지 않고 공개 석상에서 김구를 언급하지 않는 보수 정치인이 많아졌다. 급기야 10만 원권 지폐에 김구를 넣을 수 없다는 주장까지 대두되었다.

박정희는 김구 동상 세우고 아들 김신을 18년 내내 중용

김구와 박정희는 가난한 농민의 아들이라는 점 외에 다른 공통점을 거의 찾아보기 힘들다.

박정희는 대구사범학교를 거쳐 만주 신경군관학교를 수석 졸업, 편입생으로 일본 육사까지 마쳤다. 일제의 최고 엘리트 교육을 받았다. 박정희와는 대조적으로 김구는 서당, 동학운동, 교회 활동, 수감과 망명 생활을 통해 현장 학습으로 스스로 성장했다.

두 사람 모두 민족주의자였다고 해도 김구가 민족주의를 항일 투쟁과 남북 대화에 적극 활용했다면, 박정희는 조국 근대화를 위한 내부 결속과 산업화에 필요한 균질의 노동력 확보를 노리고 민족주의를 역설했다. 김구가 항일 활동가로 명망을 얻고 있던 시절 박정희는 만주에서 일본군 장교로 근무하며 소련군 남하를 저지하고 독립투사들을 감시 또는 핍박하는 입장이었다. 박정희와 김구는 여러모로 대척점에 서 있었다.

그런데도 박정희는 1969년 서울 남산에 백범광장을 조성하고 처음으로 김구의 동상을 세웠다. 항일 독립투사와 그 유족들에게 미약하나마 위로금, 연금을 제공하기 시작한 지도자도 박정희였다.

앞서 박정희는 5·16 쿠데타 직후 첫 3·1절을 맞아 김구에게 대한민국 건국공로훈장을 수여했다. 최상급 건국훈장이었다. 국가재건최고회의 시절부터 김구를 우대한 것이다.

박정희가 5·16 쿠데타를 일으켰을 때 김구의 둘째 아들 김신은 공군 참모총장이었다.

김신은 중국, 인도, 미국에서 훈련받은 공군 전투기 조종사로 한국전에서 활약한 참전 용사다. 그는 이승만 정권에서 공군 장교로 재직하며 아버지 묘소를 참배하지 못할 만큼 감시와 견제를 받았다. 공군 장교인데도 한때는 육군 부대에서 근무해야 했고, 이승만을 폭격할지 모른다는 이유로 전투기를 타지 못하게 했다. 이승만 암살 음모를 꾸몄다고 뒤집어쓸 뻔한 일도 겪었다. 그는 4·19 혁명 후에야 공군 참모총장으로 승진했다.

김신 회고록에는 박정희와의 인연이 등장한다. 5·16 쿠데타 직후 박정희는 김신에게 각별한 관심을 표시했다.

"쿠데타가 일어난 후 육군본부에 모이라는 연락을 받았다. 그곳에서 박정희 장군을 처음 봤다. 박정희 장군은 나를 보고 아는 척을 했다. '아, 김 장군은 저를 잘 몰라도 저는 잘 압니다. 『백범일지』를 여러 번 정독하고 깊이 감명받았습니다.' 박정희 장군은 쿠데타를 일으키기 전에 내가 쿠데타에 반대하지 않을 분이라고 생각했다고 말했다. 자유당 시절부터 어려운 일을 겪으며 다 참아냈기 때문에 혁명군에 반대하기보다는 오히려 도움을 줄 것이라고 판단했다는 것이다."(『조국의 하늘을 날다』)

박정희는 쿠데타가 실패하면 김신이 다시 여러 박해를 받을 것을 염려해 미리 연락하지 않은 점에 대해 양해를 구했다고 한다. 박정희는 김신을 쿠데타 찬성파로 분류했고, 김신은 박정희의 기대에 벗어나지 않았다.

쿠데타 직후 장도영 육군 참모총장이 김신을 참모총장 사무실에 딸린 침실로 불러 의견을 구하자 김신은 "이들은 누가 말한다고 해서 쉽게 말을 들을 사람들이 아닙니다. 그렇다고 강제로 진압하려 하면 서울 시내가 전쟁터가 될 것입니다"라고 대답했다. 혁명군을 무력 진압하려는 움직임에 반대한 것이다.

박정희는 5·16 쿠데타에 찬성한 김신을 곧바로 국가재건최고회의 최고위원에 지명했다. 이어 대만 총영사(나중에 대사)로 임명했다. 김신은 대만 대사를 8년간 지냈다. 대만에서 귀국하자 박정희는 김신을 국회의원 후보로 내세웠으나 낙선했다. 김신은 교통부 장관에 이어 대통령이 지명하는 유정회 국회의원이 되었다. 김신은 박정희 정권 내내 대우를 받았다.

박정희가 김구와 김신을 챙긴 이유는 5·16 쿠데타에 찬성해주었기 때문만은 아니었을 것이다. 어쩌면 항일 독립투사를 우대하는 것으로 자신의 친일 이력에 색조 화장을 하고 싶었는지 모른다. 또 대만의 통치자 장제스와 반공 벨트를 구축하며 외교적 유대를 강화하려는 포석이었으리라는 해석도 다분했다.

김구는 임정 시절 장제스로부터 큰 도움을 받았다. 장제스는 임정에 활동비를 지원하고 독립투사와 그 가족들에게 온갖 편의를 봐주었다. 해방 후 김구가 귀국할 때는 무려 20만 달러라는 거금을 제공했다.

장제스는 임정을 한국을 대표하는 정부로 공식 승인하진 않았으나 외교 무대에서 한국의 독립국가 건립 입장을 대변해주었다. 한국전쟁이 발발하자 장제스는 유엔 안전보장이사회 상임이사국으로서 유엔군의 한국 파병에 찬성했다.

박정희는 장제스-김구의 친교를 외교에 적극 활용했다. 아시아에는 한국, 일본, 대만, 홍콩, 싱가포르, 태국으로 미국 주도의 '반공산주의 벨트'가 형성되고 있었다. 박정희는 공산당과 싸운 장제스와 손잡는 방식으로 반공 노선을 확실하게 과시했다.

김신이 대만 대사로 부임하자 장제스는 아들(장경국 총통)에게 "김신과는 대사가 아니라 형제로 지내라"고 말하며 깊은 애정을 나타냈다. 김신은 박정희와 장제스를 연결시키는 최고의 메신저 역할을 수행했다.

만약 김구가 공산주의자였거나 이념에 의심스러운 구석이 남아있었다면 박정희는 김구와 김신을 그토록 우대하지 않았을 것이다. 공산주의자를 감싼다는 뒷말을 의식해 오히려 정치적 억압 대상으로 삼았을 가능성이 높다. 노무현, 이명박 정부도 김구의 손자들을 공직에 등용했으나 박정희와는 비교할 수 없다.

문재인 정부의 이인영 통일부 장관은 국회에서 "이승만이 우리나라 국부라는 의견에 동의할 수 없다. 우리나라 국부는 김구가 되어야 한다"고 했다. 진보진영은 상해 임정을 대한민국의 정통성을 가진 첫 정부로 설정하고 있다. 김구는 노무현 정권 이후 진보진영의 상징 모델이 되었다.

보수진영은 이승만을 한국 보수주의의 원조로 추대하고 있다. 대한민국 건국은 1948년 이승만 대통령 취임과 함께한다는 입장을 고수하고 있다. 이승만의 경쟁자였던 김구를 옹호하면 용공 분자로 몰아가고 친일파 숙청을 말하면 빨갱이로 외면하는 사고방식이 보수진영에 퍼지고 있다.

보수진영이 김구를 끌어안으면 한국 보수주의의 폭이 넓어지고 깊이가 두터워진다는 것을 외면한다. 김구를 외면하는 보수들이야말로 이승만처럼 진영의 분열로 이득을 보려는 사람들이다.

가족과 민족 공동체 파괴범은 폭력 수단을 쓰더라도 응징해야

김구는 『백범일지』에서 조상들이 상놈으로 살게 된 경위를 설명해 놓았다. 김구는 신라의 마지막 왕 경순왕의 자손이지만, 조선 시대 중반 김자점이 역모 죄인으로 몰리는 바람에 선대 어른들이 양반 신분을 포기하고 황해도 산골에 숨어 살게 되었다고 썼다.

동네 양반집 아이는 김구 집안 어른에게 반말로 대했고, 집안 어른들은 양반집 아이에게 존댓말을 써야 했다. 김구 집안은 최소한 100

년 이상 양반에게 핍박을 받았다.

김구의 신분 차별 인식은 다른 하층민과 다를 수밖에 없었다. 번듯한 양반 족보를 가졌던 하층민이 양반으로부터 받는 천대와 차별은 대대로 농민 집안의 후손들이 받는 것과 같을 수 없다. 양반의 자존감을 간직한 채 학대를 감내해야 하는 심정은 훨씬 고통스러웠을 것이다.

그가 동학에 입문한 것은 즉흥적 결심이었다. 차별을 견디지 못하고 관상학 서적을 들여다보고 있던 차에 동학을 접했다.

이웃 동네 동학 교인을 만났더니 양반인데도 어린 김구에게 존댓말로 대했다. 상놈으로 '원한이 사무친' 그는 차별 대우를 철폐하겠다는 말과 조선 왕조의 운이 끝나 새 나라를 건설하겠다는 말에 감동을 받았다. 아버지까지 동학교도로 입문시킨 뒤 포교 활동에 헌신, 18세 나이로 불과 몇 달 사이 수백 명이 넘는 신도를 확보했다. 황해도 일부 지역의 책임자였다.

그는 동학의 2대 교주 최제우를 직접 만났고, 전봉준을 필두로 교인들이 거병하자 황해도에서 군사 활동을 전개했다. 김구는 동학의 교리를 담은 책을 열람했다고 밝혔으나 동학의 깊은 이념을 탐구한 흔적은 희미하다. "나쁜 일을 하지 않고 선한 일을 하는 것이 동학"이라고 설명하는 선에 머물렀다.

그는 동학이 표방하는 '신분제 철폐' '새 나라 건설' 구호에 더 매료되었는지도 모른다. 그는 이론가가 아니라 행동 대장이었다. 700여 신도를 끌어모아 군사 조직을 결성, 관청 공격을 단행했다. 그는 곰곰이 생각한 뒤에 달리는 타입은 아니었다.

21세 때 황해도 치하포에서 일본인을 살해한 사건도 우발 행동이었다. 나루터 주막집에서 만난 일본인을 국모(명성황후)를 살해한 주범이거나 공범, 또는 하수인이라고 지레짐작해 여러 구경꾼 앞에서 즉결 처단했다.

사전에 살해범과 공범, 그리고 배후를 조사하거나 추적한 적이 없었다. 상대방의 신분과 직업을 확인하고 죄를 묻는 절차도 없었다. 단지 '국모'를 살해한 '왜놈'이라는 추측이 처단의 이유였다.

그는 거사 후 벽에 자신의 주소와 이름을 써 붙인 뒤 고향으로 돌아갔다. 큰 정의를 실현하는 과정에서 작은 불법을 저질렀을 뿐이니 당당하게 처벌받겠다는 호기가 가득했다. 치기 넘치는 과잉 행동이 아닐 수 없다.

청년 시절의 돌출 행동을 촉발한 배경은 무엇일까. 그것은 단지 대를 이어 상속된 신분 차별에 대한 울분만은 아니었을 것이다. 나라가 일본의 지배 아래 들어가고 있다는 상황 인식이 그를 일깨웠을 가능성이 높다.

김구는 가난과 고착된 신분제도, 인재 등용 방식에 큰 불만을 갖고 있었다. 세상이 뒤집어질 일대 혁명이 일어나기를 누구보다 간절히 원했다. 그렇다고 처음부터 왕정 체제를 무너뜨리겠다는 야심까지 가졌던 것은 아니었다. 청년 시절에는 왕실 주도의 개혁이 점진적으로 단행되기를 기대하는 입장이었다. 비록 황해도 산골에 머물러 있던 미미한 존재였으나 중앙 무대의 선각자들처럼 왕실 중심의 개혁 조치를 기대했다.

그는 동학혁명에 참여했다가 안중근 집안과 교유하며 동학에서 빠져나왔다. 그 과정을 보면 민란에 의한 과격 혁명에 집착하지 않았다. 왕정 체제의 틀 속에서 개혁이 이루어지기를 바랐다고 볼 수 있다.

그러나 일본에 의한 강제 개혁에는 결사 저항했다.

잠재의식 속에는 외부 간섭에 강한 거부감이 자리 잡고 있었다. 이는 당대의 주류 세력인 유학자들이 서양을 '오랑캐'라며 거부했던 발상과 조금도 다르지 않다. 김구는 양반 계층의 천대를 받으며 조선 왕조의 지배 체제에 반감이 강했으나, 일본이 민족 공동체의 가장 깊숙한 심층부인 왕궁에서 왕비를 능욕한 만행을 인내하지 않았다.

보수주의 원조 에드먼드 버크는 민중 시위대가 왕비 침실까지 휘저은 프랑스혁명을 유럽 문명의 붕괴라고 탄식했다. 공동체를 파괴하는 무자비한 공격이라고 보았다. 김구가 일본의 명성황후 살해에서 얻은 감상도 버크와 다르지 않다. 명성황후 살해는 지배 구조의 최상층부를 공격한 짓이고 공동체 전체를 파괴하는 도발이라고 여겼다. 버크가 프랑스혁명에서 느낀 위기감보다 김구가 명성황후 살해 충격에서 느꼈을 위기감이 훨씬 강렬했을지 모른다.

이 때문에 김구의 치하포 거사는 공동체 파괴자를 응징하려는 뜻이었다고 볼 수 있다. 자서전에서 "내가 양반의 학대를 좀 더 받더라도 나라만 살아났으면 좋겠다"는 심정을 털어놓았다. 일본의 침탈이 본격화한 후 공동체 회복이 최우선 과제라고 밝힌 것이다.

김구는 조선의 지배 체제에 불만이 가득했으나 외세의 힘을 빌려 무너뜨리는 혁명 방식은 거부했다. 어떻게든 내부 에너지를 응축해 민족 스스로의 힘으로 세상을 바꾸는 노선을 지지했다. 국제공산당의 지시를 받는 공산주의자들을 멀리한 것과 줄거리가 통하는 생각이다.

김구는 임정 간부 참여를 계기로 공동체 회복에 대한 집착이 더 강해졌다.

임정은 왕정을 폐기하고 새로운 국가 운영 체제로 공화정을 선택했다. 임정 발족으로 공동체를 끌고 갈 지도부는 갖췄으나 국토와 국민은 다른 권력의 지배 아래 있었다. 공동체의 필수 요건인 공간과 사람이 없었다. 불완전 공동체였다.

김구는 불완전 공동체를 완성체로 전환하는 싸움이 필수적이라고 보았다. 그래서 일제를 상대로 끊임없이 도발 활동을 전개했다. 그가 윤봉길, 이봉창, 나석주 등 항일 의사들의 의거를 기획한 이유도 공동체 회복이라는 대의를 실현하기 위한 수단이었다. 테러, 암살 같은 폭력 수단을 써서라도 싸워야 한다고 믿었다. 일제와 타협 행보를 보였던 안중근의 아들을 상해에서 처형하려 했던 것도 이 때문이다.

김구의 레지스탕스 활동은 엉성하고 흠결이 많았다. 실패할 경우를 대비한 플랜 B도 없었고, 거사 후 항일 의사들을 구하겠다거나 임정 조직을 어떻게 보호하고 자신은 어떻게 도피하겠다는 출구 전략도 없었다.

더구나 윤봉길의 의거 직후에는 자신이 기획했다는 것을 언론에 공개했다. 이로 인해 일제의 임정 파괴 공작은 더욱 고강도로 추진되고, 본인은 고액 현상금이 걸린 떠돌이 망명객이 되고 말았다.

하지만 윤봉길 의거 이후 미국 등 해외 교민들의 후원금이 급증했다. 무엇보다 중국 내에서 임정에 대한 여론이 호의적으로 바뀌었다. 덕분에 중국의 새로운 실력자로 부상하던 장제스와 회담할 수 있었다. 나아가 중국 군사학교에서 한국 젊은이들을 병사로 양성했고, 임정 이름으로 일본에 선전포고까지 단행했다.

김구는 독립전쟁에 정식 참전하지는 못했으나 민족 공동체를 되찾겠다는 꿈을 끝까지 포기하지 않았다. 수천 년 내려온 민족 공동체의 회복이 가장 소중한 목표였다.

김구에게 중요한 것은 민족 공동체만은 아니었다. 가족도 그에게는 소중한 공동체였다.

김구의 가정생활은 온전하지 못했다. 그는 두 번에 걸쳐 6년 5개월 안팎으로 감옥살이를 했다. 탈옥수, 지명수배자, 망명객 신세를 전전하는 바람에 부모나 슬하 가족과 오순도순 지낸 기간이 짧았다. 김구가 부인, 아이들과 함께 생활한 세월은 74년의 인생 가운데 대략 6년 4개월여밖에 되지 않는다. 그래서인지 그가 가족을 보전하려는 간절한 심정은 『백범일지』 여러 곳에 등장한다.

그가 공산주의에 반감을 갖게 된 주요 이유 가운데 하나도 가족 때문이었다. 『백범일지』에 공산주의자들은 살부회殺父會를 조직, '너는 내 아비를 죽이고 나는 네 아비를 죽이는 규칙'을 갖고 있다고 썼다.

교차 청부 살인으로 가족 공동체를 붕괴시키는 움직임에서 공산혁명의 진면목을 본 것이다. 인륜을 저버린 가정파괴범 집단이라는 시각이었다. 어릴 적 가족 내에서 기본 예절과 가문의 질서를 몸에 익혔던 김구로서는 도저히 받아들일 수 없는 만행이었다.

김구의 아버지는 아들의 탈옥으로 죄 없이 3개월간 아들 대신 감옥살이를 했었다. 그런 아버지가 사경을 헤매고 있을 때 김구는 허벅지 살을 떼어내 불에 구워 흐르는 피와 함께 아버지 입에 넣어드렸다.

아버지가 손가락을 잘라 할아버지의 말기 병환을 지극정성으로 봉양했던 것과 비교하며 자신이 한 번 더 허벅지 살점을 떼어내지 못한 것을 자책했다.

어머니에 대한 효심은 김구가 훗날 어머니 동상을 세울 만큼 지극했다. 17년의 결혼 생활을 죄인으로, 망명객으로 쫓기듯 살았지만 아내를 대하는 따뜻한 마음은 자서전에 충분히 담겨 있다.

가족이란 인간이 태어나 맨 먼저 마주치는 공동체다. 서로 선택의 여지가 없다. 인간은 가족 공동체 안에서 사회생활에 필요한 의사소통 수단과 예의범절, 에티켓 같은 행동 기준을 배운다. 뿐만 아니라 사랑과 동정심이라는 감정, 가족에 대한 충성심을 자연스럽게 몸으로 익힌다.

하지만 좌파, 진보주의자는 가족이라는 공동체를 무시하고 파괴하려 든다. 가족을 아예 팽개쳐버린 진보 혁명가의 사례도 많다. 아버지를 교차 살해하는 것은 가족을 파괴하고 해체하는 행위다. 김구는 그런 공산주의자를 싫어했다.

가족 파괴는 곧 사랑과 동정심의 파괴이고, 예의범절의 파괴이며, 의사소통의 파괴다. 김구가 언급한 적은 없지만, 조지 오웰이 『1984년』에서 경고한 것도 똑같다. 『1984년』에는 부모를 당국에 고발하는 아이들이 등장하고, 언어의 의미를 멋대로 바꾸며, 빅 브라더는 사랑이라는 인간의 감정까지 통제한다. 한국전쟁 기간에도 공산당원 자식이 부모와 친척을 해코지한 사례가 적지 않았다.

오늘날 진보 좌파는 가족 구성원 간의 끈끈한 유대를 부담스러워한다. 낙태에 찬성하며 성적 자유를 강하게 외치고, 자녀 양육과 교육을 부모로부터 분리하는 정책을 지지한다. 상속에 세금을 중과, 가족 공동체에서 얻는 이익을 없애는 정책을 추진한다.

가족 같은 혈연 공동체는 좌파나 진보진영이 추구하는 노선에서 큰 방해물이다. 이상향을 찾는 과업에서 가족이나 가문, 계모임처럼 끈끈한 인연은 부담이 될 뿐이다. 당이나 최고 지도자가 제시하는 목표가 훨씬 중요하다. 자기 입장만 떠드는 다양성은 소음에 불과하므로 무시해버리거나 탄압한다.

김구로서는 태어나자마자 편입되는 원초적 공동체의 기본 수단과 작동 원리를 공산주의가 부정한다는 생각이 들었을 것이다. 평등 사회를 꿈꾸는 그였지만 공산혁명가들의 생각과 행동이 입맛에 맞을 리 없었다. 하물며 독립투사를 죽이고 독립운동 단체를 이간질하는 지경에 이르러서야 감정이 좋을 턱이 없었다.

김구는 민족 공동체, 가족 공동체를 중시했다. 인간이 탄생하면서 저절로 소속되는 공간의 존속과 회복을 꿈꾸었다. 이는 좌파나 진보주의자들과는 다른 생각이다.

감옥에서 극한 체험하고 얻은 기독교적 인간관·생사관

김구는 평생 이름을 아홉 번 바꿨다. 망명지에서 수배자로 쫓길 무렵에는 성을 장 씨로 바꾸고 중국인 행세를 했다.

종교는 유교에서 동학, 불교, 기독교를 두루 유람했다. 탈옥수 시절에는 한때 공주 마곡사에서 원종 스님이 되었다. 과거 시험에 실패하고 관상학을 독학했다.

결혼 과정도 우여곡절이 많았다. 도산 안창호 여동생과의 약혼이 돌연 파기되는가 하면 스승의 손녀 등 네 번이나 결혼 기회를 놓쳤다. 서른한 살에 열여섯 살의 기독교인과 혼례를 치렀다.

기구하고 박복한 인생이었다. 가난, 차별, 실패, 이별, 사별, 체포, 투옥, 탈옥, 망명, 수배, 피격 같은 부정적 단어로 포장된 삶이었다.

그를 가장 변화시킨 곳은 감옥이었다. 치하포 거사 후 인천의 감옥에서 서양의 신문물을 공부했다. 거기서 자신의 출세보다는 먼저 나라를 구하는 일이 급하다는 깨달음을 확고하게 굳혔다. 구국을 위해서는 서양의 강점을 배우는 것이 좋겠다는 생각으로 새로운 세계에 눈을 활짝 떴다. 그동안 고집하던 폐쇄적인 시각을 버리고, 단발령을 받아들여 머리를 깎는가 하면 기독교에 귀의했다.

감옥은 그에게 시야를 해외로 넓혀준 역할에 머물지 않았다. 감옥이 김구에게는 인간의 발가벗은 본성을 투명하게 들여다본 사색의 공간이었다. 인간이 삶의 마지막 끄트머리에서 어떤 본능을 드러내는지 스스로 체험하고 목격했다.

감옥에서 굶주린 창자를 움켜쥐고 있을 때 고깃국과 김치 냄새가 코를 찌르곤 했다. 자서전에서 그는 "아내가 젊으니 몸이라도 팔아서 아침저녁으로 맛있는 음식을 넣어주면 좋겠다는 더러운 생각까지 났었다"고 고해성사했다. 다른 사람을 해코지하는 거짓 진술을 하고 밥을 얻어먹고 싶은 유혹까지 느꼈다. 얼마나 추악한 일인지 알면서도 본능은 그렇게 움직였다고 털어놓았다.

투옥 중 한 번은 자살하려 했는데 함께 묶여있던 동료들이 깨어나는 바람에 실패로 끝났다. 또 한 번은 중노동에 시달려 바다에 투신하려고 했지만 쇠사슬로 연결된 감방 동료가 함께 죽어야 했다. 그

동료는 만기가 되어 곧 감옥을 나갈 차례였다. 자살할 자유조차 없다는 것을 깨달았다.

그는 생과 사의 갈림길에 여러 번 서야 했다. 인생을 제 손으로 마무리하고 싶은 극한 상황까지 달려갔다가 되돌아왔다. 인간을 보는 눈이 깊어질 수밖에 없었다.

감옥은 사기꾼, 조폭, 도둑, 아첨꾼 등 악성 인간들이 집합된 곳이다. 김구는 그들의 본성이 어떤지 관찰했다. 인간을 의심하고 회의하며 허무의 골짜기에 빠질 만했다.

그러면서도 그는 인간에 대한 믿음을 끝까지 버리지 않았다. 고문을 받으면서도 자신의 살인 전과를 일본인 경찰에게 밀고하지 않은 조선인 경찰에 감사했다. 탈옥 후에는 자신의 석방을 위해 가산을 쏟아부어 구명운동을 펼쳤던 사람을 찾아 나섰다.

김구는 일본인 살해 사건 주범으로 체포되어 사형 집행 직전 고종의 지시로 기적적으로 살아났다. 나라를 빼앗긴 왕으로 미워하기도 했지만 김구는 귀국 후 48년 만에 고종의 묘(홍릉)를 참배하는 것으로 답례했다.

인간이란 잘못을 저질렀어도 언제든 착하게 변한다는 것을 직접 겪었다.

출옥한 뒤 42세 무렵 고향에서 농장 감독으로 일했다. 소작인들을 지도 감독하는 자리였다. 그는 가난한 농민들이 노름판에서 재산을 탕진하는 모습을 자주 목격했다. 그래서 도박을 하면 감독 권한으로 소작권을 주지 않겠다고 못을 박았다. 대신 학령 아동을 학교에 보내면 경작 농지를 얹어주었고, 성실한 농민에게는 추수가 끝나면 보너스를 주었다.

얼마 후 마을 풍경이 변했다. 가을이 되면 노름빚을 갚느라 빈손이었던 소작인들이 집으로 곡식 자루를 메고 갔다. 도박 악습이 사라진 것이다. 그 후 동네 아낙네들은 김구를 우러러보았다.

제도를 바꾸면 얼마든지 선한 모습을 되찾는다는 것을 김구는 알았다. 시장에서 채소를 팔던 청년(윤봉길)도 언제든 공동체 회복에 생명을 헌납하는 위인으로 바뀌는 것을 보았다.

자신과 집안 어른들을 학대했던 양반도 변한다는 것을 경험했다. 김구가 치하포에서 일본인을 죽였다는 사실이 알려지자 양반들의 태도가 달라졌다. 김구에게 함부로 말을 하대하지 못했다. 양반 계층을 향한 적대감도 날이 갈수록 낮아졌다. 교회 행사에서는 "양반도 깨어라, 상놈도 깨어라"고 절규하곤 했다.

그의 인간관은 서양 보수주의자들의 인간관과 같았다. 인간은 착한 모습과 악한 모습을 동시에 갖고 있다고 보았다. 위기가 닥치면 추악한 얼굴이 나타나는 반면 상황이 바뀌면 천사나 위인이 된다고 보았다. 이는 성경의 인간관이었다.

김구는 28세 때 기독교에 입문, 74세로 사망할 때까지 46년간 줄곧 기독교인이었다. 그는 청년 시절 선교 활동에 열심이었고, 부인도 교회 지인의 소개로 만나 신식 결혼식을 치렀다. 기독교는 그에게 새로운 서양 문명을 접하는 행운을 제공하는 동시에 그를 항일 투쟁 대열에 끌어들였다. 그는 교회라는 공동체를 중심으로 계몽교육 사업에 열중하면서 구국운동까지 전개했다.

그는 "겉으로는 교회 사업처럼 보였지만 속으로는 순전히 애국운동이었다"고 자서전에 적었다. 교리 공부보다는 교회 네트워크를 활용, 구국운동에 더 비중을 두었다는 말이다.

김구가 감옥이나 망명지에서 정기적으로 예배에 참석했는지, 매일 성경 공부를 계속했는지, 그리고 얼마나 기독교에 의존했는지는 알 수 없다. 『백범일지』에는 일본 경찰의 지독한 고문을 당할 때 신을 찾거나 성경 구절을 암송하며 간절히 기도하는 모습은 보이지 않는다.

윤봉길 의사는 상해 홍구공원에서 결행하기 직전 김구와 시계를 교환하고 헤어졌다. 성공 여부를 알 수 없어 절대자에게 기도할 수밖에 없는 순간이었다. 이 대목에서도 교인다운 모습은 드러나지 않는다.

진정한 기독교인이라면 파란만장한 일생에서 최소한 몇 번은 신이나 예수, 성경을 간절히 찾았을 법하다. 하지만 기도를 올리는 기독교인의 전형적인 모습은 『백범일지』에서 찾아볼 수 없다.

그러나 망명에서 귀국한 후에는 달라졌다. 귀국 첫 예배를 서울의 유서 깊은 정동교회에서 드린 뒤, 이후 남대문교회, 상동교회 예배에도 출석했다. 임정 요인 환영회에서 그는 "입국할 때 예배는 꼭 지키리라고 결심했다"면서 "나라를 세우는 동시에 종교를 세우겠다"고 선언했다. 이어 "경찰서 열을 세우는 대신 예배당 하나를 세우려 한다"고 다짐했다.

중국에서 사망한 어머니, 부인, 큰아들의 묘를 고국 땅에 이장하면서 기독교 교회 연합장으로 치렀다. 한국에서 통용되던 유교나 민속 신앙 방식이 아닌 기독교 방식의 절차를 밟았다.

그가 1946년 기독교 잡지 「활천」 230호에 기고한 글에는 기독교적 사생관이 녹아들어 있다. 그는 요한복음을 인용, "나는 그리스도인인 고로 거짓 없는 내 양심은 내 죽음을 초월하고 나라를 사랑했습니다. 내가 만일 어떤 자의 총에 맞아 죽는다면 그것은 한 알의 밀알이 땅에 떨어져 많은 열매를 맺듯 이 나라에 많은 애국자를 일으킬 것입니다. 눈물과 피로 우리들이 갈망하는 조선을 하나님의 나라로 세워봅시다"라고 했다.

죽음을 벗 삼아 살았던 인생이었다. 17년 결혼 생활에서 딸 셋과 부인, 큰아들은 사별했다.

일본인 살인범으로 체포돼 사형 집행 직전 영화의 한 장면처럼 보류됐다. 중국에서는 지명수배자로 쫓기다가 같은 동포가 난사한 총에 맞아 한때 '곧 사망' 진단을 받았다. 가까스로 생명을 건졌으나 그 일로 김구는 평생 수전증을 앓게 되었고, 글씨는 '떨림체'로 변했다. 감옥에서 두 번 자살을 결심한 데다 어머니로부터는 동반 자살을 하자는 권유를 받았다. 게다가 항일 투사들이 김구의 기획 아래 거사를 단행하여 사형당하지 않았던가.

죽음의 그림자가 인생 내내 김구와 함께했다. 하지만 그는 부활을 믿었다. 한 알의 밀알이 더 많은 애국자로 환생하기를 바랐다. 윤봉길, 이봉창 의사를 사지로 보내면서도 마찬가지 심정이었을 것이다. 한 몸을 희생함으로써 큰 희망의 불꽃을 피워 올리겠다는 각오야말로 예수의 수난을 떠올리게 만든다.

김구는 토지와 주요 산업의 국유화를 선언한 임정의 중심에 있었다. 그는 계급 철폐와 만민 평등을 외쳤고, 농지개혁에도 찬성했다. 이는 자본주의 시장경제를 거부하는 생각이다.

더구나 남북통일을 주장하고 친일파 숙청에도 열심이었다. 진보진영과 좌파 인사들이 그를 숭배하는 데는 그만한 이유가 있다.

기독교의 인간관, 사생관을 믿었다는 이유로 김구를 보수주의자로 단정할 수는 없다.

그는 다만 가족, 민족 같은 공동체가 인간에게 원초적 삶의 공간으로 중요하다는 것을 깨닫고, 그것을 유지하고 보존하고 다음 세대에 물려주는 일에 온몸을 바쳤다. 인간의 공동체를 파괴하는 침입자는 호되게 응징했다.

20세기 극심한 이념 대립의 국면에서 김구는 공산주의에 반대했다. 이것 하나만으로도 그는 보수주의 우파 지도자로서 기본 자격을 갖추었다.

하지만 보수 세력은 김원봉, 김일성 같은 공산주의자와 대화 노선을 추구했다는 사실만으로 그를 외면했다. 편협함은 스스로를 위축시킨다. 이 때문에 한국 보수주의 영토는 급격히 축소되었다.

"자본주의에서
정치를 흔드는 힘은
돈에서 나온다."

반기업 정서 죽이려면
번 돈을 뿌려라

친기업 정치인에게 거액 헌금하는 '킹 메이커'

미국 중서부 캔자스Kansas주에 있는 위치토Wichita는 인구 39만 명 안팎의 도시다. 이 도시는 미국에서 한동안 두 번째 부자로 꼽혔던 코크 가문의 본거지다.

대형 소매유통 체인 월마트의 대주주 월튼 가문이 1위이고, 코크 회장 형제가 두 번째 부자로 꼽힌다. 2019년 무렵 코크 가문의 재산은 950~1,100억 달러(110~126조 원가량)라고 보도된 바 있다.

코크 그룹의 2대 후계자 찰스 코크는 한국 재벌과 똑같은 복합 그룹을 경영하고 있다. 코크 그룹(Koch Industries)의 주력 산업은 석유를 비롯한 에너지 분야다. 여기에 투자금융업, 화학·섬유 업종부터 일회용 종이컵, 수술용 로봇, 전기자동차 부품, 휴대폰, 생수까지 생산한다. 대형 목장 세 곳에서 소를 1만 2천여 두 키우며, 한국에도 최고급 쇠고기를 마타도르Matador(투우사) 브랜드로 수출하고 있다.

한국인이나 미국인은 코크라는 회사와 찰스 코크라는 인물에 대해 거의 모른다. 코크 일가의 스토리가 별로 알려지지 않은 이유는 계열 사가 모두 비공개 가족회사이기 때문이다.

그룹의 성장 과정이나 지배 구조, 계열사별 경영 실적이 베일에 싸 여있다. 비공개 재벌 그룹 중에서 다국적 곡물 메이저인 카길Cargill에 이어 두 번째로 큰 규모로 평가받고 있다.

그러나 코크 그룹과 찰스 코크 회장에 대해 거의 아는 바 없는 일 반인과는 달리 미국 정치인 중에는 모르는 이가 없다. 찰스 코크 형 제들은 총선, 대선 시즌 때마다 선거운동을 워낙 극성스럽게 벌이기 때문이다. 코크 일가는 한동안 공화당의 킹 메이커로 유명했다.

2020년 국회의원 선거 시즌에는 코크의 자금 지원을 직간접으로 받은 상하원 후보가 200명 안팎이라는 보도가 흘러나왔다. 대선 후 보들은 그가 주최하는 억만장자 모임에 참석, 지원 호소 경쟁을 벌이 는 일도 빈번하다.

오바마 정권 시절에는 코크 가문의 정치 활동이 미국 언론과 정치 권의 최고 화제였던 적도 있다. 진보 매체에는 코크 형제가 오바마 반대 진영에서 미국 정치를 맘대로 주무른다는 비판 보도가 끊이지 않았다. 재벌의 자금이 정치를 오염시킨다는 논쟁이 지속되었다. 진 보 언론은 그를 '민주당의 주적主敵' '진보진영에 최악의 장애물'로 꼽 았다.

그럴 수밖에 없었다. 코크 회장은 2010년 위스콘신 주지사 선거에 서 공화당 후보를 당선시키려고 개인 헌금 외에 8억 원 안팎의 선거 광고 비용을 지원했다. 시민 단체를 통한 경쟁자 낙선운동이었다. 경쟁자를 비판하는 광고를 프라임 타임에 집중 방영, 마침내 코크는 목적을 이루었다.

2012년에는 미트 롬니 공화당 대선 후보를 도우려고 1인당 5,000달러 이상을 내야 참석할 수 있는 선거 자금 모금 행사를 주최했다. 2016년 대선에서는 트럼프 당선을 위해 무려 8억 8,900만 달러(1조 원가량)를 마련했다고 했으나, 트럼프가 이슬람교도의 입국을 막고 무역 장벽을 높이겠다는 식의 과격한 공약을 들고나오자 지지를 철회했다.

그때 준비한 자금은 국회의원 선거에 출마한 공화당과 보수진영 후보자들에게 헌금했다. 지원을 받지 못한 트럼프는 코크를 공개 비난하는 발언을 삼가지 않았다.

찰스 일가는 친기업 성향의 인물이 정치판을 장악하도록 만드는 데 돈을 아끼지 않았다. 사회주의 성향을 보이거나 기업 규제에 앞장서는 정치인의 경우 그를 낙선시키는 시민 단체에 자금을 지원했다. 낙선운동, 당선운동에 동시에 투자했다.

트럼프 대통령 시절 국무장관을 지낸 마이크 폼페이오 사례를 살펴보자.

폼페이오는 코크의 본거지 위치토에서 중소기업을 경영했는데 코크 그룹의 자금 지원을 받으며 사업상 인연을 맺었다. 폼페이오가 캔자스주 하원의원에 출마하자 코크 가문은 그를 전폭 지원, 네 번 연속 당선을 실현했다. 자금 지원 외에 사원들도 자원봉사를 통한 선거운동을 펼쳤다.

폼페이오가 의사당에 입성하자 언론은 '코크가 워싱턴에 파견한 사나이'로 지목했다. 아니나 다를까 폼페이오는 코크 그룹 사내 변호사 출신을 수석 보좌관으로 채용하더니, 국회에서 코크가 기대한 대로 환경 규제에 극력 반대하는 열성을 보였다.

'코크의 국회의원'이던 폼페이오는, 그러나 2020년 캔자스주 상원의원에 출마하려다 뜻을 접었다. 폼페이오는 국무장관을 하며 트럼프에 충성하느라 코크의 이익에 반하는 입장을 취했다. 국경 장벽을 설치하고 높은 관세를 부과하는 트럼프 정책을 충실하게 추종했던 것이다.

폼페이오의 트럼프 맹종은 코크의 심기를 크게 거스르는 일이었다. 상원의원에 출마한들 코크가 지원할 리 없었다. 폼페이오는 코크가 막강한 재력과 조직을 동원해 낙선운동을 펼칠지 모른다고 걱정, 상원의원 출마를 포기했다.

코크가 정치에 돈을 쓰는 방식은 한국인의 상상을 뛰어넘는다. 코크는 먼저 뜻을 함께하는 부자들을 모아 네트워크를 결성하는 작업부터 시작한다. 2003년 이후 다단계 판매회사 암웨이 오너부터 월스트리트의 금융 재벌들까지 한자리에 모아 비공개 회동을 가졌다. 언론은 코크 주도의 부자들 모임에 '코크 네트워크'라는 이름을 붙였다. 코크 네트워크는 "미국 정치에 가장 영향력을 크게 미치는 세력 중 하나"라는 분석이 많았다.

코크는 이러한 크고 작은 모임을 매년 두 번 정도 열고 있다. 연간 최소 10만 달러(1억 1,500만 원 상당) 이상을 헌금하는 500명 안팎의 부자들만 코크의 세미나에 참가할 수 있다는 추측도 나돌았다.

오바마 정권 시절 '보수 정치인은 멸종 위기'라는 보도가 나올 만큼 보수진영이 침체했다. 정치권에 보수진영의 대표 주자가 없었다. 보수주의의 운동 목표가 애매했으며 참신한 정책 아이디어도 없었다.

오바마를 싫어했던 코크는 그대로 있지 않았다. 오바마의 복지 정책은 퍼주기식 세금 낭비이고, 에너지 산업을 규제하는 정책은 반기업적이라고 판단했다. 오바마가 번영을 붕괴시키고 기업 경영을 위기에 몰아넣고 있다고 보았다.

코크 네트워크는 2010년 콜로라도 아스펜에서 세미나를 열었다. 모임에는 녹음, 녹화, 사진 촬영은 물론 휴대전화 지참도 금지되었다. 대회장 안팎에 경호원을 대거 배치하고 도청 방지 설비를 설치했다. 모임에 참석한 부자들의 명단은 공개되지 않았다.

세미나 연사로 현직 대법관부터 대선 후보급 정치인, 저명한 보수 칼럼니스트, 토크쇼 진행자 등 보수의 아이콘들이 대거 출연했다. 강연 내용은 일절 보도되지 않았다. 발표 내용을 발설하지 않는 조건으로 고액 강연료를 지불했기 때문이다.

이 모임에서는 코크 측 실무자들이 준비한 오바마 정책 반대 캠페인을 위한 홍보 영상과 CF가 소개되었다. 억만장자들이 만족할 만한 친기업, 반 오바마 내용을 담고 있었다.

아스펜 세미나가 끝난 뒤 억만장자들이 2,500만 달러(287억 원 상당)의 자금을 모금했다는 얘기가 흘러나왔다. 코크 가문은 그중 절반 가량을 냈다.

억만장자들은 그 후 세금 납부를 거부하거나 오바마의 헤픈 복지 확대를 비판하는 운동(Tea Party) 지원에 본격 돌입했다. 아스펜 미팅은 오바마 반대로써 보수진영의 재결합을 꾀하는 단합대회 자리였던 셈이다.

코크는 부자들 돈을 모으는 데서 그치지 않았다. 정치 캠페인을 펼치기 위해 정치 상황에 맞춰 시민 단체를 결성했다.

'번영을 지지하는 미국인들(Americans for Prosperity)'라는 단체가 대표적이다. 애초 교육 단체로 등록했지만 코크 일가가 그룹의 기업 경영 철학을 정치권에 주입하려고 설립했다는 해석이 지배적이다.

이 단체가 주목을 크게 받은 계기는 오바마 정책 반대 캠페인을 전개하면서다. 코크는 이 단체에 풍부한 자금을 공급, 전국 규모로 저항 운동을 시작했다. 이 단체는 보수진영에서 티파티 운동을 활활 불태우는 최상의 불쏘시개가 되었다. 보수진영을 단합시킨 결과 코크는 2010년 하원에서, 2014년 상원에서 공화당이 다수당을 차지하는 승리를 맛보았다.

'번영을 지지하는 미국인들'에 코크 그룹은 설립 자금을 냈고, 암웨이 오너를 위시해 다른 부자들이 뒤따라 기부했다. 이 시민 단체는 광고 방송을 통해 캠페인을 전개하고 때로는 수천만 달러를 투입해 길거리 데모를 벌였다. SNS를 통한 여론 조성도 빼놓지 않았다.

놀라운 것은 조직과 자금력 규모다. 이 시민 단체가 한창 활동할 때는 공화당 전국위원회 조직보다 3배가량 큰 규모였다. 풍성한 자금 덕분에 미국 전역 107곳에 지부를 결성해 1,200명이 넘는 정규직 직원을 거느렸다. 가입 회원 숫자는 230만 명에 달했다. 2012년 한 해에 이 단체가 지출한 자금은 1억 2,200만 달러(1,350억 원 상당)이었다.

코크는 진보 좌파를 싫어했다. 진보 정치가 미국인의 행복을 빼앗아 간다고 믿었다. 코크가 오바마 정권에게는 가장 큰 재앙이라는 촌평이 언론에서 사라지지 않았다.

코크 방식의 도발은 한국의 재벌 총수가 도저히 엄두를 내지 못할 투쟁으로 보인다. 우리나라에서 코크처럼 최고 권력자에게 도발했다가는 세무조사와 검찰 수사로 당장 감옥에 들어가야 할지 모른다. 회계장부가 워낙 불투명하고 오너들이 멋대로 엉뚱한 경영 판단을 내리고 회삿돈을 빼내 쓰고 있지 않은가.

미국 오너들은 좀체 권력자에게 약점을 잡히지 않는 경영을 한다. 덕분에 정권이 교체되거나 대통령을 비판하더라도 기업과 오너가 정치 보복을 당하는 일이 드물다.

한국의 총수들이 고민을 해결하는 방법은 미국과 다르다. 총수들은 권력자나 측근에게 접근, 일대일 뒷거래로 암암리에 경영상의 고민을 풀려는 성향이 강하다. 몰래 뇌물을 제공하는 일도 허다하다. 이 때문에 정권이 바뀌면 총수와 경영진들이 늘 감옥에 들락거리는 일이 벌어진다.

한국의 오너들은 반기업 정서를 누그러뜨리려는 노력을 게을리한다. 최저임금을 인상하고 기업인 처벌을 강화하는 법안이 논의되면 경제 단체에 모든 일을 떠넘기고 총수들은 뒤로 빠진다. 사석에서는 입만 열면 반기업 정서를 불평하면서도 기업 입장을 대변하는 시민운동에 돈을 쾌척하는 총수는 매우 드물다.

근본적인 문제는 한국 총수들의 돈을 버는 철학이 빈약한 데서 출발한다. 대부분의 재벌 그룹은 최소한 사원들의 지지를 받을 만한 경영 이념이나 경영 목표가 뚜렷하지 않다. 말만 번듯한 사훈이 있을 뿐이다. 무엇을 위해 돈을 버는지, 번 돈을 어떻게 쓰려고 하는지 도무지 종잡을 수 없다. 그저 매출을 늘리고 이익을 최대화하겠다는 목적만 두드러진다.

이런 풍토에서는 코크처럼 반기업 정서, 반기업 정책에 정면으로 도전하는 배짱 좋은 기업 총수가 나올 수 없다.

창업자의 맹목적 반공 노선과 자유 지상주의 경영 철학

코크 그룹은 프레드 코크가 창업했다. 독일계인 창업자는 네 명의 아들을 독일인 보모에게 맡겨 엄하게 통제했다.

어릴 적부터 집 안 청소, 화단 가꾸기를 당연한 일로 가르쳤다. 프레드의 네 아들은 누구나 주말과 방학이면 아버지의 농장에서 거름을 나르고 우유를 짜거나 도랑을 치며 농부처럼 일했다. "골프장이나 동네 술집 근처에서 어슬렁거리는 건달이 되어서는 안 된다"는 것이 창업자의 방침이었다.

그렇게 아버지가 2세들에게 물려준 사업은 축산 농장뿐만이 아니다. 창업자가 물려준 알짜 비즈니스는 유전 개발 사업이었다. 프레드는 미국, 멕시코, 독일, 러시아에서 석유 발굴에 뛰어들어 성공을 거두었다. 그는 자녀들을 명문 MIT 대학에 보내 화공학을 전공하게 했다.

네 아들 가운데 둘째 아들 찰스와 셋째 아들 데이비드(1940~2019)가 그룹 경영을 이어받았다. 오랜 소송 끝에 장남은 막대한 유산을 받아 미술품 수집에 몰두했고, 막내는 독립 회사를 꾸렸다.

찰스와 데이비드는 아버지에게 물려받은 회사를 60여 년에 걸쳐 무려 4,670배로 키웠다. 그룹의 성장 속도는 미국 500대 대기업들의 평균치보다 16배나 높았다. 그렇게 고속 증식을 통해 번 돈은 미국 정치권을 움직이는 밑천이 되었다.

창업자가 남긴 가장 중요한 유산은 경영 이념이었다. 기업 활동을 억압하는 정부 권력에 저항하라는 것과 철저한 반공 노선이었다.

프레드는 러시아에서 유전 개발 사업에 성공했다. 하지만 러시아 동업자들이 스탈린 치하에서 어떻게 숙청되었는지를 직접 목격했다. 기업 소유권을 멋대로 빼앗아 가는 전체주의 정권의 횡포를 고스란히 겪었다. 그때부터 코크 가문의 반사회주의, 반공 노선은 그룹 경영의 뼛속에 심어진 철학이 되었다.

창업자는 미국의 강력한 민간 반공 단체인 존 버치 협회(John Birch Society) 창립에 적극 참여했다. 존 버치 협회는 공산주의에 반대하고 정부의 권력 확대와 싸운 극단적 성향의 보수 단체다. 이 단체는 공산주의 국가에 강경 대응하지 않은 아이젠하워를 공산당 첩자로 공격하는 음모론을 퍼뜨리기도 했다.

존 버치 협회는 한국의 박정희, 필리핀의 마르코스, 타이완의 장제스 같은 친미·반공 독재자를 지지한 것으로 유명하다. 후계자 찰스는 "어린 시절부터 아버지로부터 공산 정권과 사회주의 정치에 반대하는 얘기를 자주 들었다"고 했다.

코크 일가 2세들은 창업자의 철학을 교육받았다. 청소년 시절에는 자유시장 원리를 가르치는 학교에 다녔고 시장경제를 중시하는 모임에 참가해야 했다. 사유재산권, 자유무역, 작은 정부, 인간의 자연권, 자유경쟁, 기회의 평등을 중시하는 사람들과 어울리며 자랐다.

코크 형제가 태어나면서 받기 시작한 교육은 미국 보수주의 일파인 리버테리언 사상이었다. 자유 만능주의, 자유 지상주의 경영 철학이었다.

리버테리언은 복지 혜택이나 소득 분배를 국가가 아닌 개인에게 맡겨야 옳다고 믿는다. 이민, 종교, 마약 복용, 낙태 문제까지도 국가가 아니라 개인과 시장에 맡기라고 주장한다. 개인, 기업의 권리를 극대화하는 대신 국가의 권한을 극소화하자는 생각이다.

미국에는 자유 지상주의자 집단이 10~12퍼센트를 차지하고 있다는 분석이 있다. 리버테리언은 '원조 보수'를 자처하는 성향이 강하다.

찰스는 그러나 아버지가 사망하자 존 버치 협회를 탈퇴했다. 아버지처럼 무작정 반공 노선을 외치며 정부의 규제에 반발하기보다 정치권을 개조해보고 싶다는 생각이 강했다. 정치 개혁이 기업의 자유, 개인의 자유와 권리를 더 쉽게 확보하는 길이라고 생각했다.

찰스의 동생 데이비드는 1980년 대선에서 미국 리버테리언당의 부통령 후보로 출마했다. 리버테리언당은 보수진영에서 오른쪽 끝에 자리하는 극단적 우파 정당이었다. 데이비드가 2019년 사망하자 「뉴욕 타임스」는 "우파 보수운동에 연료를 제공하던 억만장자가 79세 나이로 사망하다"라는 기사를 내보냈다.

코크 형제의 정치 간여는 계열사 이익을 확대하는 목적으로만 진행되지는 않았다. 창업자의 경영 이념을 이어받아 현실 정치를 개혁해보겠다는 의지가 강했다.

코크 형제는 반기업 정서에는 총수나 대주주에 대한 반감으로만 가득한 것으로 보지 않았다. 국가권력이 커지면 커질수록 개인의 행복은 줄어든다고 걱정했다.

코크 그룹은 현재 70여 개 국가에서 줄잡아 13만 명을 고용하고 있는 다국적 기업이다. 찰스 코크 회장은 기업 활동의 자유를 유일한 경영 목표라고 말하지 않는다. 개인의 자유를 확장할 필요가 있음을 강조하고 있다.

실제 찰스 코크는 개인의 권리를 보장하는 일에도 기부를 하고 있다. 오바마 정권 때는 하층민들이 반복적으로 범죄자가 되는 것을 예방하는 형사제도 개편에도 큰돈을 기부했다. 오바마는 싫어했지만 개인의 인권과 자유를 확장하기 위한 대의에는 찬성했던 셈이다.

2014년 코크 일가는 뉴욕 메트로폴리탄 미술관 앞 광장을 새로 조성하는 사업에 2014년 6,500만 달러(747억 원 상당)를 기부했다. 워싱턴DC 스미스소니언의 공룡박물관 건설에도 큰돈을 냈다. 가문의 유전병처럼 되어 있는 전립선암 퇴치 연구에도 수억 달러를 기부했다.

코크 형제들의 금전 철학은 명쾌하다. 열심히 사업해서 번 돈을 꼬박꼬박 세금으로 내면 정치인들이 헤프게 낭비해버린다. 그럴 바에야 내 손으로 꼭 필요한 곳에 기부하는 편이 훨씬 더 낫다고 여긴다. 정치인, 관료보다 예술가, 사회운동가, 병원 의사, 예술인들에게 지원하는 것이 번 돈을 훨씬 쓸모 있게 쓰는 방법이라고 여겼다.

이는 미국의 많은 억만장자가 공유하는 생각이다. 억만장자의 거액 기부가 끊이지 않는 배경에는 코크 형제와 같은 자유 지상주의 철학이 자리 잡고 있다.

반기업 정서를 불평하고 정부 규제 철폐를 외치는 기업인은 한국에도 적지 않다. 다만 얼마나 많은 한국 기업인이 코크처럼 뼛속에 새길 만큼 확고한 경영 철학을 갖고 있는지는 의문이다.

언론과 지식층에 쓰는 돈이 가성비 높아

코크 형제는 대중을 설득하는 방법으로 2개 루트를 적극 활용했다. 언론과 지식인 포섭이다.

언론계는 언론인의 심층 취재, 탐사 보도 지원과 광고 방송을 통했다. 프리랜스 작가가 진보적 인사의 약점을 탐사 보도한 책을 발간하겠다고 신청하면 취재비를 넉넉하게 내주었다.

저널리스트의 취재 지원은 독립 재단이나 시민 단체 이름으로 진행했다. 코크는 언론 인터뷰는 대부분 거절하면서도 언론인 저술 사업 지원에는 열성을 보였다. 적은 돈으로 큰 효과를 보려는 일에서 이처럼 효과가 좋은 투자처는 없다고 봤다.

언론 광고는 선거 시즌에 집중적으로 내보냈다. 광고 발주처는 언제나 코크가 자금을 대주는 시민 단체를 활용했다. 광고 내용은 낙선 운동의 대상이 되는 후보의 공약을 비판하거나 지지 후보의 공약을 긍정 평가하는 내용을 담았다. 지역별로 다른 광고 카피를 만들었으나 큰 줄거리는 자유 시장경제를 옹호하고 기업 활동을 규제하는 공약을 비방하는 것이다.

예를 들어 최저임금 인상 논의가 시작되면 최저임금 인상으로 저소득층에게 돌아갈 이익이 오히려 축소된다는 연구 결과를 광고로 내보냈다. 막연한 논리를 말하지 않고 구체적인 피해 사례나 통계를 강조했다.

한국 기업들 오너처럼 최저임금 인상으로 기업이 죽게 되었다고 엄살을 피우기보다는 비정규직, 아르바이트하는 학생에게 손해가 간다는 점을 부각시켰다. 하층민 형편이 좋아지기는커녕 직장을 잃을 위험이 커지고 애꿎은 피해자가 된다는 논리를 폈다.

코크의 지식층 공략은 두 갈래로 추진되었다. 대학과 보수정책 연구소다. 대학에는 시장경제 논리를 설명하는 이론 기반을 제공하는 역할을 맡기고, 연구소는 구체적으로 어떤 정책을 채용하는 것이 좋은지 정책 대안을 내놓는 창구로 썼다.

대학교수나 연구원들을 지원하면 그들이 대학에서 학생들에게 강의를 하게 된다. 게다가 저작물, 언론 기고, TV 출연, 동영상 제작을 거치면서 연구 결과를 퍼뜨린다. 지식층은 시장경제에 대한 논리를 확산하는 일까지 맡아주는 것이다.

무엇보다 정치인들은 교수나 연구소 박사들의 자문을 듣는 일이 잦다. 코크는 교수들이 정치인과 접촉, 정책 변경에 결정적인 기회를 잡을 수 있다는 것을 알아차렸다. 이 때문에 지식층을 가성비가 높은 투자처라고 판단했다.

코크 형제가 기부금을 헌납한 대학의 숫자는 무려 250~307곳에 달한다는 보도가 있었다. 그만큼 대학에 많은 기부금을 냈다는 얘기다.

대표적인 사례가 조지메이슨 대학이다. 버지니아주에 있는 조지메이슨 대학은 주립대학이다. 정치 중심지 워싱턴DC와 인접한 알링턴에는 조지메이슨 대학 부설 연구소가 많다.

머케터스 센터Mercatus Center는 알링턴 캠퍼스에 자리 잡고 있다. 머케터스는 시장(Market)이라는 뜻의 라틴어다.

머케터스 센터는 미국의 연구소 중 랭킹 39위 수준이지만(펜실베이니아 대학 연구 자료), 경제학자, 정치인, 언론인 사이에서는 유명하다. 시장경제 논리를 외골수로 외치는 자유 지상주의 학자들이 모여 있기 때문이다.

머케터스 센터 설립에 코크 형제는 3,000만 달러(330억 원 상당)를 쾌척했다. 자유 시장 원리를 전파하는 일을 맡으라는 뜻이었다. 코크는 이 센터에 이사회 멤버로 참가했다. 진보 언론들은 이 연구소를 "코크의 강력한 후원에 힘입어 정부 규제와 싸우는 일에 전력을 다하는 연구소"라거나 "코크의 이익을 위해 활동하는 로비 단체나 마찬가지"라며 비난했다.

머케터스 센터는 아들 부시 대통령 시절 대중의 큰 관심을 끌었다. 머케터스 센터가 제안한 23개 정책 아이디어 가운데 부시 정권이 14개를 채택했다는 보도가 나왔다. 비록 주립대학 부설 연구소이지만 머케터스 센터는 전직 관료, 로비스트까지 채용해 정책 아이디어를 정치권과 언론에 마케팅하고 있다.

조지메이슨 대학 내부에서 한때 머케터스 센터가 지나치게 대기업의 주장을 대변한다는 비판이 터져 나왔다. 주정부 지원을 받는 공립대학이 특정 재벌을 옹호해서는 안 된다는 항의였다. 하지만 연구소 측은 대학 본부의 지원을 일절 받지 않고 독립 채산제로 운영하고 있다고 반박했다.

머케터스 센터와 같은 건물에 인문학연구소(Institute for Humaine Studies)가 있다. 인문학연구소도 코크의 지원으로 운영된다.

2008~2012년 사이에 코크 형제가 1,240만 달러를 기부했다는 보도가 있었다.

인문학연구소 설립자는 세금 인상을 '도둑질', 복지 확대를 '부도덕한 행위'라고 했다. 경제학자 하이에크Friedrich Hayek나 밀턴 프리드먼Milton Friedman 같은 신념의 자유시장주의자였다. 인문학연구소도 정치권에 시장경제와 사유재산권, 자유무역, 규제 철폐, 작은 정부를 역설하고 있다. 최근에는 성장 목표를 설정하는 경제정책을 채택하라고 강조하고 있다.

코크는 머케터스 센터에 앞서 1974년 보수 성향의 연구소 케이토(Cato Institute)의 설립 자금을 댔다. 케이토는 로마 귀족으로 시저의 독재정치와 싸웠던 자유주의 공화 체제의 옹호자였다. 한국의 세계사 시간에는 '카토'라고 가르친다.

케이토 연구소는 당초 코크 그룹 본거지 위치토에 설립되었으나 지금은 워싱턴DC에서 헤리티지, 미국기업연구소(AEI), 랜드RAND 연구소와 함께 4대 보수 연구소로 인정받고 있다. 미국 내 연구소 가운데 랭킹 15위 수준으로 평가받고 있다.

케이토 연구소는 지금도 운영자금은 코크의 지원에 많이 의존하고 있는 것으로 알려졌다. 자유 시장 원리를 강조하는 것은 머케터스 센터와 다를 게 없다. 자유무역에 장벽을 설치하는 트럼프의 정책에는 반대 입장을 취했다. 코크는 케이토 외에 헤리티지, AEI에도 기부금을 냈다.

코크가 보수 연구소들에 공을 들이는 이유는 기업 경영에 있어 자유가 중요하다고 보기 때문이다. 자유경쟁의 원칙을 확보하지 못하면 미국 기업들의 경영이 어려워진다고 믿는다.

보수 연구소들은 가끔 코크 그룹을 억압하는 환경 규제에 반대하는 논리를 만들어 정치권과 언론에 퍼뜨리기도 한다. 코크가 정치권과 언론에 직접 로비하는 것보다 연구소를 거치는 편이 훨씬 설득력을 갖는다고 보는 것이다.

한국 재벌들은 연구소를 계열사로 직영하는 곳이 대다수다. 그룹의 명패를 달고 민감한 이슈에 관한 보고서를 낸다. 소속 연구원들은 그룹의 사원 명찰을 달고 TV에 출연하거나 언론 기고에 나선다.

코크처럼 전문가들의 메시지에 객관성을 확보해주려는 노력을 하지 않는 것이다. 재벌 직영 연구소는 정부 정책에 맞서는 발언으로 권력자와 정면 갈등을 빚기도 한다. 연구 내용을 정부 부처에 헌납하고 로비를 펼쳤다는 이유로 논란을 빚은 사례도 있었다. 이로 인해 이제 재벌 산하 연구소들에선 공들여 작성한 연구 결과를 떳떳하게 공개하지 못하는 분위기가 정착되고 있다. 연구소에 기부금을 내는 코크의 지식층 공략 방법이 한국의 총수들보다 그것보다 세련되어 보인다.

최근 들어 찰스 코크는 보수 편향적 활동을 후회하며 당파성을 초월하겠다는 의지를 내보이고 있다. 그럼에도 불구하고 2020년 국회의원 선거에서는 주로 공화당 후보들에게 정치 자금 지원을 집중했다. 기본 신념은 그대로 유지되고 있는 셈이다.

시장경제 가르치려 로스쿨 '법경제' 강좌 신설에 큰돈 쾌척

윈체스터 총과 탄약을 제조하는 올린Olin 그룹은 한국인에게는 낯설다. 올린은 화학, 방위산업을 주축으로 다국적 기업으로 성장한 제조업 재벌이다.

올린 그룹을 창업한 프랭클린 올린은 코넬 대학을 졸업했다. 큰돈을 벌자 모교에 도서관, 공학관, 예술관 등 많은 건물을 헌납했다.

프랭클린은 막대한 배당금으로 대형 자선 재단을 설립해 언론인과 지식인, 예술인에 대한 지원을 전개했다. 클린턴 대통령의 성추문과 비리를 캐러 다니는 기자에게도 취재비를 듬뿍 제공했다.

올린 가문은 코크처럼 민주당과 진보 세력에 거부감이 강하다. 총을 제조하는 회사로서 총기 소유의 자유를 보장하겠다는 공화당과 보수주의를 지지한다.

창업자의 아들 존 올린도 별도로 대형 재단을 설립, 아버지와 아들의 재단이 같은 노선을 추종한다. 보수 노선을 추구하는 연구소와 학자, 언론인, 예술인에게 집중 투자했다.

코넬 대학에서 있었던 흑인 학생들의 데모는 올린 가문을 자극했다. 학생들은 올린 일가가 학교를 사유화하려고 한다며 올린 그룹을 상징하는 장총과 탄약을 들고 시위했다. 대학에 반재벌 정서가 퍼지면서 진보진영의 거점이 되고 있었다. 올린 일가는 이에 맞서기로 했다.

"공산주의와 사회주의, 진보주의는 모두 같은 말이다."

올린은 민주당과 진보진영의 주장은 사회주의 이념을 기반으로 한다고 믿었다. 진보 좌파가 반기업 정서를 퍼뜨리는 적이라고 지목했다.

"적과 싸우려면 대학교수와 언론인을 설득해야 한다. 지식층, 언론을 설득하지 못하면 정치인을 절대로 설득할 수 없다."

그것이 올린 가문의 결론이었다. 올린 일가는 아버지와 아들의 자선 재단을 통해 헤리티지, 맨해튼 같은 보수 연구소 여러 곳에 수백만 달러씩 기부금을 냈다. 올린 일가가 헌납한 기부금 가운데 가장 찬란한 빛을 발산한 곳은 로스쿨 '법경제(Law and Economics)' 과목 개설이었다.

하버드 대학 로스쿨에서 보수파 졸업생과 진보파 졸업생들 사이에 논쟁이 발생했다. 올린 재단은 하버드 로스쿨 안에 1,000만 달러(115억 원 상당)를 기부했다. '법경제' 강좌를 개설해 달라는 게 기부 조건이었다.

법경제는 시카고 대학의 자유 지상주의 학파가 발전시킨 분야다. 법률 제정과 실행에서 시장경제의 원리를 무시하면 다수가 손해를 본다는 주장이 담겨있다. 대기업과 대주주의 논리가 밑바탕에 깔려 있는 이론이라고 할 수 있다.

올린은 하버드 대학이 제안을 받아들이자 800만 달러를 더 기부했다. 하버드 대학 로스쿨의 '존 M 올린 법, 경제, 경영학 연구소'는 그렇게 탄생했다.

올린 가문은 유명한 하버드대 새뮤얼 헌팅턴 교수 연구팀에도 무려 840만 달러를 지원했다. 보수진영의 입장을 반영하는 미국의 외교안보 전략을 연구해 달라는 조건이었다. 헌팅턴은 보수주의 입장에서 미국의 세계 전략을 연구한 학자다. 올린 일가는 하버드대 11개 연구 과정에 연구비와 학생 장학금을 지원했다.

하버드 대학에 이어 다른 대학 로스쿨도 법경제 강좌를 신설하겠다고 하면 선뜻 기부금을 내주었다. 예일대와 시카고대에 700만 달러씩, 컬럼비아·코넬·조지타운·버지니아 대학에 각 200만 달러를 헌납했다. 1985년 이후 미국 대학 로스쿨의 대부분에 법경제 강좌가 개설되었다.

한국의 로스쿨에도 법경제 강좌가 개설되어 있다. 올린 일가의 노력 덕분에 친기업 논리, 자본가의 주장, 시장경제의 원칙이 예비 법률가들에게 교육되기 시작한 것이다.

올린 재단은 법경제를 주제로 열리는 법률가 모임에도 지원을 아끼지 않는다. 대법관과 연방법원 판사 60퍼센트가 참석하는 학술 세미나를 후원했고, 보수 성향의 로스쿨 학생들에게는 장학금을 제공했다. 법조계가 진보 좌파 성향으로 기울지 않게 하려는 예방 조치이자 보수 성향으로 바꿔가려는 선행 투자였다.

올린 부자는 자선 재단의 돈이 훗날 진보 좌파들 손아귀에 들어갈 것을 걱정했다. 포드 재단, 카네기 재단에 진보진영 출신 이사진이 들어선 후 설립자 뜻과는 달리 엉뚱한 곳에 돈을 낭비한다고 생각했다.

올린 일가는 창업자 유언에 따라 2005년 두 재단을 완전히 폐쇄했다. 남은 돈 4억 5,000여만 달러(5,100억 원 상당)를 올린공과대학 설립과 운영자금 등으로 몽땅 헌납했다. 그러고 나서 67년 만에 보수주의를 지키기 위한 모든 자선 활동에서 손을 뗐다.

스케이프(Richard Mellon Scaife) 일가는 멜론은행과 걸프오일이라는 석유회사와 알루미늄 회사를 경영해온 억만장자다. 「피츠버그 트리뷴」이라는 신문사를 소유하고 있다.

스케이프 일가는 3개 자선 재단을 꾸리고 있다. 스케이프 재단들도 올린 일가처럼 클린턴의 추문을 탐사 보도하는 기자에게 자금을 지원했다. 보수 잡지와 보수 연구소에 기부금을 내는 일도 연례행사가 되었다.

스케이프 재단의 기부금을 받은 연구소가 무려 130곳이 넘는다는 보도가 있었다. 그중 미국기업연구소는 스케이프 일가의 기부금을 가장 많이 받았다.

스케이프 일가는 닉슨의 대통령 당선에 엄청난 돈을 투입했다. 미국이 더는 사회주의자들의 천국이 되어선 안 된다고 믿었기 때문이다.

스케이프 일가의 처신은 종종 대중잡지의 화젯거리가 되었다. 한때 세계 20대 부자로 꼽힐 정도였으나 이혼과 재산 분할을 둘러싼 다툼이 이어졌다. 가족 중에 알코올중독자가 많았고, 술 문제로 대학을 제대로 마치지 못한 후계자도 나왔다.

하지만 스케이프 일가는 미국 보수주의 운동을 지원하는 큰손이라는 평판을 잃지 않았다. 온갖 추문과 알코올중독 이미지를 거액 기부로 덮었다.

코크 가문이 케이토 연구소를, 스케이프 가문이 미국기업연구소를 집중 지원했다면 헤리티지 연구소는 쿠어즈Coors 가문의 작품이다. 미국의 보수 연구소 가운데 톱 자리를 차지하는 헤리티지는 창립 자금을 쿠어즈 맥주회사가 맡았다. 쿠어즈가 1973년 25만 달러를 낸 이후 해마다 운영자금을 대주었다.

헤리티지는 레이건 대통령 시절 백악관 직할 연구소로 평가받았다. 헤리티지가 보고서로 발간한 2,000여 개의 정책 제안 가운데 61

퍼센트가 레이건의 정책에 반영되었다. 소련을 굴복시킨 별들의 전쟁(Star Wars) 구상도 헤리티지 작품이었다.

쿠어즈 회장은 레이건 시절 '백악관 식탁의 내각 멤버'라는 평을 들었다. 그만큼 자주 백악관에서 레이건 대통령과 식사를 했다는 비유였다. 쿠어즈 일가는 레이건이 캘리포니아 주지사를 하고 있을 때부터 친밀하게 지내며 후원을 아끼지 않았다.

레이건 시대 이후 보수주의 운동을 지지하는 억만장자들이 경쟁하듯 헤리티지에 기부금을 냈다. 헤리티지에는 한국 정부와 일부 재벌기업들도 기부금을 냈다.

미국의 부자들은 코크, 올린, 스케이프, 쿠어즈처럼 보수주의 운동을 적극 지원한다. 그들은 기업의 주장과 논리를 대중에게 전파하는 일에 자기가 벌어들인 돈을 쓴다. 더불어 암 정복, 빈민층 구제, 예술 지원에도 거액의 기부금을 쾌척한다. 코크 형제도 대형 병원의 암센터 건립, 발레 진흥, 국립자연사박물관 확장에 수천억 원의 기부금을 냈다.

많은 미국 부자 중에서 코크 가문의 정치 활동이 가장 두드러졌다. 정치권 개편을 노렸다는 점, 장기간에 걸쳐 대선과 의회의 유력 후보들을 지원해왔던 점, 재벌 오너들을 대거 끌어모아 선거 자금을 풍족하게 공급한 점, 기업의 요구 사항을 노골적으로 전달한 점에서 그렇다.

21세기에 진입하면서 금융위기가 터지고 코로나 바이러스의 만연으로 빈부 격차가 더 확대되고 있다. 미국의 주요 대기업 경영인 모임인 비즈니스 라운드테이블(BRT)은 2019년 8월 기업 경영의 목적을 수정했다. 1960년 이래 60년 동안 유지해오던 주주의 이익을 최고로 삼는 주주 우선주의를 포기하겠다고 선언했다. 협력 업체, 거래처, 소비자, 시민들과 이익을 공유하겠다는 말이다. 그들은 그것이 기업을 지키고 자본주의를 지키는 길이라고 믿는다.

한국의 재벌 총수들은 권력자의 눈치를 보며 몸을 사린다. 일부 오너들은 당대의 권력자들과 은밀하게 내통하다 정권이 바뀌자마자 수사기관과 감옥을 들락거린다. 간혹 용기 있게 입을 연다고 해도 정치권과 사회의 반기업 정서에 대해 목소리를 낮춰 불평하는 데 그친다.

반기업 정서를 무너뜨리는 일에 누구도 큰돈을 쓰려고 하지 않는다. 자본주의 경제에서 최고의 혜택을 누리면서 코크 가문처럼 체제 유지에 필요한 비용은 지출하지 않으려는 것이다. 고액 세금 납부, 일자리 제공으로 기업인의 기본 임무를 완수했다며 시치미를 뗀다. 미국의 부자들처럼 세금을 더 낼 의향이 있다고 나서는 일은 없다.

이 때문에 한국 재벌가의 불법과 독단, 경영권 다툼은 현실에서나 막장 드라마에서나 항상 비아냥과 조롱거리의 대상이 되고 있을 뿐이다.

2부

미국, 영국 보수 영웅의 인생

빌리 그레이엄
Billy Franklin Graham Jr., 1918~2018

"인간은 본디
원죄를 안고 태어나
연약하고 변덕스럽다."

한미 기독교 교단과
한국 보수 정권의
3각 연결 고리

한국 기독교 역사에 기록된 117만 여의도 부흥회

시카고 오헤어 국제공항에서 자동차로 서쪽을 향해 30여 분 달리면 휘턴Wheaton이라는 도시가 나온다. 휘턴 대학은 많은 기독교 지도자를 길러낸 사립대학이다.

휘턴 대학은 20세기 최고의 스타 목사 빌리 그레이엄을 배출했다. 그레이엄 목사는 미국 갤럽이 조사한 '영향력 있는 인물'에서 무려 61년간 10위권 내에 자리를 차지했다.

휘턴 대학에는 빌리 그레이엄 센터가 설립되어 있다. 휘턴 빌리 그레이엄 센터에는 한국인의 눈길을 끄는 사진이 있다. 여의도 부흥회 장면을 담은 한 컷이다. 여의도 전도 집회 영상은 빌리 그레이엄 전도협회의 홈페이지(billygraham.or.kr)에도 나온다.

여의도광장이었던 곳에는 현재 고층 빌딩과 공원이 조성되어 있다. 일제강점기에는 비행장으로 쓰였다가 김포공항 건설 뒤에는 군사 퍼레이드에 사용되었던 황량한 곳이다. 조선 시대 기독교인과 서양 전도사들이 처형된 곳이기도 하다.

1973년 6월 3일, 일요일이었다.

"내가 길이요, 진리요, 생명이니라."

초대형 한글 간판 앞에 117만 명이 모였다. 여의도광장 구석에는 원형 돔 빌딩이 새로 들어섰다. 조용기 목사의 여의도순복음교회였다.

여의도 전도대회는 그레이엄 목사가 평생 잊지 못할 인생의 한 장면이었다. 그레이엄 목사는 185개국에서 2억 명 이상을 상대로 전도대회를 열었다. 런던, 뉴욕에서는 인파가 몰려 전도대회 기간을 연장해야 했다. 그 많은 부흥회 가운데 여의도에 가장 많은 사람이 모였다.

여의도 집회에 앞서 그레이엄 일행은 부산, 대전, 광주 전도대회에서 5일간 320만 명을 끌어모았다. 한국 기독교 역사에서 처음 보는 열기였다. 즉석에서 기독교에 귀의한 사람이 7만 명을 넘었다. 일부 성당과 절에서는 전도대회 참가를 막았음에도 기독교로 개종하는 사례가 나타났다. 그레이엄 목사를 따라 전도사의 길을 가겠다고 결심한 교인이 줄을 이었다.

그레이엄 목사가 서울에 다녀간 뒤 교회마다 교인 숫자가 급증했다. 200만 명 안팎으로 추정되었던 기독교인이 몇 년 새 500만 명을 넘어섰고, 최고 860만 명까지 치솟았다. 새벽 예배가 교회에서 단단하게 자리를 잡았다.

교회 지도자들은 그레이엄 목사가 여의도에서 기적을 일으켰다고 입을 모았다. 곧바로 영락교회, 여의도순복음교회, 소망교회, 명성교회, 충현교회, 광림교회, 금란교회 같은 대형 교회가 부상했다. 현재 주일예배에 참석하는 성인 신도가 2,000명이 넘는 대형 교회(Mega-church)는 900여 곳으로 추정되고, 1만 명 넘는 초대형(Giga-church) 교회는 13곳에 달한다. 대형 교회가 미국보다 많은 나라가 한국이다.

여의도 부흥회로부터 10여 년이 지나 한국인 전도사들이 세계 구석구석으로 파견되었다. 한국은 1980년대 이후 미국의 뒤를 이어 해외에 전도사를 두 번째로 많이 내보냈다. 한국 교회들은 이슬람 국가인 중동, 토착 신앙이 강한 아프리카, 예수의 탄생지 예루살렘까지 전도사를 파견하고 있다.

그레이엄 목사는 여의도에 모여든 인파에 감격했다. 그중에는 강제 동원된 사람들도 있었지만 상관하지 않았다. 그레이엄은 설교가 끝난 후 부인과 일행을 한 사람씩 연단으로 불러내 기념사진을 찍었다.

그레이엄 목사가 사망하기 3년 전의 일이다. 여의도 전도대회 통역을 맡았던 김장환 수원 중앙침례교회 원로 목사가 그레이엄의 노스캐롤라이나 샬럿Charlotte 자택을 찾아갔다. 그레이엄은 김 목사에게 "한국에서 다시 한번 전도대회를 열자"며 여의도에서의 흥분을 되새겼다.

여의도의 기적 뒤에는 고속 성장이 만들어낸 한국인의 정신적 황폐감이 깔려있었다. 수출 주도 성장으로 중산층이 급증하고 물질적으로 풍요해졌으나 한편에서는 공허감을 느끼는 사람들이나, 성장

열차에 오르지 못하는 패배자 집단이 늘고 있었다. 신앙 갈증이 심해지던 시기였다. 그런 한국 땅에서 기독교 교단은 거대한 도약을 노리고 있었다.

거기에 정치적 요인이 가미되었다. 박정희 대통령은 정권 안정을 위해 보수 기독교 교단과 더욱 굳게 손잡아야 했다.

박정희는 여의도 전도대회가 열리기 몇 개월 전 유신헌법을 만들었다. 무한 집권을 노리는 헌법이었다. 언론 자유, 표현의 자유, 집회의 자유를 제한하는 긴급조치가 공포되었다. 보수 정권이 독재의 색깔을 부쩍 덧칠하고 있었다.

한국 기독교 교단에서는 민주화, 빈민 구제를 외치는 진보 성향의 목사들이 등장하고 있었다. 진보 전도사들은 야당 지도자들과 연대해 정권 반대 투쟁에 나섰다. 해방신학이 영향력을 확장하고 있었다. 박정희로서는 정권 안정을 위해 진보 목사들이 교단을 장악, 정치 투쟁에 뛰어드는 것을 막아야 했다.

박정희는 그레이엄을 무척 환대했다. 공항에 도착하자 미국 대통령을 모시듯 환영했다. 그레이엄은 통역을 맡은 김장환 목사에게 소형 승용차를 타고 싶다고 했지만 박정희는 대형 리무진을 제공했다. 육군 공병대를 파견해 1만 명의 합창단이 설 수 있는 무대를 만들어주었고, 군악대에게 찬송가를 연주하도록 했다.

박정희의 특별 배려는 한국의 보수 기독교 교단만을 위한 조치는 아니었다. 그레이엄은 리처드 닉슨 미국 대통령과 가까운 친구였다. 박정희는 그레이엄의 전도 활동을 도움으로써 백악관에 대한 로비를 극대화하려고 했다. 미중 수교 협상, 주한미군 7사단 철수, 베트남 파병 장병 철수로 인해 박정희-닉슨의 외교 관계는 최악으로 치닫고 있던 시기였다.

박정희의 또 다른 목적은 반공 노선의 재확인이었다. 장기 집권을 합리화하려면 북한 공산당 위협과 싸워야 한다는 위기의식을 더 조장하지 않을 수 없었다. 철두철미한 반공 목사로 유명한 그레이엄이 아닌가. 박정희는 그레이엄의 반공주의 설교가 절실했다.

한국 보수 정권과 기독교 교단의 관계, 박정희-닉슨의 외교 마찰, 장기 집권에 필요한 반공주의 설교 등 여러 측면에서 그레이엄은 박정희에게 가장 적절한 시기에 여의도 집회를 개최했다. 한국의 보수 기독교 교단은 물론 박정희 정권에도 그레이엄은 하늘이 내린 구원자였다.

그레이엄 인기 폭발의 배경은 반공, 반소련 설교

1949년 가을, 미국의 분위기는 스산했다. 2차 세계대전이 끝난 후 작은 불황이 닥쳐와 실업률이 급증했다. 해리 트루먼 미국 대통령은 백악관을 찾은 여학생들에게 "백악관은 없는 게 없이 모든 것을 다 갖춘 하얀 감옥"이라며, "대통령은 감옥 안에서 일하는 끔찍한 직업인"이라고 농담했다.

같은 해에 소련은 핵실험에 성공했다. 세계 인구의 20퍼센트를 점유하는 중국에는 공산당 정권이 들어섰다. 히틀러와의 싸움에서 이긴 지 4년 만에 공산주의와 싸우지 않으면 안 된다는 위기감이 감돌았다.

31세의 그레이엄은 다소 고통스러운 가을을 보내고 있었다. 5년 전부터 미국 각지를 돌며 부흥회를 열었고 몇 군데서는 제법 성공을 거두었다. 그러나 부흥회를 함께했던 친구가 부흥회 방식의 전도에 반대하고 나섰다. 시대에 뒤떨어진 접근법이라고 했다. 이 때문에 LA 전도회는 어수선한 가운데 시작되었다.

그럴수록 그레이엄의 설교는 단순했다. 자신은 하나님 말씀의 전달자라는 전제 아래 "소련이 핵실험에 성공했다. 적의 핵무기가 노리고 있는 첫 번째 타깃은 뉴욕이다. 두 번째는 시카고다. 그리고 세 번째가 LA다"라고 했다. 공산당 스파이가 LA에서 활개치고 있다고 경고했다. 공산주의를 미국 기독교인들이 싸워야 할 새로운 적이라고 지목한 설교였다.

그의 세계관은 단순했다. 그는 손바닥과 손등을 대비하며 공산주의와 기독교 국가가 대립하고 있다고 했다. 미국 주요 도시를 한 방에 파괴하는 핵을 공산국가가 보유하게 됐다고 잔뜩 위기감을 불어넣었다.

"서구 문명은 성경에 기초해 있습니다. 반대로 공산주의는 하나님을 반대하고 그리스도와 성경, 그리고 모든 종교를 적대시합니다. 공산주의 정신과 목표, 그리고 동기는 사탄에서 기인하는 것입니다."

LA 부흥회는 주차장에 설치한 대형 천막에서 열렸다. 그의 설교는 미국에서 막 세력을 얻고 있던 반공산주의 무드에 불을 활활 지피고 있었다.

188센티미터의 훤칠한 키에 늘씬한 몸매, 부드럽게 물결치는 금발의 미남형 얼굴을 갖춘 그레이엄은 최상의 광고 모델을 닮았다. 언제나 정장을 입었고 노란 넥타이를 매거나 원색 양말을 신었다. 목소리는 또렷하고 힘이 있었다. 누군가는 그의 설교를 "다양한 음계를 내뿜는 악기와 같다"라고 했다. 무대 제스처는 할리우드 배우보다 세련되었다.

그레이엄의 천막 부흥회는 입소문으로 퍼져 나갔다. 당대의 신문왕 윌리엄 허스트William R. Hearst도 소문을 듣고 몰래 천막을 찾았다. 허스트는 공산주의에 맹공을 퍼붓는 그레이엄의 설교에 감명을 받았다. 그가 발행하는 신문의 편집 방향에 딱 맞는 설교라는 결론을 내렸다.

그레이엄은 미국인들에게 이렇게 해답을 주었다.

"가까운 교회로 가라. 그리고 성경을 믿으라. 예수님 말씀을 따르라."

기독교가 공산주의와 소련의 핵 공격에 맞설 수 있는 방패라는 메시지였다.

허스트는 자신이 경영하는 모든 신문사에 전보를 보내 그레이엄의 설교를 돋보이게 보도하라고 지시했다. 대형 언론 그룹이 파격적으로 그레이엄 부흥회를 지면에 배정하기 시작한 후 다른 언론들까지 줄지어 그레이엄을 화제로 삼았다. 보도 경쟁 덕분에 LA 부흥회는 3주에서 8주로 연장됐고 청중 숫자는 35만 명에 달했다.

LA 부흥회의 흥행은 뉴욕과 보스턴 전도대회까지 연달아 성공시키는 기반이 되었다. 언론의 취재 경쟁으로 그레이엄은 예언자 대접을 받았다. 기자들은 국내 정치의 현안, 국제 이슈의 해결책까지 묻기도 했다.

각 분야에서 공산주의자를 색출하는 열풍(매카시즘)이 불어닥쳤다.

그레이엄의 설교는 빨갱이 색출 열기에 고성능 선풍기를 돌리는 격이었다.

"온갖 술수로 간첩 활동을 하는 핑크 계열, 자주색 계열, 그리고 레드 계열을 폭로하는 일에 비난과 조롱을 무릅쓰고 혼신의 힘을 다하는 사람들이 있음을 하나님께 감사드립니다."

빨갱이 색출 작업과 함께 그레이엄의 이념 전쟁은 가속되었다. 미국 전투기들이 조종사 실수로 훈련 도중 추락하자 그레이엄은 소련의 음모라고 몰아세웠다.

그의 반공산주의 설교는 한국전쟁을 계기로 대중의 머릿속에 더욱 확실히 각인되었다. 한국전 발발 직후 그레이엄은 트루먼 대통령에게 전보를 보냈다.

"수백만의 기독교인들이 이 위기에 대통령에게 지혜를 주시기를 하나님께 기도하고 있음. 공산주의를 즉각 응징할 것을 강력하게 촉구함. 남한은 세계 어느 나라보다 전체 인구당 기독교인 비율이 높음. 그들을 실망시킬 수 없음."

그는 1950년 한국전을 기독교 국가 미국이 공산주의에 맞서 싸우는 신앙 전쟁으로 간주했다. 한국 기독교인을 구제해야 할 의무가 미국에 있다고 했다.

그레이엄은 한국전 발발 20일 만인 7월 14일 트루먼 대통령을 20분가량 면담했다. 그날 트루먼은 한국전에 투입할 긴급 예산 편성을 의회에 요청하고 한국에 파병하는 미군 병사의 숫자를 늘리기로 결정했다.

그레이엄은 대통령을 만나려고 세 번 목욕한 뒤 흰 구두에 녹색 양말, 녹색 넥타이로 치장했다. 면담에서 김일성의 침략에 트루먼이 신속하게 대응한 것을 지지하며 "그것은 종교적 사명"이라고 했다.

그레이엄은 전쟁 초기 트루먼의 행동을 적극 옹호했으나 다음 해 중공군 참전 이후 미국이 정면 대응을 미적거리자 트루먼을 비판하기 시작했다. '모호한 전쟁' '절반의 힘만 쏟는 전쟁' '반쯤 잊힌 전쟁'이라는 표현을 써가며 "미국 청년들을 소모품으로 전락시키면서 워싱턴에서 칵테일이나 마신다"고 공격했다.

트루먼이 인천상륙작전의 영웅 맥아더 장군을 해임했을 때도 이를 맹비난했다. 그레이엄은 맥아더를 초대 대통령 조지 워싱턴에 비유하며 "역사상 가장 위대한 사람 중 한 사람"이라고 칭송했다. 심지어 맥아더를 트루먼의 뒤를 이을 대통령 후보라고 치켜세웠다. 트루먼은 한국전이 3차 세계대전으로 번질 가능성을 걱정했던 반면 그레이엄은 단숨에 전쟁을 끝내는 맥아더식 해법을 지지했다.

그레이엄이 이승만 정권과 얼마만큼 긴밀하게 소통했는지 밝혀진 사실은 그다지 많지 않다. 하지만 전쟁의 대처 방식에서는 의견이 매우 근접했다. 그레이엄은 이승만의 반공 포로 석방도 지지했다.

한국전은 그레이엄이 한국과 깊은 인연을 맺는 계기가 되었다. 그의 맹렬한 반공 노선은 미국 내에서 이승만 정권의 입장을 대변하는 격이었다. 미국 교회들은 한국에 구호물자와 헌금을 보내는 자선 활동을 마다하지 않았다. 많은 미국 목사가 알게 모르게 한국의 이승만 정권을 돕는 여론을 조성했다.

한국전은 그렇게 미국의 보수 기독교 교단과 한국의 보수 정권, 한국의 보수 기독교 교단 등 3자를 결속시킨 결정적인 고리가 되었다.

공산주의와 전쟁을 치르며 한국 보수 정권과 보수 교회의 밀월은 깊어졌다. 한미 동맹은 군사적 측면뿐만 아니라 한미 기독교 교단 사이에서 더욱 굳건해졌다.

오늘날 한국에서는 태극기와 성조기를 동시에 흔드는 기독교 보수 세력이 간간이 큰 소리를 내고 있다. 그들은 한미 동맹, 반공, 진보 세력 척결을 외친다. 일부 기독교 교회는 가끔 코로나 방역 지침을 거부하는 과잉 행동과 탄핵 대통령의 석방을 요구하는 정치 활동을 삼가지 않는다.

한국 교회 보수의 줄기와 뿌리는 한국전쟁 후 미국 교회의 후원을 받아 성장하기 시작, 그레이엄의 여의도 집회를 계기로 본격적으로 굵어졌다. 그중 일부가 21세기 들어 극우화 성향을 보이고 있다.

그레이엄과 한국 교회 보수의 이음매는 한경직 목사

한국전에 참전 중인 미군 군목들이 스타 목사로 떠오른 그레이엄을 보내달라며 국방성에 호소문을 보냈다. 그레이엄은 미국 국방성과 마크 클라크 장군의 초청으로 1952년 12월 한국을 처음 방문했다. 그레이엄이 대선 출마를 적극 설득했던 아이젠하워가 대통령에 당선된 직후였다.

세계적인 구호 단체 월드비전의 설립자 밥 피어스Bob Pierce, 그래디 윌슨Grady Wilson 목사가 동행했다. 피어스 목사는 영락교회 한경직 목사(1902~2000)와 친분이 두터웠다.

한경직은 서울 을지로 영락교회 부지를 매입하기 위해 미국으로 달려가 피어스 목사에게 도움을 요청했다. 피어스는 한경직을 그레이엄에게 소개했다. 한경직은 때마침 열리고 있던 그레이엄의 부흥회에서 교회 설립에 필요한 모금을 호소할 기회를 얻었다. 한경직은 그레이엄 부흥회를 따라다니며 즉석 헌금을 모아 영락교회의 재정 고민을 해결했다.

한경직은 미국 북장로회 산하 신의주 교회 담임 목사였다. 해방 직후 한때 기독교 정당을 결성하려고 했으나 소련군이 북한에 진주하자 시위대를 조직, 유혈 충돌을 감수하며 맞서 싸웠다. 소련군이 계엄령을 선포하고 체포령을 내리기 직전 남한으로 탈출했다.

한경직은 남궁혁·윤하영 목사 등과 함께 친미와 반공을 표방하는 대표적 기독교 지도자였다. 남궁혁은 미국에서 신학박사 학위를 받은 한국인 1호로 미 군정청에서 일제가 남긴 재산을 불하하는 업무를 맡았다. 윤하영도 신의주 교회 담임 목사로 일하다가 월남해 미 군정청 공보관으로 일했다.

세 사람 모두 평안도에서 활동한 미국 유학파 친미 목사들이었다. 윤하영과 한경직은 공산당을 직접 체험했기에 그레이엄보다 훨씬 강성 반공주의자일 수밖에 없었다.

한경직은 한국전쟁 무렵 한국기독교연합회 총무이던 남궁혁 목사를 돕고 있었다. 남궁혁은 한국전쟁이 터지자 미국 기독교 단체들에게 미국의 도움이 필요하다는 전보를 긴급 타전했다. 이 전보 발송에 한경직이 기여한 것으로 알려졌다.

그레이엄이 한국에 오자 전쟁 중 미군과 함께 다니던 한경직이 통역을 맡았다. 한경직은 맥아더 장군의 통역을 맡았던 경험도 있었다.

그레이엄 일행은 육군 이동병원에서 부상한 미군을 위로하는 활동

외에 매서운 바람을 맞으며 야외에서 설교를 했다. 작은 교회들을 방문했고 새벽 예배에도 참석했다. 그레이엄은 "어느 시골 교회에서 들었던 한국 소녀의 찬송가를 평생 잊지 못했다"고 한다.

그레이엄 일행은 어디를 가든 전쟁고아, 그리고 굶주림을 목격했다. 대구에서 만난 목사들은 구세주를 만난 듯 그레이엄의 손을 잡고 울었다. 식량, 의료품 지원이 간절하다는 것을 알았다.

"나는 한국전쟁을 보고 많이 성장했다. 마치 소년으로 방문했다가 어른이 되어 돌아온 기분이었다."

한국 방문 소감을 그는 한마디로 이렇게 정리했다. 그레이엄은 밴 플리트James Van Fleet 장군 주선으로 이승만 대통령을 면담했는데, 그가 나라를 잘 통치하고 있다는 인상을 받았다고 소감을 밝혔다.

그 후 미국 교회의 구호 활동이 본격적으로 이루어졌다. 미국 교회들은 미국 정부의 공식 원조와는 다른 통로로 한국에 먹고 입고 신을 것들과 함께 의약품을 원조하기 시작했다.

미국 교회의 한국 교회 지원은 30~50년간 지속되었다. 교회 운영비에 쓰라며 달러를 송금해주는 교회도 적지 않았다. 피어스 목사의 경우 한국을 도우려는 목적 아래 미국에서 월드비전을 설립, 교인들을 상대로 한국인 고아 1명당 10달러 헌금 캠페인을 펼쳤다.

식민지 36년을 거친 데에다 전쟁으로 폐허가 된 나라로서는 고맙기 그지없는 도움이었다. 공산주의와 싸우면 구호 금품을 받는다는 생각이 퍼질 수밖에 없었다. 교회를 통해 친미, 반공의 사고방식이 한국 사회에 널리 스며들었다.

그레이엄은 1956년에 다시 한국을 방문했다. 그는 미국에서 기독교 신앙심을 갖자는 열기가 피어오른 4차 대각성 운동(Great Awakening, 1950~1990년대)을 이끄는 젊은 리더로 부상했다. 그레이엄은 교파를 초월한 한국 기독교계 전체의 초대에 응하는 방식으로 찾아왔다.

이번에는 장충동 서울 야구장(현재 DDP 자리)에서 대형 전도대회를 열었다. 8만여 시민 외에 이승만 대통령과 함태영 부통령, 각 부장관, 육군 참모총장이 직접 참석해 설교를 들었다. 현장에서 기독교에 귀의한 시민이 1,000명에 달했다. 『한경직 평전』의 작가는 이 대목에서 "그야말로 한국이 기독교를 국교로 받아들인 나라 같았다"고 썼다. 이승만이 그레이엄의 전도대회를 거국적 행사로 만들었던 것이다.

한국 보수 정권과 한국 기독교 교단, 미국 보수 기독교 세력은 더 밀접해지고 있었다. 그레이엄은 아이젠하워 대통령과 가장 친한 목사로 자리매김한 채 미국 내 보수 세력을 결집시키고 있었다. 한국에서는 기독교 교단의 한경직 등이 연결 고리 역할을 맡았다.

1973년 여의도 부흥회는 그레이엄의 세 번째 방문이었다. 이번에도 1,600여 개 한국 교회가 단합해 그를 초청했다.

그레이엄은 미국에서 엄청난 영향력을 과시하고 있었다. 닉슨의 대통령 당선을 도운 공신이자 절친한 친구였다. 라디오와 TV를 통한 대중 설교로 최고 인기를 누리고 있었다. 그레이엄의 바쁜 일정을 깨뜨린 것은 전쟁의 폐허를 함께 누빈 한경직의 편지였다. 한경직은 그레이엄을 처음 만난 이후 베를린, 싱가포르 전도대회에 동반하며 친분을 두텁게 했다.

그레이엄 일행은 세 번째 서울 방문에서 놀라운 일을 잇달아 체험했다. 고속도로와 빌딩, 자동차들이 재건에 성공하고 있다고 증언하고 있었다. 길거리를 떠돌던 고아들과 굶주림의 흔적은 거의 사라졌다.

월드비전을 통해 전쟁고아를 후원했던 그레이엄의 수행 작가는 자신이 매달 후원금 10달러를 보내주었던 딸을 만났다. 한국 딸은 해안가 고향 마을에서 유치원 선생님을 하고 있었다. 작가는 자신이 쓴 그레이엄 전기에 한국 딸과 보낸 나흘간의 스토리를 실었다.

그들은 원조를 받던 나라가 번듯하게 일어선 모습을 목격했다. 무엇보다 한국인들의 신앙 갈증에 깜짝 놀랐고, 서울의 대형 교회 출현에 감탄했다. 지방 전도 집회마다 수십만 인파가 몰렸다. 심지어 불교 신자들 앞에서도 설교해야만 했다.

그레이엄은 117만 인파를 보며 "저의 인생에서 가장 멋진 경험"이라며 감격했다.

"이건 확실히 하나님께서 하시는 일일 수밖에 없습니다."

전도사로서 그 이상으로 말할 수 없는 찬사였다.

수행 작가는 "어림잡아 7,000여 명으로 추정되는 군인들이 불필요한 교통정리를 돕는다는 명목으로 할당되었다"고 기록했다. 교통정리에 군대를 투입했다는 말이다. 박정희 정권이 반공주의 목사를 얼마나 극진하게 모셨는지 짐작할 수 있을 만한 대목이다. 그레이엄은 이승만에 이어 박정희의 열성적 환대를 받았고, 전두환 정권에서도 환대는 계속되었다.

한국의 역대 보수 정권들은 한미 간 공식 외교 통로와 로비 활동과는 별도로 한국과 미국의 기독교 교단을 보조 통로로 활용했다. 그레이엄과 그 주변 인사들, 상당수의 한국 관련 미국 교회의 목사들은 청와대와 백악관 간의 소통을 측면 지원하는 역할을 수행했다. 그들은 누구보다 한국을 잘 이해했고, 돕기로 결정되면 헌신적인 모습을 보였다. 그들 중에는 적극적 친한파가 많았다.

그 덕에 우리나라 역대 보수 정권은 물론 진보 정권들까지 백악관과 직통 창구를 찾지 못할 때는 한국의 보수 교회 지도자들을 통해 접점을 가설해야 했다. 한국 초대형 교회의 담임 목사들 중 일부는 그동안 한미 관계를 원만하게 유지하는 데 보이지 않는 공을 세웠다. 그 대신 그들은 교회를 키우는 과정에서 알게 모르게 보수 정권의 암묵적 지원과 보호를 받았다.

이처럼 기독교는 한국의 보수 정권을 오랜 세월 지탱해준 핵심 기둥 가운데 하나였다. 특히 평안도, 황해도 등 북한 지역 출신 기독교 지도자들은 친미, 반공 성향이 강했다. 정치권력을 어떻게 활용할 수 있는지도 잘 알고 있었다.

한국의 보수 정권, 한국 보수 기독교 교단, 미국 보수 기독교 세력을 한데 묶은 접착제는 한국전이었다. 그레이엄과 한경직은 그 한가운데서 주연 배우로 활약했다. 덕분에 1950년경 남한 인구의 2.5퍼센트(50만 명 안팎)였던 기독교인은 현재 17퍼센트(860만 명 안팎)에 달한다.

평양 전도회로 김일성과 화해 무드 조성

일제강점기 평양은 외국인 선교사들 사이에 '동양의 예루살렘'으로 통했다. 아시아에서 기독교 교세가 가장 강한 도시가 평양이었다. 미국 북장로교 교세가 평안도와 황해도 전도를 지배하고 있었다.

평양에는 외국인 전용 기숙 사립학교가 설립돼 있었다. 졸업생 가운데 미국 주요 대학의 인기 학과에 합격하는 학생이 많아 명문 국제학교로 꼽혔다.

그레이엄의 부인 루스 벨Ruth Bell은 평양국제학교에서 4년을 보냈다. 루스의 아버지는 중국에서 의사 겸 전도사로 활동하고 있었다. 언니와 여동생도 평양의 같은 학교에 다녔다. 그레이엄은 평양에 관심과 애정이 많을 수밖에 없었다.

루스의 여동생은 대전직할시에 소재한 한남대 창설 멤버 일곱 명 중 한 사람인 존 서머빌John Somerville(한국 이름 서의필) 목사와 결혼했다. 부부는 서머빌이 한남대 교수직에서 은퇴할 때까지 선교사로 활동하며 한국에서 살았다. 게다가 서머빌의 동생은 한국전에서 사망했다.

그레이엄 부부는 휘턴 대학에서 만난 캠퍼스 커플이다. 루스는 남편에게 북한과 평양 얘기를 자주 들려주었다. 평양국제학교 동창생이 집에 찾아올 때면 아름다웠던 소녀 시절의 추억으로 이야기꽃이 만발했었다고 그레이엄은 자서전에서 적고 있다.

서머빌 목사의 사돈은 북한에서 남하한 실향민이었다. 그레이엄은 동서의 바깥사돈이 북한에 남은 이산가족을 애틋하게 그리워한다는 얘기를 듣곤 했다.

그레이엄은 북한을 지구상에서 갈 수 없는 마지막 땅으로 남겨두고 싶지 않아 여러 루트를 통해 북한 방문 기회를 잡으려고 애썼다.

그레이엄의 평양 방문길을 열어준 사람은 스티브 린튼(한국 이름 인세반) 유진벨 재단 회장이었다.

린튼의 할아버지는 일제강점기 선교사였고, 아버지(인휴)는 호남에서 600곳의 교회를 개척했고 인천상륙작전에도 참전했다. 친동생 인요한은 세브란스병원 국제진료센터 소장이다.

그레이엄은 스티브 린튼과 함께 1992년 북한을 방문했다. 1994년에도 다시 방문했다. 두 번 모두 김일성을 만났다. 그레이엄은 김일성에게 성경을 선물했다. 김일성대학과 막 설립된 교회에서 설교도 했다. 그레이엄이 그토록 비난했던 공산주의 지도자로부터 따뜻한 환대를 받은 것이다.

김일성은 어릴 적 어머니를 따라 교회에 가기도 했지만 교회보다는 낚시가 더 즐거웠다는 얘기를 그레이엄에게 솔직하게 털어놓았다. 북한 당국은 그레이엄 일행에게 루스가 학창 시절을 보냈던 기숙학교 부지와 루스가 스케이트를 타고 싶었다고 했던 대동강을 구경하도록 안내했다.

북한의 핵무기 개발로 미국과 긴장이 고조되던 1994년이었다. 클린턴 정부는 북한의 핵 개발 관련 부지를 폭격할 구상을 다듬고 있었다. 그레이엄은 클린턴 대통령의 비공식 특사 역할을 맡았다.

그레이엄은 평양에서 김일성이 제안한 구체적인 협상안을 받아 적어 백악관에 전달했다. 6개월 뒤 김일성이 돌연 사망하는 바람에 모든 것이 수포로 돌아갔지만, 카터 대통령이 평양을 방문하는 계기가 되었다.

북한이 주체사상을 토대로 개인 숭배로 치닫는 국가라는 것을 그레이엄은 잘 알고 있었다. 그는 1997년판 자서전에 북한 방문 스토리를 상세하게 실었다. 자서전에서 북한을 '사상 최초의 무신론 국가' '모든 종교 활동이 금지된 지구상 최고의 무종교 국가'라고 했다. 그의 설교 자리에 참석한 사람들이 자발적으로 모인 신앙인이 아니라 북한 당국이 선정한 인물들이라는 점도 인식하고 있었다. '북한이 기독교 전도사를 환영하리라고 생각할 근거는 전혀 없었다'는 생각이 뚜렷했다.

하지만 김일성이 자신의 전기에 어머니가 기독교인이었다고 밝힌 점, 1980년대 말 성당과 교회의 설립을 허용한 점, 어머니의 탄생지 바로 옆에 교회를 설립해 설교할 기회를 제공한 점, 기독교와 천주교 단체 대표들을 정부의 신년 행사에 초청한 점을 그레이엄은 긍정적으로 평가했다.

그레이엄은 한국전쟁 때 김일성의 침략에 단호하게 대응하라고 트루먼에게 촉구했다. 신을 부정하는 공산주의를 미국이 싸워야 할 사탄이라고 단정했다. 하지만 평양 방문을 계기로 김일성에 호감을 갖게 됐다. 그는 자서전에 "안경을 끼고 있었지만 그 너머에 지적인 눈이 반짝이고 있었다. 하얀 셔츠 위에 짙은 색 신사복을 입고 진한 밤색 넥타이를 맨 그는 글로벌 기업의 CEO 같았다. 우리에게 그렇게 친절할 수 없었다"고 썼다. 전반적으로 호의적인 묘사였다.

전쟁으로부터 40년 세월이 흘렀기 때문이었을까. 공산주의를 사탄, 악마라고 매도했던 설교는 어느새 증발했다. 그들이 성경 말씀을 따르든 따르지 않든 지원할 수 있다는 자세로 바뀌었다.

그레이엄의 평양 방문 이후 그레이엄의 아들 플랭클린은 북한에서

수해가 나거나 재해가 닥치면 여러 차례 구호 금품을 지원했다. 플랭클린은 북한에 다섯 차례 방문했다. 그레이엄 가족이 운영하는 자선 재단을 통해 식량 원조에 앞장서 인도적 차원의 북한 원조가 이루어졌다.

노년의 그레이엄은 북한 공산당, 김일성과 화해했다고 볼 만하다. 지독한 공산주의자도 연약하기 그지없는 인간이므로 교화할 수 있다는 사실을 깨달았던 것일까. 소련 붕괴 후 그레이엄은 공산주의를 다른 시각에서 바라보기 시작했다.

정치권력, 언론 파워를 능수능란 활용한 '미국의 국민 목사'

2018년 2월 21일 그레이엄 목사가 사망하자 트럼프 대통령 부부는 직접 조문했다. 현직 대통령이 조문했다는 것은 그만큼 그레이엄의 위상이 막강했다는 증거다.

그레이엄은 9·11 테러 직후 미국 국민 공동 추모 기도회를 주도했고 큰 재난 때마다 국가 기도회를 집전했다. 미국의 '국민 목사 (America's Pastor)'였다.

그의 설교가 미국에서만 설득력을 가졌던 건 아니다. 그는 20세기 세계 종교계에서 최고 권위를 누린 지도자 중 한 사람이다. 그의 설교를 들은 인구는 TV 시청, 라디오 청취, 현장 부흥회 등을 모두 합해 25억 명으로 추정되고, 그의 설교를 듣고 기독교에 귀의한 신도는 320만 명에 달한다고 한다. 그가 2005년 6월 뉴욕 퀸즈의 마지막 부흥회에서 "여러분 모두 천국에서 뵙기를 바랍니다. 그때는 반드시 사진기를 챙겨 오세요"라고 농담하며 연단을 내려왔을 때까지 전도대회를 가진 나라의 숫자는 185개국이다.

그레이엄의 인기와 영향력을 뒷받침한 도구는 대중매체였다. 미국의 신문왕 허스트가 청년 그레이엄을 전국적 인물로 띄운 뒤 「타임」지 오너도 그를 애지중지했다. 주요 언론사가 수행 기자와 사진기자를 배치, 그레이엄 전도 집회 때마다 상세한 보도를 이어갔다. 라디오 방송국은 그레이엄의 설교를 정기적으로 방송했고, 주말 설교를 생중계하는 TV 채널도 있었다.

그레이엄은 스스로 미디어 회사를 창설했다. 할리우드에 영화사를 설립, 복음주의 선교용 영화를 제작했고, '결단의 시간(Hour of Decision)'이라는 전담 방송을 한국까지 전송했다. 나중에는 전용 TV 채널과 위성통신을 통해 전 세계에 설교를 생중계했을 정도다.

그는 타고난 외모와 언변에다 유행을 앞서가는 의상과 분장술로 대중의 시선을 끌었다. 시대 흐름을 따르는 찬송가와 밴드, 화려한 무대장치를 갖추고, 극적인 반전을 뒤섞은 시나리오를 통해 그는 전도 집회를 한 편의 버라이어티 쇼를 체험하는 기회가 되도록 만들었다.

그레이엄은 매스미디어를 누구보다 멋지게 활용한 마에스트로였다. 미디어의 호의적 보도에 그저 피동적으로 얹혀간 것만도 아니다. 스스로 음성 미디어와 영상 미디어의 장점을 극대화하여 흥행 전략을 성공시켰다.

그는 또 정치권력을 재치 있게 이용했다. 소속 정당을 가리지 않고 11명의 미국 대통령과 친하게 지냈다. 역대 미국 대통령 취임식에서 여덟 차례나 기도를 집전했다.

그는 등록된 민주당 당원이었다. 하지만 아이젠하워가 대선 출마를 망설일 때 직접 만나 출마하라고 설득했고 교회 인맥을 동원해 선거운동을 펼쳤다. 1950년대 중반 그레이엄은 인기 여배우 메릴린 먼로보다 더 자주 잡지 화보에 등장했던 스타였다. 그의 공개적인 지지가 아이젠하워에게 얼마나 많은 표를 모아 주었을지 짐작할 만하다.

그레이엄은 1953년 아이젠하워 대통령을 비롯해 국회의원, 경영인들을 대거 초청해 최초의 성대한 국가조찬기도회를 열었다. 국가조찬기도회는 한국서도 전현직 정치인과 기업인, 지식인들이 참석한 가운데 열리는 기독교 행사다.

1959년 케네디와 닉슨이 대선에서 맞붙었을 때 그레이엄은 가톨릭 신자인 케네디를 반대하는 모임을 결성했다. 닉슨을 당선시키려는 계산이었으나 실패했다. 케네디는 가까스로 선거에서 승리한 뒤 그레이엄을 플로리다의 가족 소유 골프장에 초청했다. 케네디와 그레이엄이 골프장에서 어울리는 사진이 공개되자 백악관이 로마 교황청의 하부 조직이 될 것이라고 걱정하던 미국 기독교인들은 안도했다. 그레이엄이 케네디 정권과 화합했다는 증거로 해석됐다. 이 사진은 정치적으로 "14캐럿 다이아몬드보다 훨씬 값진 작품"이라는 평가를 받았다.

존슨 대통령 재임 시절에 그레이엄은 마치 백악관이 호텔인 듯이 머물렀다. 존슨 부부의 침실에서 취침 기도를 맡았다. 존슨은 그레이엄을 부통령 후보 또는 자신의 뒤를 이을 민주당 대선 후보로 검토했다. 그레이엄은 백악관을 떠나는 존슨 대통령 부부와 마지막 밤을 보낸 바로 다음 날 친구인 닉슨의 대통령 취임식에서 기도를 집전하는 진기록을 세웠다.

레이건 대통령 부부는 할리우드 배우 시절 그레이엄의 일대기를 그리는 영화에서 남녀 주연을 맡을 뻔했다고 한다. 그레이엄은 기독교 신자들에게 투표를 하라고 적극 권유하는 방식으로 레이건의 당선을 도왔다. 레이건이 사망하자 부인 낸시가 외부 인사 중 가장 먼저 전화를 걸었던 상대도 그레이엄이었다.

클린턴 대통령은 중학생 시절 그레이엄의 설교를 들었다. 인종차별에 반대하는 그레이엄의 언행에 감명을 받아 자신의 용돈을 기꺼이 헌금했다. 클린턴은 대통령 취임 후에도 자녀 교육 문제나 집안일을 그레이엄과 상담했다. 클린턴이 섹스 스캔들로 탄핵 위기뿐 아니라 가정 파탄의 위험에 몰렸을 때 남편을 용서하라고 힐러리에게 조언하기도 했다.

그레이엄의 정치 이념 성향은 공화당 쪽으로 많이 기울었다. 여름 휴가 때는 공화당 출신 부시 대통령 가문의 별장에 자주 방문했고, 아버지 부시 대통령은 이라크를 공격하기 직전 그레이엄을 백악관에 초청해 기도회를 가졌다.

아들 부시는 대선 선거전 막판에 젊은 시절의 음주 운전으로 면허가 취소되었던 사실이 폭로되어 곤혹스러운 처지에 놓였다. 방탕한 부잣집 아들이라는 이미지는 그렇지 않아도 아슬아슬하기만 한 선거판을 더욱 흔들어 댔다. 부시 부부는 그레이엄의 전도대회장으로 달려갔다.

그레이엄은 조건 없이 아들 부시를 안아주었다.

"저는 부시를 어린 시절부터 잘 알고 있습니다. 그는 신실한 사람입니다. 그가 성공적인 대통령이 되도록 도울 것입니다."

노골적 지지 표명이었다. 대선 투표 이틀 전이었고, 장소는 플로리다였다. 플로리다에서 나흘 동안 25만 명이 그레이엄의 설교를 들었다. 아들 부시는 플로리다에서 승리, 두 달 뒤 대통령직에 취임했다.

그레이엄은 11명의 미국 대통령과 언제든 통화할 수 있는 특권을 누렸다. 닉슨 정권 때는 누구나 인정하는 막후 실력자로 꼽혔다. 대통령들은 그에게 이스라엘 대사나 다른 공직을 제안했다. 미국 대통령들의 배려로 세계 어느 나라를 가든 부흥회 직전 그 나라 최고 통치자를 만나기도 해서 현지 언론의 관심을 끌었다.

종교에서 최고 자리에 오른 인물이 현실 정치에서도 막강한 권세를 누린 셈이다. 그레이엄처럼 전도 활동에 정치를 지혜롭게 활용한 종교 지도자는 드물다. 그가 역대 미국 대통령의 한반도 정책에 어떤 영향력을 행사했는지, 한국의 보수 정권 유지에 어떤 역할을 수행했는지는 전문가들이 더 연구해야 할 것이다.

그레이엄은 미디어, 정치권력뿐 아니라 대기업들로부터도 전폭적 지원을 받았다. 전국적 스타로 처음 떠올랐던 LA 전도 집회는 현지 스포츠웨어 회사가 스폰서였다. 뉴욕 집회는 US 스틸을 비롯하여 「타임」, 「라이프」 지가 후원했다. US 스틸은 "US 스틸의 이익이 미국의 이익"이라며 위세를 떨치던 세계 최강의 철강 업체였다. 스폰서 기업들은 그레이엄 전도대회 장소에 뿌릴 팸플릿과 자동차용 범퍼 스티커, 안내 피켓을 대량으로 제작, 공급해주었다.

"에덴 동산은 노조도 없고, 노동 규약도 없고, 노조 조합장도 없으며, 뱀도 없고, 병도 없는 곳이다."

근로자들한테는 노조 운동에 한눈팔지 말고 열심히 일하는 노동

윤리가 성경의 진정한 가르침이라고 역설했다. 반기업 정서가 번지는 가운데 대기업 오너나 CEO들에게 그레이엄의 기업관은 반가운 복음이었다. 친기업, 친자본가적 설교에 대기업들이 환호성을 올리며 후원을 아끼지 않았다.

한국의 보수적인 초대형 교회 목사들도 그레이엄의 설교에서 많이 배웠다. 고도성장 시대 친기업 설교가 주류를 형성했다. 돈벌이를 위한 노동은 인간의 신성한 의무라고 강조하며, 하나님의 구원은 정신적인 차원에서만 이루어지지 않고 건강과 물질적 보상이 함께 온다며 샐러리맨들을 격려했다. 이런 위로와 격려 덕분에 많은 교회에서 1차 베이비붐 세대(1955~1963년생)의 교인이 급증했다.

그레이엄은 미국이 세계 최강의 국가로 군림하던 시대의 히어로였다. 그는 역대 공화당 대통령들이 자주 내세웠던 '미국 제일주의(America First)'를 표방했다. 성경에 나오는 '언덕 위의 빛나는 나라(Shining city upon a hill)'가 곧 미국이라고 했다. 팍스 아메리카나Pax Americana 체제를 앞장서서 옹호했다. 미국인들에게 기독교가 세계를 지배하도록 해야 하는 사명감을 강조했다.

그는 반공주의 설교로 미국 보수 세력의 단합을 군건히 해주었다. 친자본가적 복음으로 대기업들이 보수 정치 집단에 정치 자금을 대거 헌금할 수 있는 분위기를 조성했다.

1968년 대선에서는 닉슨 후보를 공개 지지했다. 마틴 루터 킹 같은 진보 성향의 목사들과는 달리 법과 질서를 지키는 복음 전파에 앞장섰다. '법과 질서'는 닉슨이 대선 후보 시절 강조한 대표적인 선거 구호였고, 지금도 미국의 보수 세력이나 공화당 후보가 강조하는 구호다.

미국 남부지역은 링컨 대통령의 노예해방 이후 공화당에 줄곧 반대해왔으나 닉슨 이후 공화당 지지로 바뀌었다. 남부의 백인 유권자들은 그 이래 50년 동안 공화당을 지지했다. 그레이엄을 비롯한 보수기독교 교단의 지원이 없었다면 공화당이 미국 남부를 장기간 장악하기란 불가능했을 것이다.

그레이엄은 미국의 보수주의 정치 이념, 자본주의를 지탱해주는 설교와 행보로 일생을 보냈다.

반공 설교, 정치 개입 회개하며 말년 보내

그레이엄은 목사로서, 그리고 한 인간으로서 존경을 받았다. 주변 관리를 청결하게 했던 덕분이다.

스타로 떠오르기 전 그는 자신의 행동 지침을 공개 선언했다. 전도 대회에 모인 청중 숫자를 자랑하지 않을 것, 다른 종파나 종교를 비난하지 않을 것, 부흥회의 보수는 현지 목사들이 일반적으로 받는 수준을 넘지 않을 것, 그리고 부인 이외의 다른 여성과는 일체 여행이나 식사, 기도 자리를 갖지 않는다는 것이다. 그레이엄은 회계를 투명하게 공개했고 여성 스캔들을 경계했다. 잘나가던 목사들이 돈과 여성 문제로 추락하는 것을 그는 여러 번 목격한 터였다.

그레이엄이라고 해서 잠시 구설수가 없었던 것은 아니다. 회계에 의문이 제기된 적도 있었고, 부시의 걸프전과 존슨의 베트남 전쟁을 무작정 옹호했다는 비판을 받기도 했다. 닉슨과 백악관에서 대화할 때 유대인을 비난했던 녹취록이 공개되어 공개 사죄를 하는 위기를 겪기도 했다. 모르몬교도인 미트 롬니 공화당 대선 후보를 지지해

"이단 교도를 지지한다"는 비판에 직면한 적도 있다. 이런 사소한 실수는 그것을 뛰어넘는 행보에 덮였다.

나이가 들면서 그의 설교 내용과 행동이 변하기 시작했다. 우선 정치권력과 거리 두기에 나섰다.

"예수님은 지지 정당이 없다" "정치는 복음 다음 순위다"라며 정치에서 멀어지려고 애썼다. 때로는 보수 정치 진영을 돕자는 선거 캠페인에 앞장서는 목사들 모임에 참가하기를 거부했다.

동성애, 낙태처럼 보수진영과 진보진영 사이에 논란이 격심한 사안에는 가급적 언급하지 않으려고 말을 아꼈다. "사회적 논쟁이 되는 사안을 언급하면 나와 다른 의견을 가진 사람들에게 성경 말씀을 순수하게 전하기 힘들다"는 것이 그의 논리였다.

사망하기 몇 해 전에 「타임」지 기자와 가졌던 인터뷰에서는 초년병 시절의 이념 투쟁에 대해 반성했다.

"저는 강력한 반공주의자였습니다. 일시적이었으나 그것이 제가 전한 복음의 전부였습니다. 그러나 그것은 잘못이었습니다. 그렇게 하지 말았어야 했습니다. 어리고 경험이 미숙했기 때문이었습니다."

"저의 사명은 복음 전도였는데, 제가 행한 일이 저의 인생과 사역을 망쳤습니다."

그는 젊은 전도사 시절 극단적 반공 노선에 빠졌던 일을 회개했다.

그에 앞서 그는 소련을 찾았다. 1980년대 초반 미국과 소련 간의 냉전 대결이 최고 수준에 올랐을 때였다. 미국 보수진영 내에서 적지 않은 비판이 쏟아졌다. 폭정을 일삼는 공산주의자들, 종교를 탄압하는 소련에 면죄부를 준다느니 악의 세력과 협상하려는 사람이라느니

하는 비난을 받았다. 하지만 1984년에는 소련에서 12일간 23번의 부흥회를 강행했다.

"큰 예배당으로 러시아인들이 끊임없이 밀려 들어왔어요. 미국에서는 볼 수 없는 광경이었어요. 깊은 인상을 받았습니다."

그레이엄이 공산주의 국가를 호평한 것이다. 미국 보수 세력은 그의 소련 부흥회를 맹비난했으나 레이건만은 그레이엄을 지지해주었다. 그는 북한, 중국에서도 전도 활동을 전개했다. 이는 단순히 활동 범위를 확장하려는 뜻만은 아니었다. 공산주의 국가에도 하나님이 필요한 인간이 많다는 것을 알았기 때문이다.

"인간은 원죄를 타고 태어났다. 인간은 연약하다 못해 변덕스럽고, 지옥에 떨어질 줄 뻔히 알면서도 때로는 죄를 저지르는 유혹에 빠지고 만다. 이 때문에 절대자, 즉 신앙에 의존하며 쉴 새 없이 자신의 옆과 뒤를 살피며 살아야 한다."

그레이엄은 기독교의 인간관에 충실한 삶을 살았다. 그레이엄은 노년에 자신의 과오를 인정하고 회개했다. 정치 활동에 대해 반성한 것이다. 소련 공산주의가 몰락하는 것을 목격하며 김일성이나 공산 국가들과 화해했다. 죽기 전 과거의 실수를 반성하고 적과도 화해하려 했던 것은 그레이엄의 또 다른 위엄이 아닐 수 없다.

한국에는 여전히 그레이엄을 닮고 싶어 하는 기독교 지도자가 많다. 하지만 아쉽게도 보수진영의 일부 극단적 목사들은 특정 정당과 특정 정치인을 공개 지지하는 정치 활동과 이념 투쟁에 열성적이다. 특정인을 '장로 대통령'으로 추대하겠다며 바이블 벨트를 조직했고, 서울이나 춘천 같은 대도시를 하나님의 나라로 만들겠다는 움직임도 있었다. 그레이엄이 1인 지배 체제를 확립, 교회를 아들에게 물려준 사례를 거론하며 교회 세습을 합리화하는 지도자도 적지 않다.

한국의 보수 기독교 지도자들은 그레이엄이 찬사를 받던 화려한 세월만을 모방하려고 애쓴다. 역대 보수 정권처럼 1인 지배 체제를 고수하면서 교회를 무작정 세습하려 든다. 말년에 극렬했던 반공 투쟁과 정치 활동을 후회하고 회개했던 그레이엄을 애써 무시하고 있다.

한국 보수 기독교 지도자들은 과연 이 시대의 아픔, 이 시대의 소외된 낙오자들과 함께하고 있는 것일까.

마거릿 대처
Margaret Thatcher, 1925~2013

"남의 돈으로
편안한 삶 누릴 수 있는
유토피아는 없다."

복지 축소의 대처리즘,
유효기간은 끝났다

복지 과잉의 '공짜 돈 열병'과 전면전 벌인 검투사

런던에서 에든버러 방향으로 2시간 반가량 자동차로 달리면 그랜섬 Grantham이라는 소도시가 나온다. 인구 4만 5,000명 안팎의 오래된 산업도시다. 인류 최초의 디젤 엔진이 발명된 마을로 알려졌다. 그랜섬은 영국 역사상 첫 여성 총리 마거릿 대처가 태어난 도시다.

2020년 말 그랜섬 여론을 달군 이슈는 대처의 동상 건립 문제였다. 마을 한복판에 대처 동상을 세우려고 하자 일부 주민들의 격렬한 반대에 부딪혔다. 동상 추진 위원회 측은 반대파들이 동상을 파괴할지 모른다고 보고 건립 기념식을 강행하지 않았다. 원래 과학자 아이작 뉴턴의 동상 옆에 세우려 했었는데, 이제 어딘가 실내로 들여놓지 않으면 안 되어 고민에 빠졌다.

대처 동상의 수난은 처음이 아니다. 2002년, 런던의 길드홀 예술관에 세운 하얀 대리석 동상은 어느 극장 PD가 하키 스틱으로 치는 바람에 목이 날아갔다. 그는 일을 저지른 후 그 자리에 머물러 경찰이 체포하기를 기다렸다. 3개월의 감옥형을 받았으면서도 그는 대처를 증오하는 주장을 감추지 않았다.

다음 해 영국 하원 의사당 안에 대처 동상이 들어섰다. 대처가 평생 존경하던 윈스턴 처칠 동상의 맞은편 자리였다. '철의 여인(Iron Lady)'로 통하던 총리였다. 대처는 동상 제막식에 참석해 "동상 재료가 철이기를 바랐는데 구리로 만들었군요. 녹이 슬지는 않겠네요. 이제 머리가 붙어 있기만을 바라야겠죠"라고 말했다. 대범하게 목이 잘려나간 동상 사건을 농담조로 언급하며 기쁨을 나타냈다.

대처는 영국 총리로서 11년 6개월간 재직하면서 내부의 많은 적들과 싸웠다.

그는 대학교수들에 대해 "국가 보조금을 받아먹는 게으르고 특권을 즐기는 계층"이라며 비난했다. 대학 캠퍼스가 나태와 마약, 성적 분방함의 온상이자 말이 많은 집단이라는 인식이 강했다. 그러면서 "공산주의에 관해서는 최상의 것을 믿고, 반공주의에 관해서는 최악의 것만 믿는다"고 좌파 지식층에 날을 세웠다.

진보적 교수 집단에도 증오심을 감추지 않았다. 그녀의 모교 옥스퍼드 대학은 졸업생 가운데 총리에 취임한 전원에게 명예박사학위를 수여했지만, 대처에게는 교수 투표 결과 70퍼센트가 반대했다면서 학위를 주지 않았다. 교수들은 그녀의 연설을 "훈장 선생의 고리타분한 꾸지람"이라고 혹평하곤 했다.

대처는 예술계 인사들의 공짜 의존 체질을 가만두지 않았다.

국립극장, 왕립 오페라하우스, 셰익스피어 극장이 정부 지원금을 더 달라고 요청하자 길거리로 나가 티켓 판촉 활동을 더하라며 오히려 보조금을 삭감했다. 민간 기업과 개인 후원자들을 상대로 모금을 통해 재정을 충당하라고 차갑게 응대했다.

배우들이 "상업성을 앞세워 예술성을 포기하라는 말이냐"고 투덜대면 메가 뮤지컬 〈캣츠〉, 〈에비타〉, 〈오페라의 유령〉을 성공시킨 앤드루 웨버를 꼭 집어 지명하며 "웨버처럼 예술성도 갖추면서 대중을 끄는 명작을 만들어내라"고 다그쳤다. 편하게 먹고살던 예술계에서 대처를 성토하는 아우성이 치솟을 수밖에 없었다.

포클랜드 전쟁 중에는 공영방송 BBC를 손보기 대상으로 삼았다. BBC는 전황 보도에서 영국 군대를 '우리 병사들'이라 부르지 않고 그저 영국군이라고 했다. 또한 전쟁 상대를 적군이라고 하지 않고 아르헨티나 군대라고 했다.

대처는 이에 공영방송이라면 국토와 국민의 생명을 지키는 영국군의 사기를 위해 애국적 관점에서 보도해야 한다고 비난했다. 시청료와 세금으로 운영하면서 적과 아군을 구별하지 않는 행위는 반국가적이라고 했다.

대처는 BBC 경영진 인사에 개입하고 보조금을 삭감해버렸다. 대처 동상의 목이 잘리는 사건이 발생하자 BBC는 그 사건을 드라마로 제작했다. 제작진들이 복수한 셈이었다.

공무원 집단도 대처의 총알을 피하지 못했다. 대처는 공무원들이 서류 작성만 좋아할 뿐 정책이 어떻게 성과를 내는지에 전혀 관심을 두지 않고 있다며 비난했다. 의사와 교사의 경우 업적에 따라 평가받으려 하지 않고 그저 월급과 휴가만 챙긴다고 성토한 것이다.

교육부 장관 시절에는 학교에서 7세 이상 학생들에게 전액 공짜 우유를 급식하는 정책에도 반대했다. 학부모들에게 우윳값을 더 부담하라고 요구했다. 대처는 '우유 강도'라는 비난에 직면했지만, 그 대신 의무교육 연한을 늘리고 초등학교 교실의 내실을 충실히 하는 데 예산 지출을 늘렸다.

"세상에 공짜 돈은 없다. 오로지 납세자들의 돈뿐이다."

이는 대처의 입버릇이었다. 공무원들이 예산 절감을 계획대로 하지 못하면 "가정주부도 거뜬히 하는 일을 왜 공무원은 못 하느냐"고 면박을 주었다. 대처는 세금을 공돈, 눈먼 돈으로 여기는 풍조에 쐐기를 박으려 했던 것이다.

대처는 스스로 자립하라며 거칠게 떠밀었다. 공연 단체에는 대중을 끄는 좋은 작품을 만들어내라고 다그쳤고, 국책 연구비가 줄었다고 불평하는 교수들에게는 민간 기업에서 연구비를 받아낼 만한 성과를 내라고 반박했다. 병원에는 환자 방문 실적과 고객 평가에 따라 보조금을 배분했다.

실업수당으로 빈둥빈둥 살아가는 계층에도 채찍을 가했다. 직업훈련, 전직훈련을 제대로 받지 않으면 실업수당을 대폭 삭감했다. 취업의지가 없다는 판단이 내려지면 보조금을 끊었다.

대처가 사망하자 '종을 울려라, 마녀가 죽었다'라는 〈오즈의 마법사〉 영화음악이 인기 차트 1위에 올랐다. "이번에는 지옥을 민영화할 것이다"라는 악담, "장례식에서 파티를 즐기자"는 식의 댓글도 대거 올라왔다.

보조금, 복지 혜택 삭감을 당했던 사람들은 원한을 품을 수밖에 없었다. 그녀는 세금을 공짜 돈이라며 가져다 쓰는 이익집단들과 전쟁을 벌였다. 동상 목이 잘린 비극은 작은 해프닝에 불과했다. 종종 테러의 표적이 되기도 했다.

'나에게 고민이 생겼어요. 정부가 알아서 해결해줘야 하는 게 아닌가요.'

'내 인생에 골칫거리가 닥쳤어요. 찾아갈 테니 보조금을 도와주셔야 하겠어요.'

'나는 홈리스homeless라고요. 그러니까 저에게 집을 한 채 줘야 한다고요.'

대처는 복지 과잉으로 아이들을 포함한 많은 사람이 이렇게 생각하고 있다며 신랄하게 지적했다. 그럴 순 없었다. 모든 책임을 국가와 사회에 미루고, 정부에게 해결책을 내놓으라고 해서는 안 된다고 잘라 말했다.

개개인의 삶에서 근면과 검소, 자립이 바람직한 자세라고 강조했다. 자기 발로 딛고 일어서야 한다고 했다. 일종의 정신 혁명 요구였다.

2차 세계대전 이후 영국에서는 정당들이 집권을 노리고 복지 혜택을 늘리는 경쟁을 벌였다. 희한한 보조금을 약속하며 표를 달라고 유혹했다.

이로 인해 국회의사당 앞에는 공짜 돈을 더 달라는 시위가 일상적 이벤트처럼 계속되었다. 회사가 부실해지면 국유화해 달라며 노조는 파업과 태업을 벌였다. 국유화되면 세금과 보조금이라는 생명 연장장치가 가동되기 때문이다. 노조원들은 공돈으로 직장을 보장받는 셈이다.

한 세대가 그렇게 흐르고 나자 대영제국의 위용이라 할 만한 것이 감쪽같이 사라졌다. 영국 파운드화는 폭락했고 보유 외환까지 바닥나는 바람에 IMF에서 긴급 구제금융까지 받아야 했다.

'영국병'은 자질구레한 복지 혜택이 넘쳐나는 지옥을 압축한 말이었다. 국가가 더는 복지 제도를 감당할 능력을 상실해버린 상황이었다.

그런 황망한 시대에 대처가 등장했다. 대처로서는 복지 만능의 사고방식과 전면전을 전개할 수밖에 없었다. 개인과 가정의 모든 고민을 국가가 해결해줄 것이라는 공짜 의존증을 단절시켜야만 했다. 레이건 미국 대통령과 그대로 일치하는 생각이었다.

"일하지 않으면 먹지 말라."

그녀는 자기 책임 원칙을 세우려고 발버둥 쳤다. 그것은 국민 의식을 개조하려는 도전이었다.

집권 4~5년 만에 영국 경제가 회복됐다. 경제구조 개혁 작업에 맞춰 세계경제가 유가 하락, 저금리로 호황 국면에 접어든 덕분이었다. "맛있는 요리는 파리에 가서 찾고 호황은 런던에서 찾으라"는 평판이 퍼졌다. 외로운 검투사에게 주어진 경제 개혁의 성과이자 큰 행운이었다.

덕분에 장기 집권의 길이 열렸다. 대처의 복지 축소는 시대와 맞아떨어진 처방이었다고 평가받았다. 영국은 세금, 즉 공짜 돈과 남의 돈으로 살아가려고 하던 열병을 어느 정도 치유해 중환자실에서 빠져 나올 수 있었다. 꺼져가던 국력은 잠시 한숨을 돌릴 기회를 얻었다.

그러나 영국인들은 암세포를 근본적으로 박멸하지는 못했다. 대처가 복지 혜택을 축소했음에도 국민은 공짜 돈의 달콤한 맛을 완전히 버리지 못했다. 게다가 EU 통합 이후 난민이 밀려들고 2008년의 세계 금융위기와 2020~2021년 코로나 사태를 겪으면서 빈부 격차는 더욱 심각해졌다.

정치가 빈곤층의 불만을 무시할 수 없는 상황에 다시 맞닥뜨리게 되었다. 정부의 역할이 다시 커지는 국면에 접어들었다. '대처가 틀렸다'는 목소리가 갈수록 커질 수밖에 없다.

프티 부르주아 계층을 형성한 대중자본주의

영국이 EU에서 탈퇴할 무렵 가장 자주 거론된 전직 총리는 대처였다. 대처는 처음부터 영국의 EU 가입에 반대했었다. 파운드화가 단일 통화 유로에 흡수되는 것도 반대했다.

유럽 국가들은 민족도 다양하고 경제 사정도 저마다 다르다. 동유럽은 가난한 나라뿐이고 의식구조 역시 제각각이다. 이것이 대처가 유럽 통합을 반대한 이유였다.

가장 결정적인 이유는 영국이 유럽 통합으로 내줄 것은 많지만 얻을 게 없다는 점이었다. 잃을 게 많은 일을 왜 하느냐는 말이었다. 대처는 EU 통합보다는 미국, 캐나다와 자유무역협정을 통해 시장을 확대하는 방안이 훨씬 남는 거래라고 했다. 대처의 걱정대로 영국은 2020년 12월 EU에서 공식 이탈했다.

대처가 정말 염려한 일은 국가 지배 구조의 변화였다. 유럽 통합으로 영국 국민의 부와 번영을 결정할 권한이 영국인의 손이 아닌 EU 관료 집단에 넘어간다고 보았다. 자기 삶을 결정하는 권한은 영국 납세자들에게 있어야 한다는 게 대처의 생각이었다.

대처에게 납세란 국민의 의무가 아니라 권리였다.

국민은 납세 행위로 투표권을 행사하고 국가정책 결정에 자기 의견을 표출할 권한이 확보된다. 납세야말로 국민이 국가의 주주로서 국정에 참여할 발언권과 참정권 등 기본권을 보장받는 길이라고 믿었다. 납세자가 나라의 주인이라는 주권재민主權在民 사상이다.

영국의 EU 탈퇴는 대처 사후에 벌어진 일이다. 하지만 재임 중 국민에게 주인 의식(Ownership)을 누구보다 강조하고 정책을 밀어붙인 총리가 대처였다.

대처는 대형 공기업을 민영화하는 결단을 내렸다. 영국석유(BP), 영국가스, 영국항공(BA), 영국통신(BT) 같은 대형 공기업 외에 공영 임대주택을 대거 국민에게 매각했다. 주인 의식을 심어주는 정책이었다.

제일 인기를 얻은 결정은 공영 임대주택 매각이었다. 총리 재임 11년 동안 줄잡아 150만 호 임대주택의 소유권을 임차인에게 넘겼다. 거주 기간이 2년 넘은 입주민에게 우선 매입권을 제공했고, 장기 임차인에게는 최고 60퍼센트까지 할인해주었다. 매입 자금이 부족한 세입자에게는 가계주택자금을 대출해주었다.

공영 임대주택을 사들인 국민은 대부분 중하층 서민이었다. 이들은 내 집 마련의 기쁨을 선거에서 대처의 보수당을 지지하는 표로 드러냈다.

대처는 임대주택 매각에 이어 공기업의 주식을 팔았다. 주요 공기업의 주식으로 '국민주'를 배분한 것이다.

영국통신 주식을 처음 매각할 때는 반대 운동이 극심했다. 회사 노조부터 결사반대했고, 집권당 내부에서도 누가 이익이 별로 나지 않을 공기업의 주식을 사겠느냐며 냉담했다. 그러나 일단 매각 계획이 공개되자 230만 명이 넘는 일반 청약자가 몰려들었고 9.7 대 1의 청약 경쟁률을 보였다. 노조 반대에도 영국통신 조합원 가운데 95퍼센트가 자기 회사의 주주가 되겠다고 나선 것이다.

청약 신청자 대다수는 주식 투자를 가진 계층의 돈놀이라고 여기던 아웃사이더 계층이었다. 이들은 영국통신 상장으로 흡족한 차익을 얻었다. 주린이들(초보 주식 투자자)이 국가를 대표하는 대기업의 주주로 등장했다.

국민주 공급으로 주식 보유 인구는 전체 인구 가운데 7퍼센트 선에서 25퍼센트까지 증가했다. 화이트칼라 계층의 3분의 1이자 숙련 노동자 계층의 4명 가운데 1명이 주식 보유자가 되었다. 이로써 저축에만 골몰하던 가계가 주식 투자에 눈을 돌리는 계기가 되었다. 여윳돈이 많은 상류층 전용 게임이라던 주식 투자가 중산층까지 대중화된 것이다.

일부 공기업의 주식 매각은 곡절을 겪었다. 철도 사업처럼 성패를 판단하기 어려운 민영화 사례도 나타났다. 일부는 다시 국유화 논의가 진행 중이다. 공기업 민영화가 100퍼센트 성공했다고 볼 수는 없기 때문이다.

그러나 임대주택 매각과 국민주 공급은 '대중자본주의(Popular

Capitalism)'라는 단어를 경제학 사전에 올릴 만큼 강렬한 효과를 냈다. 대중자본주의란 일반 대중에게 부동산이나 주식, 다른 대체 자산을 소유하게 함으로써 자기가 속한 나라와 사회의 주인 의식을 갖게 하는 신념을 말한다. 어떤 전문가는 '인민자본주의(People's Capitalism)'라 표현하기도 했는데 대처는 공산국가 냄새가 난다며 그 표현을 싫어했다.

대처식 대중자본주의 정책은 세계적인 붐을 일으켰다. 일본은 국가철도공사 주식을 매각, 민영 신칸센 회사를 발족시켰다. 싱가포르를 위시해 많은 나라가 에너지, 통신, 가스 사업 등 공기업의 주식을 국민에게 싸게 팔았다. 한국에서는 노태우 정부가 한국통신(KT), POSCO, 국민은행의 주식을 국민주로 보급하기 시작했다.

그것은 국민에게 실제 이득을 선물하는 정책이었고, 그런 점에서 정치인들을 유혹했다. 국민주를 손에 넣은 영국 유권자 가운데 54퍼센트가 보수당을 찍었다.

대중자본주의는 국유재산을 매각, 재정 자금을 더 확보하겠다는 의도로 추진되지 않았다. 경영을 효율화하려는 목적도 작지는 않았으나 무엇보다 노렸던 것은 계층 간 갈등 완화였다.

"부자들을 가난하게 만든다고 해서 가난한 사람이 부자가 되지는 못합니다."

대처는 상류층에 중과세로 보복하는 식의 정책을 펼친다고 해서 빈곤층의 소득이 늘어날 수 있는 것은 아니라고 했다. 대처는 대중 속에 잠재되어 있는 '가진 자'를 혐오하는 풍조를 누그러뜨리는 한편 누구나 주식과 채권, 집을 소유하면 자본가나 유산계급이 될 수 있다는 것을 보여주려고 했다. 무턱대고 자본가를 공격하는 노조 세력과 좌파 지식인들, 노동당의 주장이 옳지 않다고 반박하려는 속셈이었다.

대처는 다수 국민이 주주가 되면 반기업, 부자 혐오 정서가 무너질 것이라고 보았다. 기업이 부와 번영을 만들어내는 기반이라는 자본주의의 강점을 증명하려는 생각이었다.

대처는 그런 방식으로 다수 대중을 설득했다. 보수당이 소수의 부자를 옹호하는 당이 아니라 다수의 서민층을 이롭게 해주는 당이라는 이미지를 만들었다. 화이트칼라와 근로자 계층을 포섭, 보수주의가 자산가를 위한 이념이 아니라는 것을 입증했다.

대처는 결단력과 카리스마가 강한 지도자였다. 스스로 타협형이 아닌 소신파 정치인이라고 했다. 합의를 이끌기 위해 논쟁을 벌이는 것을 시간 낭비로 여겼다.

그는 탄광 노조의 고질적 투쟁을 단절시키려고 사전에 석탄을 비축했고 1년간 지루한 파업과 싸운 끝에 승리를 쟁취했다. 한국의 경제 단체와 보수 언론들은 대처의 노조 길들이기 결과에만 집중적으로 관심을 보였다. 노조가 투쟁에 나서면 정치 지도자들에게 대처를 배우라고 촉구하는 식이었다.

이 때문에 많은 한국인은 대처가 노조의 못된 버릇을 고쳐 영국 경제를 살렸다는 이미지를 갖고 있다. 대처가 노동자 계층에 집과 주식을 배분해 '이 나라의 주인은 바로 당신'이라는 주인 의식을 키워주었다는 사실은 그다지 알려지지 않았다.

한국에는 대중자본주의의 진가가 잘못 전해졌다. 대처의 공기업 민영화 정책을 전경련과 뉴라이트 세력은 재벌들에게 주인 찾아주기로 엉뚱하게 각색해버렸다. 공기업의 주인은 국민이 아니라 재벌 총수라는 식이었다.

이명박·박근혜 정권은 많은 공기업을 매각하면서 현대건설을 비롯해 대부분 재벌 그룹에게 넘겼다. 공기업 민영화는 국민 잔치가 아니라 재벌 회원들만의 폐쇄적 잔치판이었다. 공기업 주식이 다수의 대중에게 배분되지 않고 소수의 총수 손에 넘어갔다. 경제력 집중이 더 심해지고 빈부 격차가 확대되는 결과를 빚을 수밖에 없었다.

이명박·박근혜는 대처의 성공을 배우겠다고 약속했다. 하지만 친재벌 노선으로 대처를 배신했다. 이는 국민 다수를 배신한 사기극이었다.

'철학자'로 평가받을 만큼 보수주의 신념에 따라 정치

대처는 성경을 끼고 살았다. 아무리 일정이 바빠도 매일 성경을 읽었다. 총리실 보좌관들에게 어젯밤 읽은 성경 구절을 말하곤 했다.

대처는 성경의 인간관을 신뢰했다. 끊임없이 일탈을 노리는 인간을 법과 제도, 관습을 통해 통제할 수밖에 없다고 보았다.

기독교적 인간관은 어렸을 때부터 형성되었다. 아버지는 담배, 곡물, 수입 상품 등을 파는 잡화상을 운영했다. 이 잡화상 건물은 현재 사적지로 지정되었다.

아버지는 나중에 그랜섬 시장까지 지낸 지방 정치인이었다. 덕분에 딸은 아버지 무릎 아래서 현장 정치를 배웠다. 그렇기에 대처는 "내 혈관에는 정치의 피가 흐른다"고 했다.

아버지는 동네 감리교회에서 설교하는 목사이기도 했다. 대처는 아버지로부터 근검절약의 생활 태도와 자기 책임, 자립정신을 배웠다. 정치의 피와 함께 예수의 피가 흘렀다고 볼 수 있다.

그녀는 옥스퍼드 대학 시절 화학을 전공하면서도 정치에 관심을 가졌다. 정치 야망을 감추지 않았다. 다만 그녀는 첫 여성 총리라는 타이틀보다는 첫 과학자 출신 총리라는 영예를 더 원했다.

대학 재학 중 보수 대학생 단체 회장으로 활동했고, 남자 친구가 부담스러워할 만큼 정치 지향적이었다. 졸업 후 직장 생활을 18개월 했으나 정치 의사를 꺾지 않았다. 종종 "영국의 첫 여자 총리가 저기 간다"는 동료들의 수군거림을 들었다. 미혼인 채 보수당 최연소 여성 후보로 총선에서 출사표를 던진 것은 자연스러운 수순이었고, 정치 입문 9년 만에 첫 당선된 이래 보수주의 정치의 외길을 걸었다.

대처는 장관 자리를 노리는 정치인에 머물지 않았다. 그는 보수주의 철학을 현실에 투입하고 싶어 했던 이념가였다. 보수주의 정책 수단을 통해 국민 생활을 윤택하게 만드는 신념을 관철하려고 끈질기게 노력했다.

그 덕에 대처의 정책은 대처리즘Thatcherism이라는 단어로 요약됐다. 대처를 따르는 정치인이나 학자, 언론인은 대처주의자로 통했다. 처칠이나 디즈레일리 같은 뛰어난 보수당 총리들조차도 이름 끝에 '~주의~ism' 나 '~철학'이 따라붙는 영예를 얻지 못했다.

대처의 정치는 그만큼 이념적, 철학적 기반이 탄탄했다. 대처리즘은 장기간 계속된 데다 부분적으로는 확실한 성과를 냈다. 이 때문에 대처리즘은 대중자본주의와 함께 영국 정치권의 단골 논쟁거리 가운데 하나다.

대처리즘의 두 줄기는 자본주의와 자유주의다. 인간 사회는 부富의 창출을 찬미해야 하고, 인간은 모름지기 속박에서 해방되어 한껏 자유를 누려야 한다고 믿었다. 그것이 인간 본성에 가장 어울리는 선택이라고 했다. 이런 신념은 『국가 경영(Statecraft)』이라는 회고록에 잘 정리되어 있다.

먼저 자본주의 예찬론을 살펴보자.

대처는 "자본주의란 자유로운 기업 활동이 보장되는 것을 말한다"라고 했다. 이는 "너무 당연하고 단순해 체제라는 표현을 붙이지 않아도 된다"고 했다. 기업이 편하게 움직일 수 있어야 개인이 번영과 행복을 얻을 수 있다는 발상이다.

대처는 경제학의 아버지 애덤 스미스를 존경했다. 애덤 스미스는 이익 추구를 인간의 타고난 본능이라고 했다.

"인간이 이익을 추구하는 성향은 본능이다. 인간 이외에 다른 어떤 동물도 이런 본능을 갖고 있지 않다."

'자기애'야말로 이익 추구의 출발점이라는 스미스의 해석을 대처는 충실히 따랐다. 물물교환, 거래, 교역을 통해 이익을 얻고 부를 확대하려는 성향은 DNA에 장착된 인간 본성이라는 시각이다.

스미스는 우리가 맛있는 저녁을 즐길 수 있는 이유는 빵집 주인, 정육점 사장의 착한 마음씨 덕분이 아니라 이문을 남기려는 그들의 욕심 때문이라고 했다.

대처는 권력이나 정부가 그런 인간의 본능을 통제해서는 안 된다고 믿었다. 그가 기업 규제 철폐에 앞장서고, 금융 빅뱅을 통해 금융

시장 통제권을 정부가 포기한 배경이 여기에 있다. 산업 국유화에 결사반대하고 공기업 주식 매각을 대대적으로 추진한 논리도 똑같다. 대처의 자본주의 예찬은 시장 원리를 중시하는 친기업 정책으로 실현되었다.

대처의 자유주의 성향은 시장경제를 내세우는 정책을 줄곧 펼쳤던 것에서 나타나지만, 반공 노선을 확고하게 유지한 것으로 더욱 분명히 보여주었다. 그는 영국을 복지 과잉의 지옥으로 만든 원흉은 사회주의적 사고라고 단언했다.

회고록 『국가 경영』에서 대처는 소련 붕괴 후 체코 프라하를 방문했던 일화를 소개하고 있다. 하벨 체코 대통령의 초청으로 프라하를 방문했을 때 프라하 시내에 세워진 처칠 기념 동상 제막식에서 연설했다.

"이 동상은 이 자리에 계시는 여러분에게 자유의 대가가 매우 비싼 것이 될 수 있으며, 어쩌면 '피와 노고와 눈물과 땀'의 희생을 요구할 수 있다는 사실을 일깨워줄 것입니다."

처칠의 유명한 연설 구절을 인용, 체코 국민이 40여 년의 공산 치하에서 자유를 잃고 엄청난 대가를 치러야 했던 역사를 상기시켰다. 그는 공산주의 체제란 '거짓과 증오, 강압을 바탕으로 한 체제'라는 하벨 대통령의 의견에 동감했다.

대처는 처칠 동상 제막식에서 프라하 시민들로부터 뜨거운 박수를 받았다. 이에 대해 그는 "평생 기억하게 되는 특별한 박수갈채"라고 썼다. 그 박수는 한 세대 이상 자유를 잃었던 대중이 대처의 자유론에 완전 동의한다는 의사표시로 받아들여졌기 때문이리라.

대처는 "우리가 사회주의와 싸우던 냉전 시대에 투쟁의 목적은 자유였다"라고 말하며, 자신은 냉전 시절 인간의 존엄에 대한 믿음, 국가는 지배하는 것이 아니라 봉사해야 한다는 믿음, 사유재산권 같은 민주적 자본주의 체제를 지탱하기 위해 싸웠다고 했다. 그리고 승리를 쟁취한 것은 '우리 반공주의자들'이었다고 단언했다.

대처는 레이건 미국 대통령을 냉전 승리의 최고 공로자로 꼽았고, 회고록 『국가 경영』을 레이건에게 헌정했다. 대처가 세금 인하, 규제 철폐, 시장경제 중시 같은 경제 노선뿐 아니라 반공 노선에서도 레이건의 굳건한 동지였음을 보여준 것이다.

자유를 앞세우는 모델은 워낙 보편적이어서 인간 사회에서 영속적 가치를 지닌다고 했다. 자유란 인간의 본성에 깃들어 있고, 인간이 만들고 싶어 하는 행복한 세상에서는 자유가 필수적이라는 견해다.

대처는 『국가 경영』 마지막 페이지에서 런던 윈저궁 근처 러니미드 Runnymede 초원의 마그나카르타 기념비를 찾았던 기억을 되새겼다. 800여 년 전 서명된 마그나카르타는 왕의 권한에 쐐기를 박은 귀족 계층과 국왕 간의 합의 문서다. 하지만 대처는 마그나카르타에서 세상을 바꾼 하나의 단어가 바로 '자유인'이라고 했다. 그러면서 자유인이란 오늘날의 국민 대다수를 말한다고 해석했다.

어떤 정치인이든 공개 석상에서 규제 완화, 세금 인하, 그리고 시장경제를 강조할 수 있다. 공산주의 타도를 외치는 구호로 유권자를 끌기도 한다.

한국에도 이런 보수 지도자가 적지 않았다. 지금도 대처를 배우겠다는 정객들이 사라지지 않는다. 그들이 집권하면 인재를 찾지 못해 갈팡질팡하고 정책 기조는 중심을 잡지 못한 채 좌로 우로 흔들리기 일쑤다. 변변한 신념조차 없는 보수 정치인들이 준비된 후보라며 국민을 속인다.

하지만 대처의 보수주의 철학은 총리 재임 중 잠시 써먹기 위해 누군가의 머리에서 빌려온 것이 아니었다. 젊은 시절부터 거듭 다지고 다듬은 끝에 정리된 신념이었다.

대처는 총리가 되기 전에는 보수당(Tory) 부설 정책연구센터 (Center for Policy Studies)를 설립해 부소장으로 참여, 정기적으로 연구 모임을 가졌다. 보수주의 철학에 따라 현실에 반영할 수 있는 논리와 실행 방안을 연구하고 개발하는 싱크탱크였다.

이 연구센터를 오픈한 날 대처는 하이에크 책으로 테이블을 치며 "이 책이야말로 우리가 믿는 모든 것"이라고 선언했다. 하이에크는 공산국가의 계획경제를 비판하고 자유 시장경제를 적극 옹호했던 노벨 경제학상 수상자다. 시카고 대학의 밀턴 프리드먼과 함께 대처의 신자유주의 경제 이론의 학문적 근거를 제공한 인물이다.

대처는 보수당 정책연구센터에서 5년 안팎의 공부 모임을 통해 정책 개발은 물론 자신의 철학을 실행에 옮겨줄 장관급 인재를 만났다. 이론가부터 내각 후보, 공기업을 개혁시킬 경영인들까지 함께 어울려 토론했다.

대처리즘은 성공한 어느 정치인을 과대 포장하기 위한 애칭이 아니다. 그것은 최소한 한 나라를 일정 기간 지배하던 사고방식을 개조한 이념이었다.

대처리즘은 1930년대 대공황 직후 케인스가 내세웠던 경제학 이론을 뒤집었고, 2차 세계대전 이래 만연하던 사회주의적 복지 정책에 거센 반기를 들었다. 영국을 비롯해 많은 나라에서 수십 년 동안 당연하게 여겼던 물결을 다른 방향으로 돌려놓은 것이다.

대처의 정책 기조는 영국 노동당 블레어 정권이 상당 부분 이어받았다. 토니 블레어Tony Blair 노동당 총리는 대처의 철학을 반영한 정강 정책으로 1997년부터 10년간 영국을 이끌었다. 1970년대 말 이후 30년은 대처리즘이 필요했던 시대였다. 대처식 처방은 한동안 워낙 효력이 강력해 경쟁 관계에 있던 정파를 굴복시켰다.

그러나 시대가 21세기로 바뀌면서 영국은 다시 경쟁력이 쇠퇴하고 있다. 독일과 비교하면 더욱 그렇다. 의료 제도, 교육 시스템, 빈민층 구제에서 많은 문제가 부각되고 있다.

금융위기, 재정위기가 반복되고 전염병까지 번지면서 빈부 격차가 극심해졌다. AI 기술 발전, 지구 온난화로 경제구조도 급변하고 있다. 마르크스와 케인스의 책이 다시 읽히고 있다.

대처리즘은 신자유주의 정책으로 금융위기를 몰고 왔다는 비판을 받았다. 대처는 빈부 격차를 심각하게 만든 주인공으로 지목받기도 한다. 대처리즘은 결국 20세기 말이라는 한 시기에 영국에 필요했던 한시적 처방이었을 뿐 나라의 쇠퇴를 막는 근본 대책이 되지는 못했다.

우리나라 보수 세력은 대처를 무척 영웅시한다. 대처의 뒤를 따르겠다고 그토록 굳게 약속했던 이명박, 박근혜 대통령은 대처만큼의 업적을 내기는커녕 퇴임 후 감옥에 갔었다.

대처식 국가 경영이 어디 시대, 어느 나라에나 약발을 발휘하는 완전 처방은 아니다. 그의 처방은 2008년 세계 금융위기를 고비로 효력이 만료되었다.

그토록 대처식 신자유주의 정책을 주문하던 국제통화기금, 세계은행도 2019년부터는 재정 지출을 확대하고 부자 세금을 올리라고 주장하고 있다. 빈부 격차 앞에서 대처식 정책은 아무런 힘을 발휘하지 못한다.

우리가 대처로부터 정말 배워야 할 것은 탄광 노조의 못된 버릇을 고치고 복지를 축소한 것 같은 강경한 정책이 아니다. 그는 좋은 게 좋다는 식으로 적당히 타협하는 포퓰리즘을 거부했다. 나라를 위기에서 구하려고 쓴소리를 내뱉으며 리더십을 휘두르는 과정이야말로 최고의 모범이다. 대처는 공짜를 당연한 것으로 즐기던 영국민에게 '그건 안 된다'고 용기 있게 맞서 싸웠다.

대처를 배우겠다는 한국의 보수 지도자들은 먼저 자기 자신을 담금질하며 지금까지의 대세와 정면 대결할 배포를 키워야 한다. 정치 지도자의 배포는 철학으로 영글어 간다. 구체적 정책과 인재는 그 과정에서 저절로 따라올 것이다.

로널드 레이건
Ronald Reagan, 1911~2004

"권력이 작아질수록
개인의 행복은 더 커진다."

미국에 이익이 된다면
한국의 불법 쿠데타 정권도 OK

GE 홍보대사 맡은 뒤 민주당에서 보수 공화당으로

미국 40대 대통령 레이건의 청년 시절은 좌절의 연속이었다.

구두 세일즈맨 아들로 태어나 학비 걱정이 컸다. 여자 친구가 다니는 대학에 진학하려 했으나 엄두가 나지 않았다. 대학 총장과 미식축구부 감독을 만나 하소연한 끝에 수업료 일부 감면 혜택을 받았다. 학기 중에는 대학 구내식당에서 접시를 닦아야 했고, 방학 때는 동네 강가 수영장에서 인명 구조대원으로 7년 동안 알바를 하며 77명을 구조했다.

졸업 후에는 시골 신학대학 출신이라서 취직이 되지 않았다. 고향 마을 백화점의 스포츠 코너 점원 자리에 응시했다가 보기 좋게 낙방했다.

그는 뉴딜의 영웅 프랭클린 루스벨트 대통령의 라디오 대화 프로그램에 감동해 그를 열렬히 숭배했다. 민주당에 가입, 열성적으로 루스벨트의 당선을 위해 선거운동원으로 뛰었다. 루스벨트가 자신과 같은 청년들에게 멋진 일자리를 제공할 것이라고 믿었으나 취업 기회는 오지 않았다.

라디오 방송국에서 임시로 미식축구와 프로야구 중계를 맡았지만 오래가지 못했다. 이번에는 할리우드 배우로 직업을 바꾸었다. 영화 53편과 1편의 TV 드라마에 출연했다. 존 웨인, 클린트 이스트우드처럼 서부영화의 특급 스타로 떠오르길 간절히 바랐으나 뜻을 이루지 못했다.

여배우와 결혼했으나 정치에 과도하게 집착한다는 이유로 이혼당했다. 할리우드에 공산주의자들이 파고드는 것을 막는 배우 노조위원장 자리가 그에게는 최고 적임인 듯했다.

레이건의 인생을 바꾼 것은 미국 최대의 제조업 그룹 GE였다. GE는 미국 전역에 공장을 늘리면서 노조원들의 사기와 생산성을 올려야 했다. 노조 파업도 막아야 했다. GE는 배우 노조위원장 레이건을 홍보대사에 지명했다.

할리우드는 이제 막 등장한 대중매체인 TV를 외면하고 있었다. 레이건도 영화판에서 성공하기를 원하고 있었기에 41세에 제안받은 TV 시리즈 출연이 썩 내키지는 않았다. 하지만 그것은 루스벨트와 뉴딜 숭배를 버리고 정치권에 진출하게 되는 발판이 되었다.

GE가 레이건에게 제공한 기회는 두 가지였다. 하나는 매주 일요일 밤 9시 방영되는 TV 단막극 〈GE 극장(GE Theater)〉 고정 출연이었다. 레이건은 시청률이 높은 주말 저녁에 방영되는 프로의 고정 출연자로 8년간 209회 등장했다. 인기는 급상승했고, 눈에 보이지 않는 시청자의 목소리를 들으며 대중과 소통하는 기법을 연마했다.

또 하나의 임무는 GE 근로자들 앞에서 강연하는 일이었다. 미국 135곳 GE 공장에서 25만 명이 일하고 있었다. 경영층, 중간 간부, 공장 노동자 앞에서 점심 또는 저녁 시간에 강연회를 가졌다. TV 출연이 만나지 못하는 청중과 간접 대화라면 공장 연설은 대중과 마주 대하는 직접 소통이었다.

레이건은 할리우드 영화판의 뒷얘기를 유머와 농담을 담아 강연했다. 스토리를 풀어가는 재주가 뛰어났고, 하고 싶은 메시지를 간명하게 전달했다. 어떤 여성 근로자는 자기 가슴에 레이건의 사인을 받아갔다.

GE 순회 강연회는 지역이나 계절에 따라, 경기 상황에 따라 다른 내용을 담아야 했다. 불황으로 고통을 겪는 근로자들 앞에서 호황 지역에서 했던 말을 똑같이 내놓을 수는 없는 일이었다. 그렇다고 강연 내용이 경영인 쪽을 불편하게 만들거나 반대로 근로자가 거부감을 느낄 주장을 강조한다면 홍보대사 자리를 내놓아야 할 것이다. 노와 사 양측을 만족시킬 수 있는 절충점을 찾아내야 했다. 타협점을 탐색해야 했던 이러한 과정이 훗날 정치판 협상에서 위력을 발휘하게 된다.

GE는 레이건에게 대중 연설가로 성장할 멋진 기반을 제공한 것이다. 레이건은 회고록에서 GE의 경험이 '정치학 대학원 과정'이었다고 썼다.

그는 기업 경영에 정부 간섭과 규제를 반대하고, 세금 인하를 역설하면 청중들 반응이 최고조에 오른다는 것을 파악했다. 레이건은 GE 강연에서 밑바닥 민심을 자기 귀와 피부로 느끼곤 했다.

기업 규제가 늘고 세금이 올라가는 배경에는 루스벨트가 도입한 여러 복지 정책이 있다는 것을 깨달았다. 대공황 이래 무분별하게 시행된 복지 제도에 엄청난 세금이 들어갔다. 대기업에게 세금을 더 내라고 옥죄고 근로자들의 소득세를 올릴 수밖에 없었다. 루스벨트는 소득세율을 무려 94퍼센트까지 인상했다.

배우 노조위원장을 하면서도 똑같은 고민을 했었다. 자신도 과도한 세금 부담에 분노했고, 영화제작사도 세금 때문에 영화 제작을 꺼리는 것이 안타까웠다. 영화 제작이 줄어들면 누구보다 더 많은 피해를 보는 계층은 촬영기사, 스태프, 구내식당 종업원 같은 하층민들이었다.

그의 젊은 시절의 영웅 루스벨트가 자신을 실망시키고 있었다. 연방 정부의 권력은 매년 강해지고 있었지만 살림살이가 더 나아진다는 기분은 들지 않았다.

"실직 근로자를 재취업시키려고 정부가 지출하는 세금(직업훈련 비용)이 하버드 대학에 다니는 수업료보다 많이 든다."

그는 연설에서 세금 낭비가 곳곳에서 벌어지고 있다고 확언했다. 정부 권력이 막강해질수록, 정부가 세금을 더 많이 거둬갈수록 국민들은 더 힘들어진다고 진단했다.

'세금을 올리면 개인이 각자 번 돈을 쓸 수 있는 자유가 줄어들지 않는가.'

복지가 늘어나면 혜택을 만끽하는 사람은 소수인 반면, 훨씬 많은 국민은 고통스러워한다는 신념이 생겼다.

레이건은 자유로운 삶을 찾아 신대륙에 건너온 미국인들이 성공의
꿈(American Dream)을 잃어가고 있다고 걱정했다. 미국은 특별한 나
라, 미국인은 특별한 시민이라는 자부심마저 사라질 위기에 처했다
고 보았다.

그는 기업 현장에서 경영인, 노동자들과 대화하며 보수주의자로
변신했다. 자본주의를 더욱 옹호했다. 대선 때는 민주당이 아닌 공화
당 대통령 아이젠하워를 지지했다. 이어 존 F. 케네디 아버지의 부탁
을 뿌리치고 공화당의 닉슨 후보를 위해 지원 유세를 했다.

거대한 정부, 강력한 권력은 국민의 자유와 행복을 지켜주는 보호
자가 아니었다. 레이건에게는 적이었다.

"내가 민주당을 떠난 게 아니다. 민주당이 나를 버렸다."

루스벨트와 뉴딜에 실망이 그만큼 컸다. 레이건은 그렇게 민주당
진보 세력(Liberal)과 결별했다.

권력 축소가 레이건 보수주의의 핵심

갤럽 여론조사를 보면 레이건은 역대 미국 대통령 가운데 최고의 대
통령으로 네 번이나 꼽혔다. 링컨, 프랭클린 루스벨트, 케네디마저 누
르는 결과가 종종 나왔다. 2차 세계대전 이후 대통령 가운데 1~2위
자리를 좀체 빼앗기지 않는다. 사후 20년이 다 되도록 대중의 지지가
사그라들지 않고 있다.

그의 대통령 재임 중 90개월 이상 경기가 팽창했다. 2천만 개가 넘
는 새 일자리가 공급되었고, 흑인 가구의 평균 소득도 17퍼센트 증가

했다. 미국 경제는 레이건 시절 1970년대 악몽의 장기 불황을 종식시키고 장기 호황을 구가했다. 다수가 더 나은 삶을 누리며 행복을 맛보았다.

그는 호황의 열쇠를 더 작은 권력, 더 작은 정부에서 찾아냈다.

"우리가 안고 있는 고민의 해답은 정부가 아니다. 바로 정부가 골칫거리다."

대통령 취임사에서 그렇게 선언했다. 거대한 정부 권력이야말로 골칫거리요, 국민의 행복을 가로막는 장애물도 권력이라고 못 박았다.

레이건은 어떤 정부도 민간 기업이나 개인보다 더 창조적으로 일할 수 없다고 믿었다. 능력이 부족한 정부, 정치권력이 기업 경영과 개인의 일상에 개입할수록 경제가 더 나빠진다고 보았다.

그가 내걸었던 철학은 무정부주의가 아니었다. 권력이 기업과 개인의 행동에 가급적이면 간섭하지 말자는 생각이었다. 권력을 축소하면 사회가 훨씬 잘 돌아간다는 철학이었다.

대통령 취임 3일 만에 레이건은 연방 정부의 예산 지출을 축소했다. 예산 지출을 줄이면 조직과 공무원 숫자가 줄어든다.

동시에 규제 철폐 작업에 돌입했다. 임금과 상품 가격을 통제하던 행정 명령을 폐기했다. 금융시장 운용 권한도 중앙은행(FRB)에 선뜻 넘겨주었다.

프랭클린 루스벨트 이후 미국 정부의 권한과 역할이 담긴 연방 연보는 줄곧 두터워졌다. 레이건 시대 연방 연보의 두께는 8만 7,000여 쪽에서 4만 7,000여 쪽으로 45퍼센트 줄어들었다. 규제가 줄어든 만큼 기업과 개인이 마음껏 뛰어다닐 운동장이 넓어졌다.

군사기술을 민간 기업에 넘기는 작업도 추진했다. 국방성이 갖고 있던 인터넷 기술(ARPANET)은 그렇게 기업에 전파돼 디지털 혁명을 촉발하게 되었다.

예산 축소, 규제 폐지와 함께 추진된 조치가 세금 인하였다. 그는 높은 세금은 합법적 도둑질이라고 보았다. 누진세는 마르크스가 '공산당 선언'에서 내놓은 아이디어를 그대로 받아들인 사회주의 정책이라고 했다. 게다가 정부가 세금을 제대로 쓰지도 않는다고 지적했다.

"시카고의 어느 여인은 127개의 다른 이름으로 복지 예산을 중복 수령했고, 캘리포니아 고급 주택가에 저택을 가진 사람이 연간 30만 달러의 복지 혜택을 받고 있다."

부정확한 사례였지만 예산이 허투루 쓰이는 현실을 폭로하며 복지 혜택을 무작정 늘려서는 안 된다고 강조했다.

레이건이 취임 초기 3년 동안 인하한 세금은 줄잡아 25퍼센트였다. 세금을 내리자 두 가지 효과가 나타났다. 고소득자들의 소비 지출이 늘어났고 기부 활동이 활발해졌다. 여윳돈이 경기를 부추기는 불쏘시개로 작용한 것이다.

레이건은 기업과 개인의 잉여 자금을 정부가 세금으로 거둬 복지 예산으로 쓰면 비효율적인 반면, 기업과 개인의 각자 책임 아래 쓰라고 맡겨두면 경제를 살릴 수 있음을 증명했다. 국가권력의 축소가 행복을 키우는 최선의 처방이라고 했던 레이건의 구호는 진실이 되었다.

한국인에게 레이건의 권력 축소 철학은 좀체 실감하기 어려운 내용이다. 정부 기구를 확장하고 공무원 숫자를 늘리고 세금을 더 징수해 예산 지출을 확대하는 광경에 익숙해 있다. 한국에선 명백히 개인의 실수로 피해가 발생하더라도 정부와 국회에 대책을 마련할 것을 요구하는 일까지 벌어진다. 국가적 현안이 대두되면 정부와 국가가 해결하라고 재촉하는 게 한국 국민의 습성이다.

레이건의 '더 작은 권력' '더 작은 정부' 철학은 정부와 국가의 역할을 부정하지 않는다. 국민의 자유와 기본권을 지키는 일, 오염으로부터 환경을 보호하고 국민 건강을 지키는 일은 국가가 변함없이 수행해야 한다고 본다. 국가는 외국의 침략을 비롯해 자연재해, 전염병 같은 위기에 대처해야 할 의무도 갖는다.

다만 국가권력이 한없이 팽창하면 개인의 자유와 행복을 침해할수밖에 없다. 신대륙으로 건너갔던 이민자들에게 자유란 가장 기초적 인간의 권리다. 종교의 자유, 집회의 자유, 언론 자유는 건국 정신의 핵심 기둥으로 자리 잡았다. 어떤 권력도 인간이 누려야 할 자유를 방해할 권리를 갖지 못한다고 레이건은 믿었다.

국가권력이 커지는 것에 길들여진 한국인으로선 레이건의 철학은 이질적이다. 이 때문에 한국의 보수진영은 레이건의 성공 스토리를 그저 세금 인하, 규제 완화, 노동운동 제압으로 포장하려는 성향이 강하다.

하지만 배우 출신 지도자의 신념은 경제를 살린 공로 이상의 깊이가 있다. 그는 미국인의 이성과 판단력을 믿었다. 개인의 자기 결정권을 존중했다. 국민을 신뢰했기에 그는 국민 다수의 존경과 지지를 받았다.

기독교 신앙에 따른 반공 노선으로 '악의 제국' 붕괴시켜

LA 시미 밸리Simi Valley에 있는 레이건기념관 야외에는 스텔스기 한 대가 전시되어 있다. 레이건이 소련과 군사력 경쟁을 하는 과정에서 개발했던 첨단 전투기다. 대통령 전용기, 백악관 집무실과 함께 방문객들이 기념사진을 찍는 인기 스폿이다.

할리우드 배우 노조위원장 시절 영화계에는 공산주의자가 많았다. 영화판을 잡으면 사회주의 이념을 전파하기 쉽다는 계산에서 공산주의자들이 대거 침투했다.

레이건은 그들이 파업을 선동하는 방식으로 할리우드를 장악, 영화를 이념의 선전 도구로 악용하려 한다는 것을 알았다. 노조 대표로서 파업 주동자들과 싸우며 배우들의 생업도 지켜야 했다. 정치권이 영화계의 공산주의자 색출에 돌입하자 그는 테러 위협을 받으면서도 반공 노선을 선택, '빨갱이 사냥'에 힘을 보탰다.

그가 낸시 여사를 만난 계기도 반공 노선에 섰던 덕분이다. 낸시는 같은 이름의 다른 여배우 때문에 빨갱이로 몰리고 있었다. 레이건은 낸시가 공산주의자가 아니라고 방어해주었다. 궁지에 몰렸을 때 신원 보증을 서줌으로써 두 사람은 평생 동반자가 되었다.

기독교인인 그는 공산주의에 반감이 강했다. 공산혁명을 주도한 마르크스는 종교를 '대중의 아편'이라고 했고, 레닌은 기독교를 성병에 비유했다. 공산주의자에게 신앙심이란 시체와 섹스하고 싶어 하는 변태 행위(Necrophilism) 같은 것이었다. 인간 평등을 내건 사회주의 이념이야말로 그들이 유일하게 떠받드는 신앙이었다.

레이건은 어린 시절 어머니를 따라 교회에 다녔으나 성인이 되고 나서는 꼬박꼬박 교회에 가는 모범 교인은 아니었다. 목사보다 기업인이나 정치인과 어울리기를 즐겼다. 이 때문에 대통령 자리에 있을 때 "따뜻한 인사와 환한 웃음, 세련된 제스처로 목사님들과 사진을 찍어주고 끝낸다"고 투덜대며 그의 신앙심을 의심하는 기독교인이 적지 않았다.

그러나 공산주의와의 싸움에서는 용감한 검투사가 되었다. 배우 노조위원장 시절에도 〈GE 극장〉 출연 배우로서도 "붉은 모자를 쓴 나쁜 놈들을 물리쳐야 한다"며 투지를 불태웠다. 반공 영화를 만들었고, 소련이 헝가리를 침공하자 TV를 통해 헝가리 난민을 돕기 위한 모금운동을 펼쳤다. 20세기 폭스 사가 흐루쇼프 소련 서기장 환영 파티를 개최할 때는 파티 불참 운동을 전개했다.

정치인으로 변신한 이후에는 더 적극적으로 공산주의와 전쟁을 벌였다. 캘리포니아 주지사를 마치고 대통령직을 목표로 설정하면서 공산주의를 질병이라고 맹공격하기 시작했다.

"공산주의는 경제체제나 정치체제가 아닙니다. 정신 질환의 한 종류입니다."

그에게 공산주의란 인간의 자유를 약탈하는 적이었다. 그는 러시아가 공산혁명 이후 수천만 명을 무고하게 학살했고, 동구 위성국들에게 무신론을 강요하고 있다고 비난했다. 이는 미국의 보수 기독교 교단과 보수진영의 지지를 굳히려는 전략이기도 했다. 정치 기반을 다지려고 반공 노선을 한층 더 강조했다고 볼 수 있다.

보수 기독교인들을 의식한 이벤트도 과감하게 개최했다. 레이건은 취임식날 이란에 억류돼 있던 미국인 53명이 석방되자 곧바로 '국가 기도의 날'을 지정하고 그들을 백악관에 초청해 기도회를 열었다. 이어 취임 2년째를 '성경의 해'로 선포하더니 그해 플로리다주 올란도에서 열린 보수 기독교 목사들 모임에서 소련을 '악의 제국'이라며 공격했다.

"소련 체제는 고의로 자기 국민을 굶기고 살해하고 괴롭혔습니다. 복종하지 않는 시민을 정신병동에 수감시켜 때로는 무의식 상태에 빠질 때까지 약을 투여했습니다. 이런 짓을 자행한 체제가 어떻게 사악하지 않다고 할 수 있습니까."

어떤 미국 대통령도 적대국을 가리켜 악마와 사탄의 나라라고 공격한 적은 없었다. 보수 기독교 교단과 보수주의자들은 환호성을 올렸다.

그의 반공 철학은 빌리 그레이엄 목사와 거의 일치했다. 공산주의와의 싸움은 성경의 명령에 따라 수행되는 영적인 것이라는 견해였다. 공산국가들과의 대결은 '신앙과 영혼의 시험'이었고, 선과 악의 승부였다.

레이건은 러시아를 '악의 제국'이라고 비난하는 데서 그치지 않았다. 악마의 소굴을 붕괴시키는 정책을 실행에 옮겼다. '악의 제국' 발언 후 2주 만에 '스타워즈Star Wars'로 명명된 우주방위구상(SDI)을 공개했다. 다른 예산은 절감하는 긴축 분위기에서 국방비 지출은 늘리는 전략이었다.

때마침 그해 9월 소련 전투기가 한국의 KAL기를 격추시켜 269명의 민간인 목숨을 앗아가는 사건을 일으켰다. 레이건의 반공산주의 전쟁은 더욱 가속되었다.

그는 미국의 국가안보 전략을 쉽고 단순하게 설명했다.

"저들은 패배하고 우리가 이긴다."

힘의 우위를 통한 평화가 그의 목표였다. 상대방이 쫓아올 수 없을 만큼 국방력을 강화해 적을 굴복시키겠다는 구상이었다. 압도적 국방력만이 전쟁 도발을 막고 핵전쟁을 예방하며 공산주의를 이길 수 있다고 보았다. 스텔스기 개발에 큰돈을 투입한 것도 이 때문이다.

소련 체제가 무너진 뒤 공개된 러시아 내부 비밀 자료들을 보면 레이건의 전략이 적중했음을 알 수 있다. 소련은 레이건의 스타워즈 계획을 면밀히 분석한 뒤에 더는 미국과 군비 경쟁을 할 수 없다는 결론에 도달했다. 경제력이 따르지 못하는 현실을 받아들이기로 한 것이다.

그 후 소련은 미국과 핵무기 군축 협상 테이블에 제 발로 나왔다. 고르바초프 서기장이 등장한 뒤부터는 페레스트로이카(개혁·개방 정책)를 앞세워 경제 살리기에 매진했다.

베를린 장벽이 무너지더니 드디어 악의 제국은 해체됐다. 평등 사회를 내걸고 인류를 열광시켰던 공산주의라는 열병은 마침내 70여 년 만에 자취를 감추었다. 소련 체제가 붕괴한 시점은 아버지 부시 대통령 임기 중이었다. 하지만 마지막 결정타를 날린 복서는 레이건이었다.

한국의 보수진영은 레이건의 강경한 반공 노선을 무척 부러워한다. 레이건이 소련을 굴복시켰던 방식으로 우리도 북한을 붕괴시키는 압박 전략을 구사해야 한다는 요구가 강하다.

하지만 1980년대 미국·소련의 대치 국면과 2020년대 남북한 대결 국면은 전혀 다른 양상이다.

우리나라 경제력은 북한을 압도하는 반면 북한의 핵무장으로 총체적 군사력에 있어서는 남한이 절대 우세하다고 평가할 수 없다. 북한이 핵 공격을 감행할 경우 미국이 우리 국토와 국민을 지켜줄지도 장담하지 못한다. 북한은 폐쇄 경제의 틀에서 오랜 기간 적응해온 인내력이 강한데다 중국과 소련이 알게 모르게 몰락을 막아주는 도우미가 되고 있다. 한국도 군사적으로 미국의 통제 아래 묶여있는 처지다.

레이건식 해법은 매우 통쾌해 보이지만, 오늘의 남북한 대치 상황에 적용할 만한 돌파구는 될 수 없다. 경제력과 국방력으로 적을 압도했던 레이건식 전략은 30년 전 시효가 끝났다. 보수 정권의 리더는 북한 문제를 레이건처럼 풀 수 있다고 착각해선 안 된다.

21세기 미·중 간의 대치 국면이 첨예화하면서 미국, 중국, 소련은 한반도의 세력 균형이 어느 한쪽으로 기우는 것을 원하지 않고 있다. 대국들 틈새에서 남과 북은 대화와 경쟁, 대립을 당분간 이어갈 수밖에 없다.

글쟁이 보수, 캠퍼스 보수, 종교 보수, 문화 보수를 통합

보수주의자는 급격한 변화를 싫어한다. 뚜렷한 위기가 눈앞에 닥쳤다는 놀라움이 보수주의자를 단합시킨다. 큰일 났다는 경계심이 그들을 움직이게 하는 촉발제다. 적의 출몰을 보고서야 행동을 시작하는 것이 보수주의자의 특징이다.

레이건의 대통령 당선에는 전임 카터 대통령의 무능과 정책 실패가 적잖이 작용했다. 하지만 할리우드 배우를 백악관 주인공으로 올린 일등 공신은 전임자만이 아니다.

레이건은 유권자 득표에서 10퍼센트포인트를 앞섰다. 선거인단 투표에서는 489 대 49라는 압도적 지지로 카터를 꺾었다. 레이건이 보수 세력 전체를 통합하고, 거기에 무당층과 중도층을 포섭했다는 증거다.

레이건은 미국인을 단합시켰다. 그들을 뭉치게 만든 무서운 적은 물론 불황이었다. 1970년대에 석유 가격이 폭등했다. 미국 경제가 독일, 일본에 밀릴 수 있다는 공포감이 휩쓸었다.

장기 불황에 누구보다 보수진영이 손을 잡았다. 프랭클린 루스벨트 이후 무턱대고 늘려온 정부 지출이 경제를 파멸시키고 있다는 위기의식이 비등했다. 언덕 위에 찬란한 보금자리를 건설하겠다던 미국 건국의 꿈이 점차 사라지는 듯했다.

레이건은 가는 곳마다 건국의 꿈을 들먹였다. 미국의 꿈이란 자유롭고 풍족한 삶이다. 연설에서 그는 역대 대통령 가운데 조지 워싱턴 등 건국 영웅들의 말과 행동을 가장 자주 거론했다.

그러나 위기의식을 공유하고 미국의 꿈을 강조하는 것만으로는 부족했다. 그럴듯한 몇 마디로 유권자들이 몰표를 던질 것이라고 낙관해서는 안 된다. 무서운 적의 등장에 놀란 국민을 단결시키며 조직력을 다져야 주도권을 잡을 수 있다.

레이건은 경기 침체라는 위기를 최대한 활용, 분열된 보수진영의 단합 작업부터 먼저 수행했다. 보수주의 이념가, 보수 연구소, 보수

종교 단체, 보수 언론, 재계의 최고 경영인들과 끊임없이 대화하며 그들이 뭉치도록 했다. 그의 정치력은 보수진영 내의 각 분야 허브Hub를 연결하는 데서 훌륭하게 발휘되었다.

미국에서는 1950년대부터 보수주의 이론가들이 활동을 시작했다. 러셀 커크Russell Kirk, 윌리엄 버클리William F Buckley Jr. 등이 인기를 끌었다. 「내셔널 리뷰National Review」처럼 보수 글쟁이들이 모이는 잡지가 하나둘 발간되기 시작했다.

보수주의 이론가들은 보수주의가 추구하는 인간의 삶이 무엇인지, 보수 정치가 내세워야 할 국가 목표와 전략은 어떤 것인지, 정치인들이 선택해야 하는 정책이 무엇인지를 제시했다.

보수 철학자들은 냉소와 멸시의 뜻으로 쓰이던 '보수주의'라는 단어에 높은 가치를 부여했다. 보수주의가 건국 정신 속에 뿌리를 두고 있다고 역사를 재정리했다. 이는 한국의 진보 세력이 동학 농민운동과 김구 망명정부에서 진보 이념의 출발점을 찾아낸 것과 비슷한 작업이었다.

1973년에는 보수주의 싱크탱크 헤리티지 연구소가 문을 열었다. 대기업 총수들이 후원한 헌금 덕분에 헤리티지는 연구 인력을 확보할 수 있었다. 이들이 내놓은 보고서는 정책 논쟁이 벌어질 때마다 영향력을 행사했다. 보수 이론가들의 칼럼이 언론에서 대우받기 시작한 것도 이 무렵부터다.

보수주의자들의 활동 무대는 학계, 재계, 언론에 머물지 않았다. 낙태를 합법화한 대법원 판결을 계기로 보수 기독교 교단이 정치 활동을 본격화했다. 선거철이 되면 투표를 권장하고 헌금을 재촉했다. TV

설교로 영향력을 확보한 대형 교회 목사들이 대놓고 지지 후보를 공개했다. 한국에서도 유명한 빌리 그레이엄이 대표적 인물이다.

1974년부터는 보수주의 이론가, 정치인, 문화인이 모이는 연차 총회(CPAC, Conservative Political Action Conference)가 열렸다. 보수주의자인 것을 감추거나 수줍어하던 사람들이 처음 전국 규모의 공개 대회를 가진 것이다. 이로써 보수주의자라는 배지를 자랑스럽게 여기는 분위기가 만들어졌다.

레이건은 이들 다양한 보수주의자 집단과 호흡을 함께했다. 보수주의 연차 총회에 참석해 연설하는가 하면 보수 언론과 보수 잡지의 주요 행사에 부지런히 얼굴을 내밀었다. 그는 누구보다 능동적으로 발품을 팔았고 보수진영 내에서 인맥을 쌓았다.

그는 공화당 대선 후보 유세를 돕다가 전국 정치 무대에 오를 기회를 잡았다. 1964년 공화당 후보인 배리 골드워터Barry Goldwater가 존슨 민주당 대통령과 대결할 때 골드워터를 위해 대선 모금 활동에 뛰어들었다.

GE 홍보대사 경력 덕분에 그의 연설은 기업 오너들의 가려운 곳을 긁어주는 효과를 냈다. 레이건에게 TV 라디오에서 골드워터를 위한 특별 지지 연설을 제안한 당사자도 캘리포니아 경영인들이었다. 기업인들은 거액을 모금, TV 선거방송 시간을 사들였다. 초보 정치인 레이건의 연설이 전국 채널을 통해 방영되었다.

방송 직후 골드워터 진영에 느닷없이 헌금이 몰려들었다. 국가권력 축소, 작은 정부, 세금 인하 같은 레이건의 평소 소신이 유권자들에게 설득력을 발휘했던 것이다. 처음에 그는 조마조마한 심정으로 카메라 앞에 섰지만, 골드워터 후보를 위한 찬조 연설은 보수진영을 단합시키는 효과가 나타났다. 이날 레이건의 연설은 미국의 100대 명연설 중 하나로 꼽힌다.

한국 보수 정치 지도자들은 보수진영이 자신을 최고 지도자로 추대해주기를 기대하는 성향이 강하다. 마치 대권이 택배로 자동 배달되기를 바라는 듯하다.

레이건은 보수진영 심층권에 온몸을 완전히 던졌다. 모금 활동, 지원 유세뿐 아니라 크든 작든 규모를 가리지 않고 모임마다 참석하는가 하면 언론 홍보 활동에 앞장섰다. 그렇게 네트워크를 스스로 만들어 갔다.

할리우드 배우 출신이라 누군가 써준 연설 원고를 영화 대본 읽듯 잘 읽는다는 말까지도 들었다. 그런 선입견과 달리 레이건은 주요 연설 원고를 스스로 썼다. 직접 가필, 수정하고 교정을 보았다. 대통령 시절에도 유명 칼럼니스트 출신 스피치 라이터가 써주면 직접 첨삭 작업을 했다. 그가 가필하고 삭제한 원고 수천 편이 레이건기념관에 남아있다.

그는 그저 연기 솜씨가 훌륭한 지도자가 아니었다. 보수진영을 통합시키는 행동에 앞장섰고, 그의 철학과 신념이 정책 실행 과정에서 핵심을 꿰뚫었다. 연설문 수정본을 관찰하면 전체 맥락과 문장, 단어 선택을 매우 섬세하게 했다는 것을 알 수 있다.

정치인을 지망한 이후 대통령에서 물러날 때까지 그의 철학은 변하지 않았다. 레이건은 신념과 철학이 뚜렷한 보수주의자였다. 무엇보다 글쟁이 보수, 교회 보수, 캠퍼스 보수, 재계 보수를 연결시킨 행동파였다.

극단으로 달려가지 않은 레이건의 보수주의

레이건은 종종 이렇게 말했다.

"저는 보수주의가 뭔지 그 정의를 정확하게 모릅니다. 하지만 제가
사람을 보면 보수주의자인지 아닌지는 잘 압니다."

보수주의를 한마디로 설명하기는 힘들어도 사람을 만나 보면 진짜
보수인지 가짜 보수인지 판별할 수 있다는 말이다.

그는 가족과 가정의 중요성을 강조했다. 가족은 사회의 가장 기초
적인 단위이고 도덕과 전통을 배울 수 있는 학교라고 했다. "가정은
보수주의의 심장이다."

대통령 재임 중 1986년 11월엔 '국가 가정 주간'을 선포했다. 백악
관 직속 특별위원회를 발족시켜 어떻게 하면 가족이 해체되지 않도
록 도울 수 있는지 정책 아이디어를 알려달라고 요청했다.

그렇다고 동성애를 결사코 반대하지도 않았다. 낙태에 반대한다고
하면서도 낙태를 막기 위해 특별한 정책을 추진하지도 않았다. 가족
과 가정을 지키려는 의욕을 갖도록 세금 우대 혜택을 늘리지도 않았
다.

그는 시대의 큰 흐름을 피동적으로나마 받아들였다. 동성애가 늘
어나고 개방적인 성 문화가 확산되는 추세를 거부할 수 없음을 알았
다. 골수 보수주의자들이 아무리 압박해도 사회 변화의 큰 물결을 중
단시키기는 힘들다고 보았다. 그래서 기독교 내 극단 보수들이 동성
애나 낙태 방지를 위해 좀 더 행동해 달라고 요구해도 받아들이지 않

고 머뭇거렸다.

임기 말에는 재정 적자를 줄이기 위해 세금을 인상했다. 권력 축소, 작은 정부, 복지 혜택 축소의 신념을 후퇴시키는 일이 잦아졌다. 사실 그가 당초 시도했던 '작은 정부'라는 목표는 부분적 성공에 그쳤다.

그는 원활한 국정 운용을 위해 현실 정치와 타협했다. 그럴 때마다 골수 보수진영 내부에서 비판이 터져 나왔으나 어쩔 수 없었다.

그는 극단 세력의 꼬임에 빠지지 않고 언제나 거리를 두었다. 이승만, 박정희, 박근혜 등 한국의 보수 정치 지도자가 극단주의자들 선동에 휘둘려 비극적인 몰락을 맞은 것과는 다른 처신이었다.

레이건의 철학이 대중의 심판을 모질게 받은 것은 2008년 세계 금융위기 때였다. 신자유주의 정책이 100년에 한 번 닥칠 만한 위기를 초래했다는 비판을 받았다. 레이건의 세금 인하는 부자를 위한 특혜라는 비난을 받았고, 금융 산업의 규제를 완화한 정책이 월스트리트의 무분별한 돈놀이를 불러왔다는 지적을 받았다. 일리 있는 비판이었다.

소련 붕괴 후 미국 홀로 세계를 호령하는 1국 패권 시대가 열렸다. 미국식 자본주의, 레이건식 신자유주의가 호황을 맛볼 수 있는 최상의 교과서라는 인식이 퍼졌다. 세계 무역은 무한정 팽창하는 듯했다. 중국은 충실한 미국식 자본주의의 추종자로 보였다.

하지만 빈부 격차가 커지는 바람에 계층 간 충돌과 마찰이 잦아졌다. 중국의 경제력은 미국을 위협하는 단계에 접어들었다. 미소 간의 대결은 미중 간 대결 구도로 전환되었다.

위기의 양상도 사뭇 달라졌다. 정부가 나서지 않으면 위기를 도저히 수습할 수 없는 파장이 일었다. 달러를 무한정 찍어내 구제금융을 퍼붓는 방식으로 부랴부랴 땜질을 해야 했다. 낙오자 집단에 두터운 사회 안전망을 제공하지 않으면 안 되는 상황이 벌어졌다. 다시 정부의 힘, 권력의 역할이 중요해진 것이다.

레이건식 처방은 21세기 들어 한계점에 도달했다. 레이건의 작은 정부 철학으로는 21세기형 국가 위기를 극복할 수 없다는 사실이 명백해졌다. 이는 금융위기, 코로나 바이러스 국면을 거치면서 더 분명해졌다.

한국에서도 20세기 말 IMF 외환위기를 거치면서 빈부 격차가 커졌다. 자영업자, 비정규직, 내수 업체, 중소기업들이 큰 타격을 받았다. 1998년 IMF 외환위기, 2008년 금융위기에 이어 코로나 바이러스 사태까지 한 세대 내에서만 벌써 세 번째 큰 쇼크를 받고 있다.

시대가 바뀌면 새 시대에 맞는 처방이 필요하다. 레이건식 반공 노선과 힘의 외교, 국가권력 축소론, 세금 인하에 대한 신념은 1980년대 냉전 체제의 미국에서 효력을 발휘했다. 그 효력은 오래가지 못했다.

우리 시대 한국의 보수 지도자라면 레이건이 보수주의 철학을 어떻게 정책으로 실행했는지, 그리고 보수진영을 어떻게 통합시키고 미국인들의 단합을 이끌어냈는지 탐구해야 한다. 무엇보다 국가권력보다 개인의 행복과 자유를 더 중시했던 그의 신념을 새겨들어야 한다.

잊지 말아야 할 사실은 레이건은 어디까지나 미국의 국익을 먼저 챙겼다는 점이다.

그는 1981년 대통령 취임식이 끝나자마자 12·12 쿠데타로 집권한 전두환을 가장 먼저 초청했다. 불과 열흘 뒤 워싱턴에 도착하라는 긴급 소환 통보였다. 한국 언론은 쿠데타 주동자가 레이건의 첫 번째 백악관 손님이 되었다고 호들갑이었다.

레이건은 백악관에서 전두환과 간단히 사진만 찍고, 국무장관에게 전두환 접대를 떠맡겼다. 차가운 홀대였으나 전두환은 감지덕지했다.

전두환으로서는 광주에서 양민을 대량 살해한 뒤 헌법을 뜯어고쳐 권력을 쟁취했던 터였다. 레이건의 초청은 미국 정부의 승인 도장을 받은 격이었다. 레이건의 긴급 소환은 전두환의 친미 노선을 확인한 뒤 불법 군사정권을 용인한다는 의미를 담고 있었다.

레이건은 쿠데타를 일으키고 헌법을 파괴한 정권을 서둘러 승인해 준 대신 얻고 싶은 것을 모두 챙겼다. 당장 미국 종교 단체들이 요구한 야당 정치인 김대중의 사형 집행을 막았다. 전술 핵무기를 남한에서 철수하지 않는 대신 한국이 추진하던 핵 개발을 포기시켰다. 미국산 전투기와 미사일을 판매하는 계약도 성사시켰다.

레이건의 한국 정책은 미국에 도움이 된다면 민주화를 외치는 세력을 총칼로 진압한 독재자라도 상관하지 않겠다는 것이었다. 케네디, 존슨에 이어 레이건도 친미·반공 노선의 독재 정권을 친구로 껴안은 것이다.

전두환이 임기 말까지 정치와 경제, 사회 전반에서 권위주의적 통치를 일관했던 배경에는 레이건 정권의 지지가 자리 잡고 있었다. 레이건·전두환의 밀월에 공헌했던 외교관 출신 국무총리는 정권 말기 전두환의 후계자 중 한 명으로 거론되기도 했다.

　레이건에게는 한국 국민의 행복과 자유보다 미국의 국익이 먼저였다. 레이건의 맹목적 숭배자들은 이를 망각해선 안 된다.

"소중한 걸 지키고 싶으면
끊임없이 바꿔야 한다."

보수주의는 배부른 자들의
안락의자가 아니다

깡그리 갈아엎는 민중 혁명에는 결사반대

런던 교외의 베컨즈필드Beaconsfield는 영화에서나 볼 수 있을 법한 한적하고 고색창연한 변두리 마을이다. 이곳에 있는 세인트 메리 앤 올 세인트 교회(St. Mary and All Saint Churchyard)는 800년 넘는 역사를 자랑한다. 주민들은 오랜 세월 이곳에서 주일예배를 보고 파티를 열거나 자녀 결혼식, 부모 장례식을 치렀다.

1999년 11월, 일본의 한 보수 정치학자(中川八洋)가 이 작은 교회를 찾았다. 그는 교회 뒷마당 공동묘지를 조사하더니 낙담했다. 이어 건물 안으로 들어갔다. 마지막으로 예배당 안의 신도들 의자 밑을 샅샅이 살피기 시작했다.

이윽고 좌측 뒤로부터 세 번째 줄 신도 의자 밑에서 애타게 찾던 명패가 드러났다.

'에드먼드 버크Edmund Burke'

석 장의 타일에 이름이 또렷이 새겨져 있었다. 보수주의를 연구하는 학자와 보수 정치인, 보수 운동가들이 200년간 찾았던 묘지였다.

버크는 보수주의 이념의 창시자 또는 원조로 꼽힌다. 레이건 대통령, 대처 총리는 무척 그를 흠모했다. 윌리엄 워즈워스 같은 영국 낭만파 시인들도 숭배했던 인물이다. 시인, 소설가에게 셰익스피어 작품이 필독서인 것처럼 보수주의자라면 결코 그를 그냥 지나칠 수 없었다.

교회 측은 버크의 무덤을 공개한 적이 없다. 사망 100주년을 맞아 '아들, 부인, 동생과 함께 이 교회에 묻혔다'는 기념패만 벽에 걸어두었을 뿐이었다.

버크는 사망하기 전 몇 년 동안 급진 혁명파의 공격을 받고 있었다. 왕정, 귀족제, 국교를 폐기하고 나라를 깡그리 뒤엎자는 민중 혁명 세력의 공세가 거셌다. 정치인이자 뛰어난 문장가였던 버크는 과격 혁명파와 맞섰다.

갈등이 워낙 격렬해 사망 후 파묘를 당하게 될지도 모른다고 걱정하지 않을 수 없었다. 버크는 자기 집 담장 안에 묻되 절대로 묘비를 세우지 말라는 유언을 남겼다. 유족들은 그를 예배당 신도 의자 밑에 몰래 묻었다.

버크가 생존했던 18세기는 혁명의 시대였다.

프랑스혁명(1789년)이 발발했고 미국은 독립혁명(1775년)을 일으켰다. 영국은 유럽의 경쟁국인 스페인, 프랑스, 네덜란드의 국력을 압도하기 시작했다. 아일랜드에 이어 인도, 캐나다 퀘벡, 신대륙의 거점을 점거하며 제국의 틀을 갖추어 가고 있었다.

영국 경제는 폭발 성장을 거듭했다. 증기기관 발명(1769년)으로 산업혁명이 본격화했다. 운하 건설 붐이 휩쓸었다. 글로벌 머니가 베네치아, 피렌체, 마드리드, 암스테르담을 거쳐 런던으로 이동했다. 런던에 로스차일드 같은 유대인 금융업자들이 속속 자리 잡았다. 나라 안팎에 투기판이 벌어졌고 벼락부자가 대거 탄생했다. 숙련 노동자, 변호사, 의사, 무역업자가 두터운 중산층을 형성했다.

「타임스」지 창간(1785년)을 비롯 도시마다 2~3개 일간지와 잡지가 인기를 끌었다. 거리에는 정보 유통 시장인 카페, 살롱이 등장했다. 새로운 정보와 지식에 갈증을 느끼던 중산층이 정보 시장의 주요 고객이 되었다.

성공회가 국교로 지정된 가운데 장로교, 감리교, 퀘이커 교단이 교세를 넓혔다. 신앙의 독점 체제가 붕괴되고 시민의 정신적 지주가 다양해지고 있었다.

18세기 영국은 정치혁명, 산업혁명, 종교혁명, 정보혁명을 한꺼번에 겪었다. 기존 질서가 무너지면서 새로운 체제가 형성되는 변혁기였다. '해가 지지 않는 제국'의 왕관을 쓰기 직전의 열풍이 거셌다. 끝내는 그 열풍이 세계의 부를 70~80퍼센트 장악하고 있던 중국까지 뒤엎었지만.

버크는 몇백 년에 한 번쯤 겪을 만한 거대한 혁명의 회오리 속에서 일생을 보냈다. 버크는 그런 혁명 시대의 풍운아였다.

그는 영국 식민지나 마찬가지였던 아일랜드 더블린에서 출생했다. 그의 아버지는 신흥 중산층인 변호사였다. 그는 법률가가 되라는 아버지의 뜻을 어기고 문필가의 길을 걷다 정계에 진출했다.

정치판에서 30년 가까이 머물렀지만 28년을 왕실과 집권당을 비판하는 입장이었다. 만년 야당 의원이었다. 잠깐 요직을 맡은 적도 있으나 번듯한 자리에 오르지는 못했고, 귀족으로 신분 상승도 하지 못했다. 지배층 핵심에 들어가지 못해 권력의 보너스를 누려본 적도 없다.

요령껏 투기 붐에 편승해 재산을 축적할 만한 기회가 많았는데도 그러지 못했다. 동생과 아들이 동인도회사 주식 투자에 실패, 아내에게 빚더미를 유산으로 남겼다.

'악마도 설득할 만큼' 최고의 연설 솜씨와 '번개처럼 번쩍이고 독이 오른 뱀 같은' 문장 솜씨를 보였으나 정치에선 언제나 소수파였고, 가정 경제에서도 낙오자였다. 일제강점기 조선 땅에서 태어난 탁월한 문필가가 일본 정치에 진출해 주변부만 맴도는 꼴이었다. 그렇기에 버크가 권력과 부를 만끽한 기득권층이라서 보수주의 철학을 정립했을 것이라고 선입관을 가져서는 곤란하다.

우리가 성경이나 불경을 침대 머리맡에 두는 이유는 예수, 부처가 남긴 말이 오늘날에도 여전히 생동감 있게 들리기 때문이다. 버크가 남긴 말 또한 200년이 지난 지금에도 유통기한이 끝나지 않았다. 21세기 들어와 한국에서 그의 저술이 번역되는 것을 보면 버크의 유언은 소리 없이 확장되는 듯하다.

인기가 식지 않는 배경에는 그가 남긴 멋진 걸작들이 있다. 대표적인 작품이 『프랑스혁명론』(프랑스혁명에 관한 성찰)이다.

그 시대 영어 사전에는 보수주의(Conservativism)라는 단어조차 없었다. 하지만 이 책이야말로 보수주의 이념을 최초로 설파한 명작이

자 고전으로 꼽힌다. 보수주의자들의 교과서라고 할 수 있다.

버크는 이 책에서 민중이 일으킨 프랑스혁명을 잘못된 반란이라고 비판했다. 혁명 세력이 왕정, 귀족제를 폐기하고 교회 재산을 몰수한 것을 비난했다. 마리 앙트와네트의 침실까지 침범한 '피에 굶주린 폭도들'의 행위가 유럽 문명의 기초인 기사도 정신을 파괴했다며 꾸짖었다.

버크는 무혈혁명인 영국 명예혁명(1688년)을 성공 사례로 제시하며 프랑스가 이를 따랐어야 한다고 했다. 명예혁명은 왕권의 폭주를 제한하는 대신 자유민의 권리를 보장한 내용을 담은 합의를 말한다.

『프랑스혁명론』이 발간된 후 언론 만평은 버크를 양손에 왕관과 십자가를 들고 있는 모습으로 그렸다. 왕실, 귀족, 교회 등 기득권 세력을 옹호하는 이미지였다.

버크가 기득권 옹호만을 외쳤다면 『프랑스혁명론』의 생명은 당대에 끝났을 것이다. 『프랑스혁명론』의 수명을 무한 연장시킨 핵심은 인간의 본성을 간파한 대목이다. 말하자면 인간의 본성에 충실한 정치만이 성공한다는 경고였다.

버크의 인간관은 성경 말씀을 따른다.

"인간은 원래 불완전하고 유혹에 쉽게 넘어가며 일탈을 일삼기 일쑤다. 탐욕스러운 데다 걸핏하면 변덕을 부리는 감정의 동물이다. 아무리 뛰어난 사람이라도 완벽하지 못하고 실수를 피할 수 없다. 이는 태어날 때부터 안고 있는 결함이다. 이런 한계를 알기 때문에 인간은 신과 절대자에 의존할 수밖에 없다. 오랜 세월 축적한 경험, 즉 역사와 전통·관습·예의범절에 의지하며 사는 게 현명하다."

버크의 눈에는 민중 혁명이 이런 인간관을 부정하는 것으로 보였다. 순수한 이성으로 들고일어났다고 하지만 인간의 숙명적 결함으로 인해 부작용만 더 커질 것이라고 했다. 미완성의 민중이 이성을 잃은 나머지 '돼지 같은 다수의 발굽 아래 짓밟힐 것'이라고 했다.

버크의 민중 혁명 반대는 영국의 역사 경험에서 비롯된 것이었다. 그보다 140여 년 전 영국인들은 큰 비극을 겪었다.

크롬웰 장군 주도로 내란(청교도혁명)이 발발, 왕이 약식 재판 끝에 9일 만에 처형되었다. '폭군, 반역자, 살인자 그리고 선량한 국민의 공적'이라는 죄목이었다. 11년간의 혁명 세력 지배가 끝나자 왕실이 부활되었고 이번에는 혁명 주모자들이 집단 처형되거나 공직에서 추방되었다. 국왕을 살해했다는 죄였다.

부활한 왕당파는 크롬웰의 시체를 웨스트민스터 사원 묘지에서 꺼내 교수형에 처했다. 창끝에 올려진 크롬웰의 목은 30년 가까이 국회 의사당 꼭대기에서 템스강을 내려다보고 있어야 했다.

버크는 크롬웰 혁명의 비극에서 프랑스혁명의 미래를 보았다. 아무리 의도가 순결하다고 해도 다중의 힘이 기존 사회질서와 권력 구조를 단번에 파괴하는 혁명은 실패한다는 논리였다.

현재 정착되어 있는 권력 구조나 신앙은 오랜 기간 대립과 마찰 그리고 토론, 합의를 거쳐 틀이 잡힌 역사적 산물이다. 이를 단칼에 붕괴시키고 새로운 질서를 만든다고 한들 인간이 태생적으로 안고 있는 결함 때문에 결코 완벽할 수 없다고 했다.

그가 대안으로 제시한 사회적 고민의 해결 방안은 점진적 개혁이었다. 국가의 틀, 공동체 질서를 단번에 무너뜨리기보다는 시간을 두고 조금씩 변화를 모색해야 한다고 했다.

"약간을 변화시킬 수단을 갖지 못한 국가는 보존을 위한 수단도 없는 법이다."

이는 후대의 보수주의자들에게 지금의 국가 질서를 지키려면 언제나 변화와 개혁을 추구해야 한다는 권고로 해석되고 있다. 소중한 것을 지키려면 끊임없이 개혁하라는 말이고, 급진 혁명을 막으려면 쉬지 말고 미세한 조정을 하라는 경고다.

『프랑스혁명론』은 민중 혁명을 지지하는 세력으로부터 엄청난 공격을 받았다. 버크를 반박한 토머스 페인Thomas Paine의 책은 『프랑스혁명론』보다 10배가량 팔리며 인기를 누렸다.

영국은 산업혁명의 여파로 빈부 격차가 극심해지고 있었다. 농민, 근로자 등 하층민의 투표권은 거의 인정되지 않고 있었다. 이 때문에 그들에게는 한꺼번에 갈아엎는 민중 궐기가 가장 매력적인 돌파구로 보였을 것이다.

하지만 버크는 급진 혁명에 결사반대했다. 왕실이나 집권자가 전횡을 일삼는다고 해서 다수의 힘을 동원하는 방식으로 세상을 뒤집어엎는 급진 행위가 정당할 수는 없다고 외쳤다. 정당, 의회가 최고 권력자를 견제하는 역할을 충실히 하는 방식으로 조금씩 변화를 추구하는 것이 옳다는 논리였다.

덕분에 버크는 왕실, 귀족, 교회뿐 아니라 신흥 중산층으로부터 조용한 지지를 받았다. 이미 유럽의 경제 강국으로 발돋움하던 국가 위상이 그를 보호했다. 혁명 지지자들의 과격 시위와 폭동에 국민 다수는 넌더리를 내고 있었다. 버크의 책은 '프랑스 질병을 예방하는 최고의 처방약'이라는 평가를 받았다. 버크와 싸웠던 페인은 대중적 인기에도 불구하고 프랑스로 도피해야 했다.

버크의 급진 혁명 반대론이 설득력을 가진 이유 중 하나는 그가 야당 의원으로서 왕실과 집권 다수당의 횡포에 맞서 싸웠던 전력이 있었기 때문이다. 그는 매번 통치 집단의 과잉 권력 행사를 고발하는 데 앞장섰다. 평소 다중의 권리를 옹호하는 민권파 이미지를 갖고 있었다.

그의 경고는 결국 프랑스에서 증명됐다. 국왕 부부를 비롯해 4만여 명이 단두대에서 처형당했으며 전국에서 모두 50만 시민이 혁명의 이름 아래 대량 학살되었다. 평등을 외치던 주모자들이 새 권력자로 등장, 공포정치를 일삼았다. 인간의 착한 미소 뒤에 언제든 짐승, 괴물, 악마가 준동할 수 있다는 버크의 경고가 맞았다.

더구나 나폴레옹이 쿠데타를 일으켜 새로운 황제로 등극하더니 뒤이어 부르봉 왕조까지 부활했다. 영국의 청교도혁명과 비슷한 비극이 바다 건너편에서 반복됐다. 프랑스는 민중 반란 후 왕정 파괴, 쿠데타, 새로운 왕정, 구 왕정 복귀, 공화정으로 이어진 권력의 급변 사태를 단시일 내에 맛보았다.

프랑스혁명은 잠시 성공하는 듯했으나 민중의 굶주림은 해결되지 않았다. 온 나라에서 억울한 출혈이 거리를 덮었다. 그제야 자유, 평등, 동지애라는 혁명 구호가 특정 세력이 새 권력자로 등극하기 위해 민중을 선동하는 홍보 전략이었음을 깨달았다. 오랜 세월 유지해온 사회체제와 권력 구조를 서둘러 파괴한 행위가 잘못이었다는 반성이 시작되었다. 소중한 것은 지켰어야 한다(Conserve)는 합의가 이루어지기 시작했다. 이를 지켜본 어느 프랑스 문필가가 29년 뒤 '보수주의자(Conservateur)'라는 단어를 창조했다.

버크는 위로는 절대 권력의 횡포와 싸웠고, 아래로는 민중의 반란에 반대했다. 악독한 독재자와 싸운다는 명분으로 민중이 봉기한들 평등하고 행복한 유토피아 세상은 오지 않는다는 시각이었다. 조지 오웰이 『동물농장』에서 말한 것과 조금도 다르지 않았다. 이는 소셜 미디어를 통해 대중 시위를 부추기는 한국의 진보 포퓰리스트들에게 던지는 의미 있는 메시지다.

한국의 보수주의자들은 에드먼드 버크가 급진 혁명, 민중 궐기, 과격한 개혁을 반대했다는 측면만 강조하는 경향이 있다. 그가 최고 권력자의 권력 남용을 제한하려고 했던 행적은 무시하고 있다. 평생 왕권 견제의 정치를 했던 이력 덕분에 그의 주장은 강한 설득력을 갖추었던 것이다. 『프랑스혁명론』은 기득권의 전횡과 일탈을 막고 개인의 자유와 행복을 보장하는 개혁 조치를 미리미리 단행하라는 요구를 내포하고 있다.

시장 경쟁 지지하며 거대 재벌의 횡포와 10년 전쟁

미국 시카고 연방준비제도이사회(FRB)의 경제학자 한 명이 1990년대 파리에서 색다른 연구에 몰두했다.

'세계에서 가장 오래된 국채는 어느 나라 것일까.'

국채란 정부가 돈을 빌리려고 발행한 채권이다. 세금과 달리 이자를 줘야 하는 증서다.

그가 찾아낸 최장수 국채는 프랑스 국채(Linotte rente)였다. 프랑스

왕정에서 발행한 이래 280년이 넘도록 이자를 지불하고 있다. 발행 조건이 채권 보유자에게 영원히 이자를 주는 것으로 되어 있었기 때문이다. 가문의 대가 끊겨야 이자 지불이 끝나는 영구채永久債였다.

이 국채를 처음 매입한 사람은 당시의 변호사였다. 프랑스혁명과 나폴레옹 집권, 공화정, 두 차례의 세계대전, 화폐 개혁, 높은 인플레를 거치면서 원리금을 상환하고 청산할 기회가 몇 차례 있었으나 후손들은 받아들이지 않았다.

리노트 국채의 가치는 이제 바게트 빵 1개에 불과하다. 채권을 상속받으려면 인지대 등으로 더 많은 비용을 지출해야 되기 때문에 후손들은 정산을 요구하지 않는다. 프랑스 정부는 언제든 내줄 수 있도록 적립금을 쌓아두고 있다.

국채 상환 기간을 가문의 대가 끊길 때까지로 정했다는 것은 무엇을 말하는가. 정부가 불리한 조건에서 다급하게 채권을 팔았다는 얘기다.

프랑스혁명 전 루이 왕조는 재정 파탄에 직면했다. 국채가 암스테르담 금융시장에서 휴지 취급을 받을 만큼 신용도는 형편없었다. 정부는 지폐까지 남발해 재정 부족을 메워야 했다.

변호사를 비롯하여 신흥 부자 계층이 국채를 억지로 떠맡거나 스스로 매입했다. 그들은 쓰레기로 변하는 국채를 부동산으로 전환하거나 채권 투기로 큰돈을 챙기려고 안달이었다.

버크는 『프랑스혁명론』에서 이 국채 보유자들을 맹비난했다. 혁명을 계기로 실속을 챙기는 집단으로 국채를 가진 채권자들을 지목했다. 이들이 국채 원리금을 받아내려고 혁명 주체 세력과 야합, 교회와 왕실 재산을 약탈했다고 비난했다. 자유와 평등을 외치는 혁명가가 울려 퍼지는 무대 뒤에서 혁명 주체와 부자들 간의 음험한 뒷거래가 있다는 고발이었다. 신흥 부자 집단의 과잉 탐욕이 혁명의 순수성을 훼손하고 있다는 논리였다.

버크는 거대 자본가들의 탐욕을 무척 경계했다. 시장경제를 지지하면서도 거대 기업의 횡포를 비판했다.

버크는 경제학의 아버지 애덤 스미스보다 여섯 살 아래다. 버크는 애덤 스미스와 함께 지식인 모임인 '클럽'의 공동 창설 멤버로 최고 수준의 지식인 집단과 교유했다. 스미스는 버크가 글래스고 대학 명예총장에 취임하는 자리에 축하 인사로 참석했고, 자신이 창설한 에든버러 왕립 소사이어티의 회원으로 버크를 초대했다.

두 사람 모두 자본주의가 막 피어오르던 초창기 자유 시장과 분업, 경쟁이 중요하다고 역설했다. 인간이 갖고 있는 '우리의 상황을 개선하려는 욕구'와 '이익에 대한 애착'이 경제를 발전시키는 에너지라는 견해를 공유했다. 더 많은 돈을 벌어 더 맛있는 음식을 먹고, 더 좋은 집에서 살고 싶어 하는 인간의 욕망을 긍정 평가했다. 이익에 집착하고 탐욕을 부리는 행동이 경제 활성화의 출발점이라는 시각이었다.

버크는 자유 시장주의자였다. 곡물 가격이 폭등하거나 폭락할 때도 권력이 가격을 통제해서는 안 된다고 했다. 정부가 매점매석과 독점을 금지하면 오히려 가격 변동이 극심해진다고 전제, 생산자와 소비자 사이에 수요공급의법칙에 따라 가격이 결정되도록 놔두는 편이 낫다는 논리를 폈다.

18세기 말 흉년으로 식량 가격은 오른 반면 노동자 임금은 그대로였다. 서민층 불만이 폭발했다. 법원은 곡물 값이 오르는 만큼 노동자 임금을 올려주라고 명령하는가 하면, 가족 수와 빵값 인상에 맞춰 정부가 노동자 임금을 벌충해주라는 판결을 내렸다. 최저임금보장 법안도 국회에서 논의되었다.

이에 버크는 권력이 임금을 통제해서는 안 된다는 의견서를 정부에 제출했다. 정부가 임금 결정에 개입하지 말고 사용자와 노동자 간 협상으로 결정하도록 놔두라고 했다.

사유재산권의 중요성을 강조한 것은 두말할 필요가 없다. 게다가 자유무역을 늘리려는 입법 활동을 활발히 전개했다. 자유무역이 국가 전체의 복지와 안녕에 기여할 것이라고 했다.

시장경제론을 설파한 버크도 정경 유착과 재벌의 전횡에는 결사 항전했다. 대표적 투쟁 상대가 동인도회사였다.

영국의 동인도회사는 최강의 재벌이었다. 동인도회사의 이권을 위해 영국 군대가 출동, 프랑스 군대를 물리쳤다. 동인도회사의 이익이 곧 국가의 이익이라는 등식이 성립되던 시절이었다.

동인도회사가 인도와 동남아에서 점거 지역을 확장하면서 런던에는 주식 투기가 발생했다. 버크의 가족도 웃돈을 주고 동인도회사 주식을 사들였으나 3년여 만에 주가는 폭락하고 말았다.

큰 손실을 곁에서 지켜본 버크는 국회에서 동인도회사의 경영 비리를 파고들었다. 회사가 권력과 유착, 온갖 야비한 방식으로 인도 사람들을 약탈하는 실태를 고발했다. 일본이 한반도에 동양척식회사를 세워 온갖 수탈을 자행했던 것과 똑같은 행태였다. 동인도회사 경영진이 회사 이익을 빼돌리고, 세금을 제대로 내지 않는다고 폭로했다.

스스로 동인도회사 주식을 매입한 뒤 주총에서 발언권을 얻어 경영 비리를 공격한 적도 있었다. 소액주주 운동가로 활동한 셈이다.

버크는 동인도회사와 한통속인 인도 주재 총독을 탄핵하는 국회 활동을 장장 10년 동안 계속했다. 동인도회사와 총독을 비판하는 국회 연설을 한 번은 4일간, 또 한 번은 9일간 연속으로 밀어붙인 적도 있었다.

동인도회사는 왕실, 귀족, 수많은 투자자의 이익과 관련된 재벌이었다. 버크는 권력과 주주들이 유착, 인도인들을 착취하고 강탈하는 것을 야만적 만행이라고 비난했다.

인도에서 한몫 챙긴 신흥 부자들 중 45명이 이미 국회의사당 자리를 차지하고 있었다. 다수가 횡재를 기대하는 분위기에서 대기업의 탐욕과 폭주에 경고를 울린 격이었다.

버크는 시장경제의 맹점을 간파하고 있었다. 재벌의 과속 질주 위험과 전횡 가능성을 잘 알고 있었다. 그가 프랑스혁명의 뒷마당에서 실속을 챙기는 자본가들을 비난한 것도 같은 맥락이었다. 거대 기업이 권력을 등에 업고 날뛰면 '가장 가련한 사람들의 등짝에 채찍질을 가하여 살점을 뜯어내는 행위'를 하게 된다고 했다.

버크를 추종하는 보수주의자들은 흔히 버크가 자유 시장경제 체제를 옹호한 점만을 돋보이게 강조한다. 그는 자본가와 기업의 역할, 무역의 확대를 긍정적으로 평가했지만 거대 재벌의 과잉 탐욕만큼은 견제해야 한다고 믿었다. 재벌 위주의 경제구조를 무작정 비호하는 한국의 보수진영에게 보수주의 원조가 뭐라고 아픈 소리를 할지 짐작이 간다.

경제적 약자, 소수파를 옹호한 서양의 원조 보수

버크는 영국 국교도인 아버지와 가톨릭을 믿는 어머니 아래서 성장했다. 부모는 아들 셋은 개신교도로, 외동딸은 가톨릭교도로 키웠다.

버크는 초등교육을 가톨릭교회가 몰래 운영하는 시골 '쪽방 학교'에서 받았다. 중등교육은 퀘이커파 교도의 영향 아래서 마쳤다. 퀘이커파는 국교인 성공회에 반대하고 평등을 중시하는 종파다. 대학은 국교 성직자를 대거 배출한 더블린의 명문 트리니티 칼리지를 졸업했다. 개신교, 퀘이커, 가톨릭을 두루 경험하다 보니 다른 종교에 너그러울 수밖에 없었다.

정치인 버크에게 밀어닥친 고민은 가톨릭교도들의 처우였다. 고향 아일랜드의 다수는 가톨릭교도였으나 농지는 대부분 영국 본토의 개신교 지주들이 지배하고 있었다. 아일랜드 가톨릭교도는 투표권도, 전문직에 취업할 자격도 없었다. 토지 소유, 유산 상속, 총기 보유에서 숱한 제약을 감수해야 했다. 가톨릭교도들은 천덕꾸러기 취급을 받았다.

아일랜드는 19세기가 될 때까지 영국 국회에서 지역구를 할당받지 못했다. 아일랜드 사람들은 일제강점기의 조선인들처럼 식민지 백성이나 마찬가지였다.

그런 가운데 버크는 비범한 인물이었다. 뛰어난 글재주와 웅변 솜씨, 충만한 지식 덕분에 귀족 후견인의 도움으로 본토에서 지역구를 배정받아 국회의원을 계속 했다.

버크는 개신교도였으나 정치판에서는 어머니의 종교를 위해 뛰었다. 가톨릭교도에게 불리한 각종 법 조항을 개정하는 작업을 추진했다. 한번은 '가톨릭교도 구제법'이 국회를 통과하자 개신교도들이 법안 철폐를 주장하며 폭동을 일으켰다. 사망자가 500명에 달하는 초대형 시위였다.

그는 가족을 피신시킨 뒤 집에서 폭도들을 맞았다. 직접 그들 앞에 나서서 "옳다고 생각하는 노선에서 벗어나지 않을 것"이라고 말했다. 시위대 위협에 칼을 빼들어야 하는 순간이 있었지만 다행히 불상사는 더 커지지 않았다.

고향의 약자들을 지원하는 정치 활동은 무역 규제 철폐에서도 나타났다. 본토 제품과 경쟁이 될 만한 아일랜드 상품은 법으로 수출을 금지하고 있었다. 버크는 자유무역의 장점을 역설하며 아일랜드 상품의 수출 제한을 완화하는 투쟁을 전개했다.

"잉글랜드와 아일랜드는 얼마든지 동반 성장할 수 있다. 세계는 모두가 무역을 할 수 있을 만큼 넓다. 넓은 시장에 합당한 넓은 아량을 베풀자."

오늘날의 글로벌 시장경제에 맞는 논리를 펼친 셈이다.

버크의 지역구는 런던에 이어 영국 2대 무역항 브리스톨이었다. 브리스톨 무역업자들은 아일랜드에 자유무역을 허용하면 자신들의 이권을 침해할 거라며 크게 반발했다. 버크가 아일랜드에 이익 배분을 강조할수록 지역구 여론은 더 나빠졌다. 결국 배신자로 낙인찍혀 지역구를 잃게 된다.

그는 대학생 시절부터 빈부 격차에 관심을 가졌다. 먹고 입을 것이 없는 아일랜드 농민들의 실상을 글로 썼고, 구조적으로 가난의 배경을 연구했다. 그런 문제의식이 평생의 과제가 되었다.

버크 시대의 최하위 약자는 아프리카 노예였다. 그는 노예를 비인간적으로 대하는 것을 극도로 혐오했다. 미국 링컨 대통령보다도 1세기 앞서 노예제도를 폐지하자는 주장을 내놓았다.

마침 14년째 국회의원으로 50세를 맞았을 때였다. 다른 정치인이라면 한 번쯤 고위직을 노릴 시기였다. 노예제 폐지 주장은 귀족과 동료 의원을 무척 불편하게 만들 수밖에 없었다.

하지만 버크는 노예무역을 전면 금지해야 한다고 선언했다. 아프리카 노예들에 대한 교육과 정착 지원을 통해 처우를 개선할 것을 주장하는 제안서를 정부에 제출했다. 대신 고위직의 꿈은 포기했다.

그는 초년 의원 시절부터 미국 식민지 주민을 대변하는 발언을 멈추지 않았다.

그는 "신대륙 주민들은 영어를 쓰고 영국 문화와 영국식 사고, 영국법을 몸에 익혔으나 단지 해외에 살고 있는 영국인"이라고 했다. "신대륙 영국인들 핏줄에도 자유의 피가 흐르고 있다"면서 그들을 노예 취급해서는 안 된다고 했다. 신대륙은 다른 나라나 적이 아니라 영국의 일부라는 논리였다. 이런 발언으로 뉴욕 무역업자들은 버크를 런던 주재 변호사로 지명하기도 했다.

보스턴에서 주민들이 배에 실린 342개의 차 상자를 바다에 버리는 항쟁이 발생했다(Boston Tea Party). 영국 정부의 징벌적 과세를 거부하는 폭동이었다. 이에 버크는 미국 주민들에게 세금을 과잉 부과하면 반드시 실패할 것이라고 경고했다.

미국 주민들의 시위를 영국 정부가 무력 진압하는 데도 반대했다. 신대륙으로 건너간 프로테스탄트(청교도)들은 속세의 기득권과 맞서 싸웠던 반골들이라고 전제, "자유를 소중하게 여기는 정신이 지구상에서 가장 강한 곳이 바로 영국의 식민지(미국)"라고 변론했다.

영국 정부가 미국의 독립운동을 진압하려고 선전포고를 하는 것에도 끝까지 반대했다. "정치에서는 아량을 베푸는 게 진정한 지혜"라면서 화해를 권고했다.

온 나라에서 식민지의 독립 기운을 준엄하게 다스리라는 여론이 들끓었다. 버크는 대세에 굴복하지 않고 오히려 "편협함을 버리고 넓은 아량과 화해를 선택하라"고 말했다. 미국을 대영 제국의 일부로 포용하자는 주장이었다.

버크는 신대륙의 독립을 지지했다. 과세권을 식민지에 넘기고 총독이 법관을 지명할 권한도 포기하자고 했다. 보스턴 항구를 폐쇄하려는 법안도 폐기하자고 했다. 자치권을 폭넓게 허용하자는 취지였다.

신대륙 주민들의 독립에 찬성한 버크가 프랑스혁명에는 반대하는 입장을 선언하자 논란이 들끓었다. 함께 미국 독립을 지지했던 동지들은 배신자라고 공격했다. 언제 왕당파로 돌아섰느냐는 비판이 대두하고, 뒷돈을 받고 왕실에 매수되었다는 인신공격으로까지 이어졌다.

그러나 버크는 미국과 프랑스는 상황이 다르다고 보았다. 미국에 대한 독립 지지는 영국이 설정한 체제 안에서 자치권을 확보해주려는 개혁 조치의 일환이라는 견해였다. 미국 주민들은 영국의 통치 방식에 항거했을 뿐 영국 문화와 전통, 영국식 사고방식, 신앙을 부정하지 않았다고 여겼다. 반면 프랑스혁명은 기존의 지배 구조와 프랑스

전통 문화, 사고방식, 종교를 송두리째 뒤엎는 반란이라고 해석했다.

버크는 민중이 지배 권력을 대상으로 시위, 폭동으로 불만을 터뜨리는 행위 자체를 비난하진 않았다. 코르시카 사람들, 폴란드 백성, 인도 현지인들이 폭동을 일으켰을 때도 지배계급이 아니라 폭동을 일으킨 민중의 편에 섰다. 독재자, 폭정과 싸우는 것은 자유인의 권리라고 평가했다.

버크는 영국 왕을 '교활한 폭군'이라고 비난했고, 인도 총독을 '파렴치한 약탈자'로 지칭했다. 동인도회사 경영진을 '강간범'과 같은 인간이라고 공격했다. 왕실과 귀족 제도를 지지했지만 '가혹하고 오만한 지배'에는 항거하라고 했고, "귀족정치가 극단에 이르러 혈투를 해야 된다면 나는 가난한 자, 지위가 낮은 자, 미약한 사람들과 운명을 함께하겠다"고 했다. 선택의 순간이 닥치면 지배 계층에 맞서 싸우는 약자 편에 서겠다는 선언이었다.

어디까지나 대영제국의 틀, 영국의 헌정 체제를 지키려는 것이 그의 목표였다. 그가 꿈꾼 세상은 왕실, 귀족 그리고 국민이 서로 부대끼며 함께 번영을 누리는 공동체였다.

버크는 대영제국의 변방 아일랜드 출신이었으나 개방적이고 진취적이었다. 당대에는 '걸어 다니는 싱크탱크'로 인정받았고, '아일랜드의 승부사'로 통했다. 다만 권력 심층에 입문하지 못한 채 주변부를 맴돌며 쓴소리를 내지르는 역할을 맡았다.

그의 정치 인생은 식민지 주민, 고향 농민, 노예, 가톨릭교도 등 소수파와 약자를 대변하는 것으로 일관했다. 낙오자 집단을 옹호하면서 정치권의 소수파로 지냈고, 끝내는 같은 정당에서조차 외톨이 신세가 되었다. 10년 동안 끈질기게 물고 늘어졌던 인도 총독의 탄핵이 실패하자 정계에서 은퇴했다.

프랑스혁명에 반대했기 때문에 그는 기득권 세력을 감싸며 애당초 개혁, 혁신, 변화를 거부한 인물로 보이기 쉽다. 사유재산권을 강조했다는 이유로 부자들의 축재를 지지한 사람으로 비치기 십상이다. 이 때문에 버크의 보수주의는 권력과 부를 가진 자들을 위해 정리된 기득권 세력의 생각이라는 편견이 강하다. 심지어 보수주의가 선진국의 이념이라는 주장까지 나온다.

한국에서는 보수주의를 가진 자, 배부른 자의 전유물처럼 인식하는 사람이 많다. 권력과 부를 보수주의 클럽의 가입에 필요한 필수 스펙으로 여기는 인식이 퍼져있다.

보수주의의 원조인 버크가 왕의 권한을 축소하려고 애썼던 사실, 거대 재벌 동인도회사의 횡포를 막으려고 10년을 싸웠던 사실, 핍박받는 계층을 위해 뛰다가 정치적 입지를 희생했던 사실, 부채를 유산으로 남길 정도로 여유가 없었던 가계 형편은 그리 알려지지 않았다.

보수주의는 배부른 자들의 안락의자가 아니다. 진정한 보수주의자는 외롭고 배고프고 고통스러운 길을 걷는다. 원조 보수주의자 버크의 생애가 그것을 말하고 있다.

3부
한국 보수주의 영웅

정주영
1915~2001

"더 벌고 싶다는 욕망이
인간을 키운다."

한국인에게 '긍정의 힘' 일깨운
경영 철학

'이대로는 안 되겠다'며 네 번 가출, 쌀가게로 첫 성공 체험

현대자동차-한국조선해양(현대중공업)-현대그룹의 창업자 정주영이 태어난 마을은 강원도 통천이다. 금강산 북쪽 기차역에서 걸어서 1시간 반 거리에 있는 산골이다.

고향 이름 '아산'은 정주영의 호로 서울아산병원의 간판에 들어갔다. 마을은 감나무밭으로 둘러싸여 있고 한겨울에 눈이 내리면 1, 2미터씩 쌓이는 곳이다.

정주영의 아버지는 농부였다. 새벽 4시에 아들을 깨워 종일 논밭을 일궜다. 어머니는 뽕밭에서 일했다. 한 해 풍년이 들면 두 해는 흉년을 겪었다. 부지런한 부모 밑에서 농사를 지었으나 굶주린 배를 움켜쥐고 살아야 했다.

"하루 종일 허리를 못 펴고 일을 하노라면 어린 소견에도 이렇게 힘든 것에 비해 소득이 보잘것없는 농사일만 하며 일생을 보내야 하는가 한심하고 지겹고 끔찍한 생각이 들곤 했었다."

그가 자서전 『시련은 있어도 실패는 없다』에 담은 소감이 그랬다. 농업은 투입하는 노동력에 비해 이문이 형편없다는 것을 일찍 깨달았던 것이다. 숫자 감각이 남달랐던 정주영다운 촉감이었다.

산골에서 소년을 끌어낼 유혹은 많았다. 마을에서 멀지 않은 동해안에 경성 부자, 평양 부자들 별장이 늘고 있었다. 벼락부자 스토리가 퍼지고 있었다. 마을 이장 댁에 배달되는 일간신문은 정주영에게 한국에서 막 싹트던 자본주의 세상을 연결해준 창문이었다.

돈을 벌 수 있는 도회지로 가야겠다는 욕망이 그를 가출로 이끌었다. 자본주의 경제학의 아버지 애덤 스미스가 말한 '상황을 개선시키려는' 인간의 본능이 산골 소년의 몸 안에서 꿈틀거린 것이다.

14세에 초등학교를 졸업했으나 개간 노동은 견디기 힘들었다. '차라리 공사판에서 돈을 벌어다 농토를 사는 편이 낫지 않을까 싶어서' 친구와 가출을 결행했다. 철도 공사장에서 일하며 '그래도 내 힘으로 돈을 벌어 먹고산다는 충족감'을 처음 느꼈다. 하급 노동자로 돈벌이의 짜릿함을 맛보았다.

도시의 말단 노동자가 수천 년 전통의 농업보다 더 남는 장사라는 계산이 나왔다. 이익을 많이 내는 자본주의 위력을 온몸으로 터득한 셈이다.

이익은 인간을 일하도록 만들고 행복을 느끼게 해주는 중요한 동기다. 이는 자본주의가 존속하고 성장하는 기본 원리다. 정주영은 이런 자극을 14~15세에 체득했다.

아버지 추적에 붙잡혀 공사판 푼돈 벌이는 두 달 만에 끝났으나 '헐벗고 굶주리는 농촌이 뭐가 좋아 기어이 나를 농부로 만드실 작정인가'라는 회의론이 더 강해졌다. '손톱이 닳도록 일해도 콩죽을 면할 길이 없는 농촌에서 썩을 생각'이 전혀 들지 않아 다시 가출했다. 무작정 상경길 금강산 여관에서 무전취식을 하다가 따귀를 얻어맞았다. 두 번째 가출은 작은할아버지에게 덜미를 잡혀 실패했다.

무작정 맨발로 뛰쳐나간 두 번의 가출과는 달리 세 번째는 목표가 뚜렷했다. 서울의 경리학원에서 부기를 배워 경리 담당 직원으로 회사에 취직하겠다는 결심이었다. 아버지 형제가 소를 팔아 장롱에 숨겨둔 거금 70원을 훔쳐 상경했다. 부기학원 코스를 마치면 "당당한 월급쟁이가 된다는 희망에 가슴이 한껏 부풀었다"고 한다.

농사꾼에서 신종 직업인 정규직 화이트칼라로 전환하려는 시도였다. 변호사 시험에도 도전, 신분 상승을 시도했다.

세 번째 가출극도 두 달 만에 끝났다. 가업을 이어받으라는 아버지의 눈물에 굴복, 고향으로 돌아갔다. 그해 농사는 처참했다. 서리가 일찍 내리는 바람에 농산물 수확이 엉망이었다. 콩죽, 비지, 감자밥으로 끼니를 때워야 했다. 허구한 날 부모님 부부싸움하는 소리를 들으며 지루한 겨울밤을 나야 했다.

'나도 농사를 짓게 되면 한평생 부부싸움이나 하고 살겠지…'

그는 자서전에서 "보다 나은 벌이로 부모님과 형제들을 책임질 수 있을 것 같은 막연하지만 강렬한 믿음과 욕구 때문에 고향을 뛰쳐나온 것"이라고 썼다. '도저히 이대로는 안 되겠다'는 결심에서 출발, '지금보다 나은 벌이'를 찾는 것으로 발전했다는 말이다.

네 번째 가출에 그의 직업은 일용 노동자로 바뀌었다. 그는 "고려대는 내가 지었다"고 훗날 농담하곤 했다. 고려대 신축 공사장에서 일당 노동자로 일했기 때문이다. 이어 옛 공장, 인천부두 공사장을 전전하며 값싼 체력을 투입, 끼니와 잠자리를 겨우 해결했다.

쌀가게 배달원으로 취직한 뒤에야 임금과 숙식 고민이 해결되었다. 매달 쌀 반가마니를 받는 정규직 노동자로 승급한 격이었다.

쌀가게에서 4년간 성실하게 일했더니 주인이 가게를 인수할 것을 권유했다. 그는 쌀가게를 경영하며 마케팅에 노력한 결과 단기간에 큰 이익을 남겼다. 자영업자로서 홀로서기에 성공했다. 가출 7년 만에 잠시 귀향, 아버지에게 2,000여 평이나 되는 농지를 사드리고 결혼까지 했다.

쌀가게 성공은 '더 나은 돈벌이'를 노린 가출 이유가 타당했다는 선언이었다. 전통 산업을 승계하라는 아버지의 논리는 힘을 잃었다. 농업 시대는 가고 상공업 시대가 왔다는 통보였다. 그는 자본주의 체제가 안겨주는 쾌감을 만끽했다.

큰 깨달음이 온몸에 입력되었다. 가출 때 품었던 '이대로는 안 되겠다' '지금보다 돈을 더 벌고 싶다'는 마음가짐이었다.

'이대로는 안 되겠다'라는 마음은 오늘에 만족하지 않는다는 각오였다. 그것은 현재에 불만을 갖고 돌파구를 찾는 도전이었다. 더 나은 미래를 찾아 해보지 않았던 일을 시작해야 한다는 모험의 길이었다. '더 벌고 싶다'는 더 배불리 먹고 더 좋은 집에서 가족과 살고 싶다는 욕망이었다.

이런 욕망은 알고 보면 누구나 평상시 마음 한구석에서 꿈틀대는 번민이다. 어떤 인간이든 지금보다 더 나은 환경에서 살고 싶어 한다.

정주영은 가출, 공사판 노동, 쌀가게 경영을 통해 그것을 과감히 실행에 옮겼다. 다행히 그의 도전은 빨리 결실을 맺었고, 덕분에 그의 뼛속에는 자신감이 남보다 빨리 새겨졌다.

'더 벌고 싶다'라는 욕망은 현대그룹의 성장 과정에서 지속적으로 대폭발을 일으켰다. 그것은 오늘의 상황을 도저히 견디기 힘들다는 불만에서 출발, 돌파구를 찾기 위해 모든 고통을 인내하는 단계, 고정 관념을 깨고 다양한 시도를 감행하는 단계를 거쳐 마지막으로 성공을 끌어내는 국면을 맞이하는 순서였다.

그의 사업 영역은 건설, 자동차에 머물지 않고 조선, 기계공업, 반도체, 석유화학, 전자 산업으로 팽창을 거듭했다. 사업 공간도 국내에서 동남아, 중동에 이어 세계로 확장했다. 베를린 장벽이 무너진 후 1,001마리의 소 떼를 끌고 고향 땅을 방문했고, 이어서 북한과 금강산 관광 사업을 시작했다.

'이대로는 안 된다' '더 벌고 싶다'는 도전적 사고는 그의 창업 정신이자 그의 일생을 지탱하는 집념이었다. 이는 건설 공사장에서는 공사 기간을 단축하는 방식으로 실현되었다. 또한, 그를 일벌레로 만들어 급기야 30여 년 만에 한국의 최고 부자로 올려놓았다.

정주영은 산업화의 주역인 1차 베이비붐 세대의 뛰어난 영웅이었다. 1차 베이비붐 세대 1,000만 명은 현재 한국 보수 세력을 형성하고 있는 핵심 집단이다. 이 세대는 '지금 이대로 살고 싶지 않다'는 욕구를 키우고 정주영처럼 '더 나은 인생'을 꿈꿨다.

정주영은 자서전에서 "기본적으로 남보다 나 자신을 더 사랑하고,

남보다 내가 더 갖고 싶고, 남의 자식보다 당연히 내 자식이 더 소중하고, 남보다 더 낫고 싶고 더 성공하고 싶어 하는 것이 인간의 속성이다"라고 정리했다. 그래서 다 같이 일해서 똑같이 나눠 먹겠다는 공산주의 국가들은 '다 같이 가난한 체제'가 되었다고 비판했다. 정주영의 인간관, 세계관은 여느 보수주의자들과 그대로 일치한다.

정주영은 한국인들의 남보다 더 갖고 싶어 하는 본능에 불을 지폈다. 고도성장 시대의 한국인들은 더 나은 내일을 향해 정주영과 함께 달렸다. 1차 베이비붐 세대는 일생을 통해 그 욕망을 어느 정도 채웠다.

그의 무한 욕망은 가끔 현대아파트 특혜 분양 스캔들, 불법 정치 자금 제공, 대권 도전에서 엉뚱하게 폭발했다. 국민 다수의 정서와 충돌한 일도 없지 않았다.

하지만 정주영은 인간의 본성, 한국인의 국민성을 누구보다 잘 알았다. 돈을 더 벌어 더 멋진 인생을 즐기고 싶다는 인생 개조 욕구를 간파했다. 그가 네 번의 가출로 발산한 인생 개조의 집념이 한국 보수주의 밑바탕에 흐르고 있다.

"안 된다는 생각은 단 1퍼센트도 하지 않는다"는 긍정의 철학

1980년대 말 격렬한 노사 분규가 산업 현장을 급습했다. 민주화 열풍에 근로자들이 억눌렸던 권익을 일시에 주장하고 나선 것이다. 파업과 시위가 대기업 공장의 일상 풍경이 되었다.

울산 현대중공업이라고 예외일 수 없었다. 파업, 시위가 이어졌다.

정주영은 노조와 직접 담판하겠다며 4,000여 명이 농성하는 공장에 뛰어들었다. 원래 성격이 급한 데다 위기를 정면 돌파하겠다는 특유의 호기까지 가세했다. 불리한 판세를 단번에 뒤집는 일은 전형적인 정주영 스타일이었다.

공장 안 사무실에서 노동자 대표들과 협상할 작정이었으나 집단 항의로 그는 농성장에 끌려나갔다. 통제되지 않는 노동자들과 차분한 대화가 진행될 턱이 없었다. 배짱 좋게 공개 연설로 집단을 설득해보려고 시도했지만 마이크나 확성기가 없었다. 급기야 야유, 폭언, 고함이 날뛰는 농성장에 감금되고 말았다.

4시간쯤 지난 후 정주영은 감시가 소홀해진 틈에 임원들의 도움을 받아 가까스로 탈출했다. 포로 상태에서 벗어나자 곧바로 서울로 올라와 전경련 간부들을 불러냈다. 이 자리에서 정주영이 내뱉은 소감이 한동안 언론계의 화제였다.

"글쎄, 그놈들이 빨간 머리띠를 두른 채 작업복 소매를 걷어붙이고 팔뚝을 하늘로 뻗치면서 구호를 외치는 모습을 보니 나도 그놈들과 함께 목청껏 구호를 외치고 싶더라고. 한데 나는 누구를 향해 삿대질 해야 하나 생각해보니 안 되겠더라. 그래서 관뒀어."

열정은 근로자들과 다르지 않다고 말하고 싶었지만, 오너라는 신분을 새삼 자각했다는 말이다.

그는 자신을 '그냥 부유한 노동자' '선배 노동자'라고 했다. 한국 제1의 부자여도 현장 노동자와 똑같이 일한다는 말이었다. 그러면서 "한국 사람들은 워낙 영악해서 절대로 자기 밥그릇 깨뜨리는 짓은 하지 않을 것"이라고 했다. 과격 투쟁으로 회사가 망할 지경에 이르지 않을 것이라는 낙관론이 그를 지배했다.

감금에서 풀려났던 그날 밤도 정주영은 종로의 룸살롱에 갔다. 전경련 간부들과 어울려 노래를 부르고 춤을 췄다.

그는 낙천적이었다. 긍정의 힘을 믿었다.

부하들이 프로젝트에 반대 의견을 내거나 문제점을 지적하면 언제나 "이봐, 당신이 해보기나 했어?"라고 쏘아붙였다. 일단 도전해본 다음 반대하라는 경고였다. 아니면 "안 되는 쪽으로 연구 많이 했구면! 되는 쪽으로 다시 해와!"라고 큰 소리 쳤다.

한국전쟁 중 대통령에 당선된 아이젠하워 장군이 1952년 취임을 앞두고 당선자 신분으로 서울을 방문했다. 미군은 종로 운현궁을 아이젠하워 숙소로 정하고 난방 시설과 수세식 화장실을 갖춰달라고 현대건설에 발주했다.

그때까지 정주영은 수세식 양변기를 한 번도 본 적이 없었다. 화장실을 방 안에 설치한다는 발상을 하지 못하던 시절이었다. 구경 한 번 하지 못한 좌변기를 어떻게 구해야 할지 몰라 찜찜했지만 15일 이내 공사를 마치면 공사비를 두 배 준다는 말에 주저 없이 계약서에 사인했다. 고물상을 샅샅이 뒤진 끝에 양변기, 욕조, 세면기를 조달, 공사를 사흘 전에 끝냈다. 이후 미군 발주 공사는 현대건설이 대거 수주, 성장의 기반이 되었다.

정주영은 지뢰를 제거한 뒤 안전한 길을 전진하는 장군이 아니었다. 달리면서 지뢰를 제거하거나 지뢰밭 위로 새로운 안전 통로를 만들어 달려가는 스타일이었다. 찾으면 반드시 밝은 길이 열린다고 믿었다. "된다는 생각이 행복을 부른다"고 말하곤 했다.

현대조선소를 설립할 때 그는 배 한 척 만들어 보지 못했으나 기자재 도입을 위한 외자가 절실했다. 국내 조선업계는 현대의 조선업 진출을 반대했다. 배를 전혀 만들어 본 적도 없는 기업인이 어떻게 초대형 조선소를 건설하느냐는 논리였다. 국내외 전문가들이 반대하는 상황에서 외국 은행들이 돈을 빌려줄 리 없었다.

정주영은 런던에서 은행가를 만나 500원짜리 지폐에 들어간 거북선 그림, 널따란 바닷가에 초가집 몇 채가 드문드문 있는 울산 해안가 부지 사진을 보여주며 차관(외자)을 달라고 설득했다. 그는 "가능하다고 생각했으면 그들이 나보다 먼저 차관을 얻으러 왔을 것이다. 한국의 경쟁자들은 불가능하다고 생각했기 때문에 하려고 하지도 않았다"며 반대론자들을 비판했다.

그런 다음 "나는 가능하다고 생각하는 사람이다. 반드시 해낼 수 있다. 모든 일은 가능하다고 생각하는 사람만이 해낼 수 있다"라고 했다. 긍정의 철학은 조선소 건설 자금과 대형 선박 2척을 수주하는 호재가 되었다.

88 서울 올림픽을 유치할 때도 그는 유치단 단장을 맡기에 적임자가 아니었다. 그가 관심을 가졌던 스포츠는 자신이 즐기던 모래판 씨름 정도였다. 올림픽에 대해선 사전 정보나 지식은커녕 관심조차 없었다.

그렇다고 지원 세력이 든든한 상황도 아니었다. 당시 남덕우 국무총리는 노골적으로 올림픽에 반대했고. 담당 부서인 문화체육부 장관은 물론 심지어 주최 도시인 서울시까지 올림픽 유치에 회의적이었다.

유일한 한국 IOC 위원은 "총회에서 서울 올림픽 지지표는 미국, 대만, 그리고 한국 등 단 3표 나올 것"이라며 득표 활동을 포기했다. 서울시장은 IOC 총회가 개막한 뒤에 뒤늦게 현지에 도착해 마지못해 공식 행사에 참석했다.

다들 망신을 당하기 싫어 올림픽유치위원장을 맡으려 하지 않았다. IOC 표결을 넉 달 앞두고 전경련 회장 정주영에게 모두가 기피하던 일이 떨어졌다.

정주영은 그런 배경을 알면서도 올림픽 유치 작업을 맡았다. 기업인들이 갖고 있는 글로벌 인맥을 동원하면 성공할 수 있다고 믿었다. 선수촌 건설, 한강 개발을 병행하면 올림픽 유치로 큰 손해를 볼 것 같지는 않았다. 올림픽을 계기로 많은 건설, 토목공사가 추진될 것이라는 기대가 컸다.

그는 올림픽 유치에 일등 공로자가 되었다. 숱한 비관론, 반대 의견을 뚫고 대형 해외 공사를 여러 번 수주해본 그였다. 그는 "그게 무슨 어려운 일이라고!"라는 낙관론에 의존, IOC 위원들을 설득하는 득표 전략에 골몰했다.

정주영은 "무슨 일을 시작하든 '된다는 확신 90퍼센트'와 '반드시 되게 할 수 있다는 자신감 10퍼센트'로 덤빈다. 안 될 수도 있다는 불안은 단 1퍼센트도 하지 않는다"고 말하곤 했다.

긍정의 인생관은 쌀가게 성공 때부터 확신으로 변했다. 아무리 어려운 상황이라도 뚫고 나갈 수 있다는 자신감이 그때 생겼다. 건설, 자동차, 조선, 무역에서 성공 스토리를 이어가면서 긍정의 철학은 점점 기업 경영 철학으로 깊숙이 자리 잡았다.

"부정적인 사고를 하는 사람은 세상에 대한 불평과 증오로 시간과

정력을 낭비하느라고 문제를 해결할 능력 발휘를 스스로 포기하고 좌절과 실패만을 되풀이한다."

그는 반대 의견부터 말하는 사람을 싫어했다. "일이 되는 쪽으로 하라"며 부하를 다그쳤다.

그는 숫자에 무척 밝았고, 복잡한 사안을 한두 마디로 정리하는 재주가 뛰어났다. 초등학교밖에 졸업하지 못했다고 자신을 낮췄으나 정보와 지식이 낮은 것은 결코 아니었다.

그는 초등학교 입학 전 3년 동안 서당에서 천자문을 떼고 『소학』 『대학』 『자치통감』 『동몽선습』 같은 유학 서적을 독파했다. 덕분에 초등학생 때부터 일간신문을 통해 매일 최신 정보를 얻었다.

초등학교에서는 붓글씨, 음악 성적은 부족했으나 월반을 하고서도 다른 과목은 만점을 맞는 우등생이었다. 폐결핵으로 6개월을 등교하지 못했는데도 2등으로 졸업했다. 10대 후반부터는 링컨, 나폴레옹 같은 위인전을 반복해 읽었다. 홈스쿨링home schooling을 통한 자습이었다.

그는 "초등학교만 나왔지만 대학은 신문대학을 우등으로 졸업했다"고 자주 말했다. 매일 새벽 4~5시에 일어나 주요 일간지 기사와 사설, 칼럼을 읽었다. "신문이 내 교과서"라는 말도 빼놓지 않았다. 여자 시인 앞에서 그 시인의 작품을 통째로 암송하기도 했다. 엘리트 학벌을 갖추지 못했을 뿐 지식과 두뇌 수준은 최상급이었다.

이 때문에 그의 낙관적 경영 철학을 '무식하면 용감하다'는 식으로 저평가해서는 곤란하다.

"똑같은 조건에서 똑같은 일에 부딪쳐도 어떤 이는 찌푸리고 어떤

이는 웃는다. 부정적인 사람은 태양 밑에서 고된 노동의 고통만 끔찍하게 생각하지 그늘 아래서 서늘한 바람을 쐴 때의 행복은 느낄 줄 모른다."

그는 가능하다고 생각해야 어려운 일이 풀린다고 믿었고, 그렇게 살았다. 그는 회고록 『이 땅에 태어나서』에서 "열패감과 모욕감으로 이를 악물고 견뎌내야 했던 몇 대목도 있었지만, 인생의 90퍼센트를 항상 행복한 마음으로 활기차게 잘 살았다"라고 썼다.

정주영의 낙관주의는 미국 보수주의 부흥회 목사들이 강조하는 긍정적 사고(positive thinking)와 다르지 않다.

빌리 그레이엄 목사와 같은 시기에 활약했던 노먼 필Norman Vincent Peale 목사는 1950년대 『긍정적 사고방식』이라는 신앙서 겸 자기 계발 서적을 발간했다. 이 책은 전 세계에서 수천만 부가 팔리며 인기를 누렸다. 노먼 필은 케네디 대통령 낙선운동을 전개했고, 공화당 닉슨 대통령을 지지하는 선거운동을 폈다. 트럼프 대통령도 어릴 적 필 목사의 설교에서 많은 감명을 받았다고 했다. 긍정적 사고 캠페인은 미국의 보수주의를 지탱하는 흐름 가운데 한 줄기다.

긍정의 철학은 박정희 시대를 상징하는 '하면 된다(Can-Do Spirit)'는 사고방식과 직결돼 있다. 박정희는 항상 걱정이 많고 사람과 일에 의심을 놓지 못했다. 회의론, 비관론에 빠지는 일이 잦았다. 집권 말기에는 그런 성향이 더욱 짙어졌다. 반면에 정주영은 언제나 '하면 된다'는 철학을 산업 현장에서 실천한 행동가였다. 정주영이라는 성공사례가 없었다면 '하면 된다'라는 말은 허황한 정치 구호로 끝났을 것이다.

그의 긍정 철학은 간혹 성공하지 못할 일을 억지로 추진하는 부작용을 초래하기도 했다. 항공, 전자 업종에 뛰어들었다가 실패했다. 반도체 사업은 통폐합 과정에서 공적 자금 지원을 받아야 했다. 지나친 낙관주의에 침몰, 과속 질주를 멈추지 못하는 일이 종종 발생했다.

하지만 정주영의 긍정 경영론은 조선 왕조의 몰락, 제국주의의 억압, 동족상잔의 전쟁을 거치며 한반도를 지배했던 패배와 좌절, 의심의 심리를 파괴했다. 부정의 국민성을 긍정으로 전환케 한 심리적 터닝 포인트였다. 그것은 나라를 흔든 정신 혁명이었다.

고도성장 시대 정주영을 보며 많은 한국인의 가슴과 두뇌에 긍정의 마인드가 되살아났다. 정주영 같은 성공 스토리가 있었기에 '우리도 할 수 있다'는 자신감이 모아졌다. 긍정의 힘은 한강의 기적을 일으킨 불씨가 되었다. 정주영은 한국 보수주의에 긍정의 이념을 첨가한 일등 공신이다.

절대 권력에 대한 무한 욕망이 인생의 그늘

경부고속도로를 건설할 때의 일화다. 하루는 박정희가 정주영을 청와대로 불렀다. 정주영으로서는 첫 대통령 독대였다. 그 자리에서 대선 공약인 경부고속도로 건설에 얼마큼 돈이 들어갈지 예산을 뽑아보라는 제안을 받았다.

정주영은 380억 원이면 된다고 보고했다. 건설부 예상은 650억 원이었다. 정주영이 제시한 금액은 박정희의 빠른 결정을 자극할 만했다. 현대는 손해를 보긴 했으나 바로 직전에 태국 고속도로를 건설해서 한국에서는 고속도로를 건설해본 유일한 건설사였다.

두 사람은 경부고속도로 건설에서 배짱이 맞았다. 다들 무리한 계획이라고 반대했으나 정주영은 박정희에게 값싸게 건설하면 된다고 했다.

정주영은 매일 공사장에 출근해 조기 완공을 채근했다. 조기 완공은 대통령의 뜻이었다. 공기 단축으로 얻은 이득은 현대에게 돌아갔다. 총 구간 가운데 40퍼센트가량을 맡았던 현대는 큰 수익을 올렸다.

경부고속도로는 너무 헐값에 공사하는 바람에 땜질을 자주 해야 했다. 그러나 산업화 과정에서 물류 통로로 결정적 역할을 해냈다.

정주영 사저의 응접실에는 박정희 친필 액자가 항상 걸려 있었다. 청렴근淸廉勤이라는 휘호다. 맑고 바르게, 그리고 부지런히 일하라는 뜻이다. 정권이 몇 번 교체된 이후에도 박정희의 친필 액자는 그 자리에 있었다.

정주영은 박정희 사후에도 박정희 예찬을 주저하지 않았다. 기업인들의 말을 진지하게 들어주고 곧이곧대로 믿어주었다고 평가했다.

"모든 경제정책 이론가들의 잡다한 기우杞憂를 배제하고 진취적인 건설업자들을 신뢰해 일관성 있는 정책을 수행했다."

현대가 자동차 사업에 본격 진출할 때도 그랬다. 관료들이 엔진 생산 사업을 특정 업체에 독점시키려고 했다. 후발 주자였던 현대로선 불리한 입장에 빠졌다. 정주영은 경쟁 체제를 주장하며 박정희 독대로 고민을 단번에 풀었다. 탁상공론보다 현장을 중시하는 박정희를 존경하지 않을 수 없었다. 정주영은 자서전에서 박정희의 결정에 대해 여러 번 '영단' '용단'이라고 표현했다.

경제개발 5개년계획을 추진하면서 박정희는 기업이 외국 자본을 유치할 경우 정부가 국책은행을 통해 지불 보증을 해주는 제도를 도입했다. 기업이 빚을 갚지 못하면 정부가 대신 갚겠다는 보증서에 도장을 찍어준 것이다.

정주영은 외자 지불 보증제를 '기발하고 용단 있는 정책'이라고 최상위 점수를 주었다. 그 덕분에 외국에서 기계와 원자재를 도입해 수출 상품을 제조하고 전력, 철강, 에너지 분야에서 산업화에 필요한 기본 인프라를 구비할 수 있었다.

그는 "피차 가난한 농사꾼의 아들로 태어나 우리 후손들에게 절대로 가난을 물려주지 말자는 염원과 무슨 일이든 '하면 된다'는 소신에 공통점이 있었다"고 하면서 "그분과 나 사이에는 말로 표현하지 않으면서도 서로 인정하고 신뢰하는 부분이 많았다"고 자부했다. 출신 신분부터 가난의 대물림을 끊겠다는 목표, 긍정적 사고방식이 일치했다는 말이다.

더구나 "개인적으로 혜택받은 것은 없으나 현대의 성장 자체를 경제 발전에 역점을 두고 강력하게 추진한 박정희 대통령 덕분이라고 생각한다"고 밝혔다. 자신의 성공에 박정희의 기여가 있었다는 것을 솔직히 인정한 것이다.

정주영의 박정희 흠모는 전두환, 노태우, 김영삼, 김대중 대통령을 거치면서 더욱 확고해졌다. 후임자 누구도 박정희만 한 지도자가 못 된다고 보았다. 전두환, 노태우, 김영삼에게는 적대 감정을 감추지 않았다.

전두환 정권은 발전설비를 생산하는 창원중공업과 현대양행을 강제로 빼앗았다고 했다. 비자금을 챙겨 가는 외에도 일해재단(세종연구소)을 만든다며 땅을 강탈했다는 불평도 빼놓지 않았다. 노태우 정권에는 300억 원의 정치자금을 헌납했건만 세무사찰을 계속하며 기업 경영을 압박했다고 꼬집었다.

전두환·노태우 정권 시절 정주영은 경영인으로서 가장 두려운 것은 '정변政變'이라고 했다. 정권의 취약점을 은폐하고 국민의 관심을 다른 곳으로 돌리기 위해 걸핏하면 세무사찰을 하고 애꿎은 기업인을 감옥에 잡아넣는다고 지적했다. 경제정책에 불만도 많았다. 인터뷰에서는 "나에게 경제정책을 마음대로 해보라고 5년만 맡겨주면 나라 경제를 일으켜 세울 수 있다"고 장담했다.

권력의 간섭과 압박을 견디지 못한 정주영은 "출마 생각은 없다"고 해왔던 말을 번복하고 1992년 정치에 투신했다. 통일국민당을 전격 창당, 그해 봄 총선에서 모두 31명의 국회의원을 탄생시켰다. 본인은 12월 대통령 선거에 출마, 유권자 16.3퍼센트의 지지표를 획득했다.

정주영을 지지한 핵심 지지층은 중도 보수 세력이었다. 경제적 안정을 추구하는 중산층의 지지가 강했다. 그가 대선 공약으로 내건 반값 아파트 공급, 국가보안법 폐지, 초·중등학교 전면 무상급식은 젊은 중산층이 기대하던 내용이었다. 정주영은 김영삼의 보수정당에 위협을 가한 제3의 정치 세력이 되었다.

이 때문에 김영삼은 대통령에 당선된 후 현대그룹에 온갖 금융 제재를 가하고 검찰 수사로 구속을 압박했다. 현대 계열사들은 느닷없는 금융 거래 중단으로 경영 위기에 내몰렸다. 대선에서 애를 먹였다는 이유로 정치 보복을 가한 것이다.

정주영은 김영삼 정권의 탄압에 그룹이 공중분해될 수 있다는 위기를 느꼈다. 정당을 해산하고 정계 은퇴를 선언하지 않을 수 없었다. 그의 정치 도전은 중도에 좌절되었다.

그는 회고록에서 "내가 (대선에서) 낙선한 것은 나의 실패가 아니라 YS(김영삼)를 선택했던 국민의 실패이며, 나라를 이 지경(IMF 외환위기)으로 끌고 온 YS의 실패이다"고 썼다. 그는 김영삼은 물론 국민에게도 섭섭한 감정을 감추지 않았다.

그의 정치 도전은 현대그룹에 큰 상처를 남겼다. 그룹 순위는 삼성에 밀려났고, 주력 기업인 현대건설은 부도 위기에 빠져 결국 은행 관리에 들어갔다. 2세들은 그룹 후계자 자리를 놓고 경영권 다툼까지 벌였다. 정치는 정주영에게 손해가 막심한 투자였다.

정주영은 한국 경제의 기적을 상징하는 인물이다. 한국 기업인 가운데 처음으로 세계적인 기업인으로 부상했다. 그룹 안에서는 무한 권력을 종횡무진 행사하며 '만능 왕회장'으로 통했다.

그러한 그가 정치권력을 추구한 배경은 무엇이었을까.

한국 사회의 분위기, 정치권의 압박, 개인적 위상의 변화 등 크게 3가지 측면에서 분석할 필요가 있다.

우선 한국 사회의 분위기 변화를 보자. 박정희-전두환-노태우로 이어진 군인 통치 시대가 끝나면서 1980년대 말부터 민주화 열풍이 불어닥쳤다. 노사 분규는 극한 투쟁으로 치달았다. 재벌 그룹의 성장에 권력의 비호가 있었다는 시각이 짙게 남아 있었다. 정주영이 '노가다판에서 최고 부자 자리까지 자수성가했다'는 사실을 받아들이려 하지 않는 사람이 적지 않았다. 성공한 창업자를 평가하는 국민 인식이 지금처럼 호의적이지 않았다.

둘째, 집권 세력은 비자금을 갈수록 더 챙겨 가면서도 만날 검찰 수사와 세무조사로 총수를 범죄인 취급했다. 전두환-노태우는 박정희와 딴판이었다. '기업인을 하인 부리듯 한다' '재벌을 청와대 현금 인출기로 본다'는 불평이 많았다. 물밑 대화가 통하지 않는다고 했다. 환경 규제, 노동법 강화, 소비자 권리 보호 등으로 기업인을 옥죄는 규제가 급증했다. 여기에 정권 측이 아들 정몽준의 국회의원 출마를 방해하는 마찰까지 보태졌다.

셋째, 당시 기업인 정주영의 평판은 최고조에 달했다. 중국은 말할 필요가 없고 유럽과 미국에서 정주영과 현대그룹에 대한 평가가 급격히 높아졌다. 한국을 대표하는 경영인을 초대하려는 해외 모임이 쏟아졌다. 해외 언론은 그와 인터뷰하려고 경쟁을 벌였다. 성공한 창업자를 대하는 국내외 온도 차가 극심했다. 그럴수록 한국에서 받는 대우가 부당하다고 느낄 수밖에 없었다. 그가 정치권력을 잡겠다고 결심할 무렵에는 성공에 따른 자신감이 인생 최고조에 오른 상태였다.

그는 회고록에서 "내 평생은, 좀 과장되게 말하자면, 불가능에의 도전, 그것을 가능으로 뒤집는 기록의 점철"이라면서 "정치 개혁도 선진 경제도 통일한국도 자신이 있었다"고 장담했다. 대권을 잡았다면 부유한 민주주의 통일국가를 달성할 수 있었다는 얘기다. 특유의 긍정 에너지가 정치인으로서 통일 부국 성취를 낙관하는 단계까지 치솟은 것이라고 볼 수 있다.

우리는 정주영의 정치 도전과 실패 과정에 인간의 무한한 권력욕이 깔려있음을 관찰할 수 있다.

최고의 부를 성취한 인물이 권력을 장악해 '통일된 민주 선진국'을 건설하겠다는 유토피아를 제시했다. 통일국가나 선진국, 부자 나라, 민주국가는 모든 한국인이 바라는 미래다. 선거 공약에는 반값 아파트 공급, 재벌 해체까지 포함되어 있었다. 유능한 권력자라도 한정된 임기 내에 이루기에는 벅찬 과업을 약속했다.

성공한 창업자일수록 도전 정신과 난관을 극복하려는 의지가 강하다. 긍정의 힘을 믿고 성공을 위해 모든 수단을 동원하는 집중력을 발휘한다.

반면 반대 의견을 받아들이는 아량이 부족하고 목표 달성을 위해 불법적인 수단까지 동원하려 든다. 대그룹 총수들을 기업 내에서 황제와 같은 절대 권력을 행사하는 데 익숙해 있다. 전권을 휘두르며 파시스트적 존재가 되어 있는 사례가 적지 않다.

정주영은 대선에서 패배한 것을 "내가 실패한 것이 아니라 국민이 실패한 것"이라고 했다. 자신의 실패를 인정하지 않고 책임을 국민과 경쟁자에게 돌렸다. 책임 회피로 자신의 판단 착오를 은폐하려고 했다. 경제 권력과 정치권력이 결합하면 다수의 국민이 불행에 빠질 가능성이 부쩍 높아진다.

히틀러는 보수적인 부자 세력의 지지를 등에 업고 권력을 장악, 2차 세계대전을 시작했다. 일본에서는 미쓰비시, 미쓰이 같은 재벌들이 군부 집단과 결탁한 끝에 세계대전에 뛰어들었다. 중남미와 필리핀에서는 농업 재벌들이 번갈아 가며 정치권력을 장악, 국민 경제가 피폐해졌다.

경제 권력을 획득한 소수가 정치권력을 좌우하는 나라는 과두정치 체제(Oligarchy)다. 과두 체제에서 우선하는 것은 소수 재벌의 이익이지 다수 국민의 이익이 아니다.

정주영이 꿈꾸었던 정치는 경제 권력과 정치권력이 일체화되는 과두 체제였다. 그는 그룹 안에서 그랬던 것처럼 정치권력을 무한 행사하고 싶었을 것이다. 대화, 설득, 합의보다는 효율과 생산성을 앞세워 독단에 빠질 가능성이 높았다. 어쩌면 박정희, 이승만처럼 헌법을 파괴하면서 장기 집권을 노렸을지도 모른다.

정주영은 경영을 통해 많은 한국인에게 긍정의 기운을 불어넣었다. 하지만 정치에서는 한국 보수 지도자들이 앓고 있던 질환을 그대로 노출했다. 절대 권력을 무한 행사하려는 욕망이 바로 그것이다. 보수주의자는 삐끗하면 파시스트 독재자로 치달을 수 있다.

박정희

1917~1979

"국민의 원초적 갈증을
해결하는 것이
지도자의 임무다."

미국의 세계 전략 틀 안에서
일본형 성장 모델 추구

경제개발 5개년계획은 미국 후진국 개발론 따른 것

월트 로스토Walt Whitman Rostow(1916~2003)는 미국의 경제학자이자
안보 전략가였다. 그의 '5단계 경제발전 단계설'은 우리나라 사회 교
과서에 실렸고 입시에 출제되기도 했다. 후진국이 전통 사회에서 도
약하면 성숙 단계를 거쳐 대량 소비의 시대에 도달할 수 있다는 이론
이었다. 가난한 후진국들에게 선진국이 될 수 있다는 희망을 주는 복
음과도 같은 논리였다.

　박정희 사망 후 청와대 서재에 남아있던 로스토의 저서는 5권이다.
로스토의 대표작 『경제성장의 제단계-비공산주의 선언』은 1962년판
과 1965년판(동양경제신보), 『경제성장의 과정』은 1955년판과 1965
년판(다이어몬드 사)이었다. 동료 학자 맥스 밀리컨Max F. Millikan과 함
께 쓴 책도 있었다. 여기에 유진 스탈리Eugene Staley의 저술까지 포함

해 미국 경제개발론자의 저서는 모두 6권이었다. 모두 일본어 번역판이다. 로스토와 밀리컨은 같은 MIT 대학의 교수로 1950년대 미국의 세계 전략을 함께 연구했다.

1940년대 말 소련이 미국의 새 강적으로 등장했다. 소련은 한반도에서 미국과 한 차례 전쟁을 치렀고 원자폭탄, 수소폭탄 실험에 성공했다. 미국에 앞서 유인 우주선 발사에도 성공했다. 폴 새뮤얼슨은 가장 많이 팔린 경제학 원론서 『이코노믹스Economics』에서 소련의 경제력이 1984년쯤 미국을 앞설 것으로 예측했다. 새뮤얼슨의 전망은 소련 붕괴 직전까지 바뀌지 않았다. 경제력, 군사력, 기술력에서 소련이 미국에 충격을 안겨주고 있었다.

로스토와 밀리컨은 공산주의와의 싸움이 유럽에 이어 아시아로 전개될 것이라고 예고했다. 공산 이념 확산을 막으려면 후진국(제3세계)이 경제 번영을 성취하도록 해야 한다고 역설했다.

"잘 먹이고 잘 입힌다고 빨갱이 혁명을 막을 수 있는 게 아니다. 후진국이 홀로 설 능력을 갖춰야 한다"는 논리였다. 이런 생각은 에드윈 라이샤워, 존 갤브레이스, 네이선 같은 미국 유명 학자들 사이에 폭넓게 공유되고 있었다. 이들은 후진국에 군사원조만 해서는 이길 수 없다고 전제, 경제개발을 지원하는 방식으로 소련에 맞서야 한다고 했다. 그들은 무상 원조가 도리어 경제성장을 방해한다는 주장을 멈추지 않았다.

로스토 이론은 5·16 쿠데타 발발 1년 전 한국 지식층이 애독하던 잡지 「사상계」가 특집으로 소개했다. 「사상계」 발행인 장준하와 필자들은 민주당 장면 정권에 대거 참여, 친정부 잡지로 인식되었다. 로스토의 저서는 1960년 한글로 번역되어 해마다 중판을 거듭하는 인기를 누렸다. 이는 박정희 집권 이전에 이미 정치권과 지식인층에서는 경제성장을 해야 한다는 합의가 어느 정도 있었다는 것을 보여준다.

박정희가 언제 로스토의 책을 처음 정독했는지 알 수는 없지만, 5·16 이전 또는 늦어도 국가재건최고회의 의장 시절 접했을 가능성이 높다. 박정희 서재에 남아있었던 로스토의 저서는 1955~1965년에 출간된 것이다.

로스토가 박정희의 성장 정책에 미친 영향은 박태균 서울대 교수가 집중 부각시켰다. 하지만 그것으로는 부족하다. 당시 경제부처에서 근무한 관료들의 증언을 종합하면 로스토가 미국 권력의 핵심에서 한국에 끼친 영향을 재평가해야 한다. 특히 1960년대 말 한국이 처음 고도 성장기에 접어들던 때 로스토는 백악관에서 막강한 발언권을 행사하고 있었다.

한국은 고도성장에 꼭 필요한 필수품 가운데 값싼 땅과 저임금 노동력밖에 가진 게 없었다. 가장 중요한 자본(외자)부터, 에너지(원유), 선진 기술, 수출 시장을 확보하지 못하고 있었다. 후진국 개발경제론(Development Economics)으로 무장한 학자가 백악관에 있는 덕분에 박정희는 치명적 결점을 극복하고 고속 성장 열차에 탑승할 수 있었다.

로스토는 러시아계 유대인 집안 출신으로 스타 경제학자였다. 2차세계대전 때는 미군 방첩부대(OSS, CIA 전신)에 근무하며 독일 정유설비를 집중 폭격하는 것이 전쟁을 빨리 끝내는 지름길이라는 보고서로 공을 세웠다. 전쟁 후 유럽 재건 정책인 마셜 플랜의 집행 과정을 보며 개발원조가 어떻게 효과를 발휘하는지 보았다.

그는 '공산주의는 전염병'이라고 단정했다. 철저한 반공주의자였다. 한국전쟁 직후 그는 경제학계 동료들과 함께 아이젠하워 대통령에게 무상 군사원조를 줄이고 경제개발 원조를 늘리라고 건의했다. 개발원조는 상환 의무를 부과하는 장기 저금리의 차관 방식으로 제공하라고 했다. 쓸데없이 달러를 퍼붓지 말고 개발 의욕을 보이면 돈을 주라는 조건을 붙였다.

한국전 비용으로 골머리를 앓던 아이젠하워에게 반가운 제안이었다. 국무성, 국방성 관료, 국회의원들까지 로스토의 논리를 환영했다. 아이젠하워는 1957년 5월 의회에서 대외 원조 방식을 전면 수정하겠다고 연설했다. 로스토-밀리컨의 제안을 수용한 방향 전환이었다.

이에 따라 미국 정부는 세계은행(IBRD)에 출자금을 2배 이상 늘렸고, 세계은행 산하에 후진국 개발 자금을 지원할 국제개발협회(IDA)를 설치했다. 미국 수출입은행에도 후진국 개발 대출금을 크게 확대하라고 지시했다. 후진국 개발 원조가 시작된 것이다.

아이젠하워의 후임 케네디 정권은 변화 속도를 높였다. 1961년 대외 원조 기관을 통폐합, 국제개발처(USAID)를 발족했다. 이어 미국은 1960년대 중반까지 중남미개발은행, 유엔개발프로그램(UNDP), 아시아개발은행(ADB) 설립을 주도했다.

미국 경제학계에서 개발론(Developmentalism)이 하나의 산맥을 형성했다. 언론에서는 저개발국, 개발도상국이라는 용어가 인기를 끌었다. 한국에서도 개발경제론을 공부하는 관료와 지식인이 늘었다. 냉전이 심각해질수록 후진국 개발로 공산주의에 맞서겠다는 미국의 전략은 단단해졌다.

후진국 개발론이 등장한 배경에는 반공 체제 유지 비용을 미국이 홀로 부담할 수 없다는 경제적 이유가 있었다. 1950년대 중반 이후 미국의 국제수지가 악화되면서 원조금을 삭감하지 않을 수 없었다.

미국은 독일과 일본에는 그동안 제공한 원조금을 반환하라고 요구, 3분의 1가량을 받아냈다. 한국에는 1960년대 중반까지 유럽 부흥에 쏟아부은 만큼(120억 달러 안팎)을 원조했지만 경제는 살아날 기미를 보이지 않았다. 당시 한국은 미국의 원조금을 가장 많이 받는 나라였다.

미국은 1958년부터 한국에 무상 원조액을 삭감하기 시작했다. 1957년 3억 8,300만 달러에서 1961년에 1억 9,900만 달러, 1964년에는 8,800만 달러로 감소했다. 군사원조와 경제원조는 완전 분리됐고, 그 대신 저금리의 장기 차관이 제공되었다.

미국은 원조 정책을 전환하며 이승만 정권에게 장기 개발계획을 세우라는 압박을 가했다. 경제개발이 곧 승공勝共의 비결이라고 했다. 이에 이승만은 "계획경제는 스탈린 같은 공산주의자나 하는 일"이라며 무시했다. 그는 경제 재건보다 북진 통일을 내걸고 도리어 주한미군 증원, 무상 원조 증액을 요구했다.

이승만은 미국의 분위기 변화에 빨리 적응하지 못했다. 이는 경제 개발계획 작성이 지연된 것으로 나타났다. 이승만은 1959년 말에야 7개년 계획 가운데 겨우 3년 계획(1960~1962년)을 완성했다. 3년 계획마저 4개월 뒤 4·19 혁명으로 인쇄 과정에서 폐기되었다.

경제개발 5개년계획을 처음 작성한 주인공은 장면 정권이었다. 이

계획마저 국무회의를 통과하자마자 6일 뒤 5·16 쿠데타가 발발했다. 5·16 쿠데타 세력은 계획안을 다시 작성, 미국과 협의에 들어갈 수밖에 없었다.

한국은 해마다 정부 예산의 절반 안팎을 미국 원조에 의존하고 있었다. 원조가 줄자 공무원 월급조차 제때 주지 못했다. 한국 군대는 원조 의존도가 그보다 훨씬 높았다. 그래서 군대는 미국의 정책 변화에 무척 민감했다. 원조가 줄자 군인들의 식사 메뉴부터 빈약해졌다. 현역 장성이던 박정희는 원조 정책이 바뀐 것을 실감하지 않을 수 없었다.

케네디는 백악관에 한국 전담팀(T/F)까지 두고 특별 관리하고 있었다. 걸핏하면 미국은 원조를 끊겠다며 엄포를 놓았다. 주한미군 감축 위협도 일상적이었다. 그나마 원조금은 한국 정부에 파견된 미국인 조정관이 사인을 해야 지출되는 엄격한 통제 아래 있었다.

실제 이런 일도 있었다. 박정희가 1963년 봄 민정 이양을 4년 연기하겠다고 발표하자 미국은 약속했던 1,500만 달러의 원조금을 끊어버렸다. 박정희가 발표를 번복하고 나서야 미국은 비로소 원조금 재개를 통보해왔다. 그 원조금도 대선 운동 기간 중에는 주지 않았다. 원조금이 들어오지 않자 박정희는 대선 기간 내내 "미국이 박정희를 버렸다"는 악소문에 시달렸다. 보류된 원조금이 송금된 것은 대통령 선거가 끝난 뒤였다. 원조를 무기로 군사정부 길들이기를 마다하지 않았다는 말이다.

미국은 5·16 쿠데타 이후 친미파 군인들을 동원, 박정희 세력을 몰아내려는 반혁명 공작까지 꾸몄다. 한국군 대대급까지 고문관을 파견하고 있던 미군은 언제든 5·16 주동 세력을 제거할 준비가 돼 있었다.

이승만-장면 정권, 박정희 집권 초기의 한미 관계는 '베푸는 자'와 '얻어먹는 자'의 관계였다. "우리는 거지 신세였다"라는 증언이 적지 않다. 이를 '보호자와 피보호자' 관계로 진단하는 것은 한국의 자존심을 현실보다 상향 조정한 표현이라고 할 수 있다.

1961~1964년 주한 미국 대사를 지낸 새뮤얼 버거Samuel Berger는 박정희의 지도자 자질과 솔직한 성품을 크게 평가했다. 하지만 그가 본국에 보낸 보고서에는 박정희를 "교육시키려고 했다"라는 표현을 썼다. 미국 외교관들은 '교육(educate)'이나 '육성(cultivate)'이라는 단어를 한국 지도층을 상대로 거리낌 없이 사용했다.

미국의 서울 주재 원조 기관(USOM) 대표는 한국 경제부총리와 마주 앉아 매달 정책 협의를 가졌다.

한미 간에는 상하 관계가 분명했다. 간혹 미국을 상대로 큰소리를 쳐서 뭔가 얻어낸 것처럼 자랑하는 전직 공무원들이 적지 않았으나 그중에는 치기 가득한 허풍이 많았다.

오죽했으면 박정희가 국가재건최고회의 의장 때 "마치 불난, 도둑 맞은 폐가廢家를 인수하였구나!"(『국가와 혁명과 나』)라고 썼을까. 항상 더 달라고 미국에 애걸하는 처지였다. 달러를 한 푼이라도 더 받으려면 미국의 요구를 들어주지 않을 수 없었다. 5개년계획을 제출하고 정책을 협의해야 했다.

말이 좋아 협의고 조정이었다. 돈줄을 쥐고 있던 미국의 도움과 승인이 절실했다. 이런저런 공장을 짓겠다고 욕심부리면서도 한국 정부는 그럴듯한 사업 제안서조차 꾸릴 능력이 없었다. 그저 욕심나는 공장 리스트를 엉성하게 나열하는 수준이었다. 미국 주재원들의 도움이 없이는 투자 계획서 작성을 완성하지 못하는 경우가 허다했다.

오늘날 한국 경제가 선진국 문턱에 도달했다는 평가가 나오자 경제개발 5개년계획을 놓고 자기들 작품이라고 주장하는 세력이 여럿 등장했다.

이승만, 장면 정권의 작품을 박정희가 부분 수정한 것에 불과하다는 의견이 나오는가 하면, 박정희 정권의 독특한 창작품이라고 포장하는 주장이 훨씬 강하다.

한국전쟁 후 경제 관료와 지식인 사회에서는 장기 경제계획이 필요하다는 분위기가 퍼지고 있었다. 하지만 결정적인 것은 미국의 압박이었다. 미국의 세계 전략이 바뀌면서 한국에 장기 경제개발계획을 작성하라는 요구가 강해졌다. 경제 도약을 통해 공산 진영의 확장을 막아야 한다는 미국의 압박이 한국에서 거세게 작동했다. 이 때문에 장면이든 박정희든 고유의 저작권을 우기는 풍경은 볼썽사납다.

박정희는 집권 18년 동안 통일보다 경제, 정치보다 성장, 민주주의보다 수출을 앞세웠다. 이는 미국 후진국 개발론 경제학자들의 논리에 충실한 국정 방향이었다. 로스토 같은 미국 경제학자들은 '후진국 경제 발전=공업화'라고 믿었다. 후진국 공업화는 민간 주도의 미국과는 달리 관청 주도로 추진될 수밖에 없다고 인정했다.

박정희는 미국의 후진국 개발론에 충실했다. 박정희는 5·16 직후 '건설' '재건'이라는 단어를 애용하고, '개발'이란 단어를 싫어했다. 혁명 군인들은 '개발'이 강아지 다리를 연상시킨다며 "개발하기로 하면

쇠 발도 돼지 족발도 해야 하는 거 아니냐"며 비아냥거렸다. 하지만 미국의 요구에 따라 차츰 '개발' '도약(take off)'이라는 말을 익숙하게 사용했다. 그래서 로스토와 밀리컨의 저서를 죽는 날까지 곁에 두었을까.

박정희는 개발론으로 박사학위를 받은 경제학자를 경제부총리나 요직에 중용, 미국 박사 전성시대를 열었다. 경제정책 싱크탱크 역할을 맡은 연구소에 한국개발연구원(Korea Development Institute)이라는 팻말을 붙인 것도 우연이 아니다. 미국개발원조처(AID)는 KDI 설립에 종잣돈 13억 원을 제공했고, 연구원 해외 연수 비용으로 117만 달러를 따로 기증했다. KDI는 미국 박사들의 핵심 거점이 되었다.

2차 경제개발 5개년계획 수립에 공헌한 캘리포니아 대학 버클리 캠퍼스의 어마 아델만rma Adelman 교수도 개발경제론 전공자였다. 박정희는 1973년 그녀에게 동탑 훈장을 수여했다. 그는 박정희에게 수출 주도형 성장을 적극 권고한 학자다.

박정희가 한국 공업화 계획을 쿠데타 이전부터 갖고 있었다는 것은 과장된 측면이 많다. 경제개발계획도 수출 주도 성장 전략도 혁명 전에 준비한 것은 전혀 없었다. 그의 성장 전략은 미국 반공 전략의 큰 틀(팍스 아메리카나) 안에서 수립, 추진되었다. 미국의 전략은 1950년대 후반의 무력 대결이었던 데에서 경제 전쟁을 병행하는 노선으로 전환했다.

이승만, 장면, 박정희에게 장기 개발계획은 원조를 받고 주한미군 철수를 막으려면 거부할 수 없는 전제 조건이었다. 서울의 미국 원조 기관은 한때 무려 250명 안팎의 미국인 주재관과 300여 명의 한국인

직원을 거느리며 경제정책 수립과 시행에 시시콜콜 간여했다.

이승만, 박정희가 한국 실정을 반영하려고 목소리를 냈던 사안도 적지 않지만, 큰 틀에서 미국 통제를 벗어나기는 힘들었다. 그렇기에 산업화 업적을 오롯이 특정인에게 몰아줄 수는 없다.

박정희-존슨 밀월이 고도성장 시대 개막에 결정적 공헌

로스토는 명문 예일대에 15세로 최연소 입학, 18세에 졸업을 기록한 천재였다. 그는 기발한 정책 아이디어로 존 F. 케네디 상원의원을 매혹시켰다. 케네디는 1961년 대통령에 취임하자 그를 백악관 안보 담당 특별 부보좌관에 지명했다. 직책은 부보좌관이었으나 케네디가 워낙 신뢰해 수석 보좌관과 거의 동등한 발언권을 행사했다고 한다.

밀리컨 교수가 케네디에게 후진국 개발을 지원할 평화봉사단(Peace Corps) 아이디어를 제공했다면, 로스토는 케네디의 상징 '뉴 프런티어New Frontier' 구상을 헌납한 공신이었다. 케네디의 대통령 취임 직전 소련은 제3세계 민족해방운동을 지원하겠다고 선언했다. 공산주의 이념을 지구상에 살포하겠다는 도발이었다. 국제 정세가 급변했고 로스토의 발언권이 강해졌다. 로스토는 백악관의 '아시아 차르'로 케네디의 두 귀를 장악했다.

박정희가 쿠데타를 일으키자 로스토는 군 출신의 권력 장악을 승인해줄 것을 케네디에게 조언했다. 주한미군 사령관은 5·16 쿠데타 혁명군을 진압할 움직임을 보였지만, 미국 정부는 이틀 만에 쿠데타를 용인한다고 발표했다. 미국이 진압 결정을 내렸더라면 박정희의 3,500명 안팎의 동지들은 큰 혼란에 빠졌을 것이다.

로스토는 후진국에서 군대가 집권 세력이 될 수 있다는 논리를 5·16 이전부터 전개했다. 박정희처럼 기득권과 거리를 두고 있는 농촌 출신의 젊은 군인이라면 반공 의식이 강하고 친서양적이며 '순종적'일 것으로 분석했다. 즉 미국의 말을 잘 들을 것이라는 얘기였다.

그는 박정희 같은 민족주의 지도자가 미국에 도움이 될 것으로 예상했다. 민족주의는 경제 발전의 동력이 될 뿐 아니라 공산주의와의 전쟁에서도 좋은 방패가 된다고 보았다.

박정희는 로스토 이론의 틀에 맞는 후진국 신흥 지도자였다. 로스토는 다만 군 출신 지도자는 군대와 분리해야 한다고 했다. 이집트의 나세르 대통령처럼 권총을 찬 채 권력을 휘두르게 해서는 안 된다는 것이다.

이에 따라 케네디 정부는 박정희에게 빨리 민정 이양을 하라고 재촉했다. 박정희는 군정을 연장하려던 구상을 접고, "다시는 이 나라에 본인과 같은 불운한 군인이 없도록 합시다"라는 말을 남기고 민간인 신분으로 대통령 후보에 등록했다.

로스토는 경제 도약을 위해서라면 후진국에 독재 또는 권위주의 통치를 용인할 수 있다고 했다. 프랭클린 루스벨트의 표현처럼 "그가 개새끼인 게 틀림없지만 그러나 우리 개새끼"라는 식이었다. 이를 '선 경제성장, 후 민주화' 논리로 치장했다.

이 때문에 박정희와 로스토의 인연은 경제학자와 독자의 관계를 뛰어넘었다. 박정희로서는 미국의 권력 심층부에 든든한 후원자를 확보해둔 셈이었다. 서울에서는 쿠데타 직후 부임한 미국 대사가 박정희를 도왔다.

박정희는 쿠데타 5개월 만에 미국을 방문, 동갑내기 케네디와 정상회담을 가졌고 따뜻한 환대를 받았다. 케네디와는 예정에 없던 2차 정상회담을 가졌다. 박정희-로스토의 회담은 조찬 형식으로 따로 진행되었다. 그 자리에는 경제부처 장관들도 함께했다.

박정희는 케네디와의 정상회담에서 경제개발 5개년계획 실행에 필요한 11억 달러 안팎의 자금 지원을 요청하는 대신, 베트남에 한국 전투병을 파견할 수 있다고 제안했다. 공산주의와의 전쟁에서 함께 피를 흘리겠다고 선서한 격이었다.

케네디는 "누군가 나에게 힘이 솟을 만한 무엇을 선물하지 않을까 희망했는데, 의장님(박정희)이 베트남을 돕겠다는 제안을 해주니 기운이 난다"며 무척 기뻐했다. 케네디는 한미 군사동맹을 준수하고 경제개발계획을 지원하겠다고 약속했다. 박정희는 친미 노선을 맹세하고 쿠데타를 승인받은 셈이다.

미국 방문은 대성공이었다. 박정희는 '우리의 영도자 박정희 의장 만세'라는 환영 플래카드가 걸린 서울 거리에서 화려한 귀국 퍼레이드를 펼쳤다.

어느 관료의 말대로 "면접 시험에 통과한 셈"이었다. 한국군에서 누구를 지지할지 망설이던 미국은 그때부터 박정희를 주목했다. 쿠데타 주모자여도 친미 노선을 약속하면 최상의 대접을 받을 수 있음을 박정희가 입증했다.

케네디의 뒤를 이은 린든 존슨 대통령도 로스토의 모든 것을 좋아했다. 로스토의 인간성에도 호감을 갖고 가족끼리도 어울리는 사이가 되었다. 로스토는 국무성 정책자문위원장으로서 존슨에게 라틴아메리카 지원을 책임지면서 아시아 정책을 조언하는 심복이 되었다.

존슨 대통령의 고민은 베트남 전쟁이었다. 존슨은 베트남에 전투병 파병을 본격화하면서 다국적군 편성을 구상했다. 가장 먼저 동참 의사를 밝힌 박정희의 호응이 반가울 수밖에 없었다.

로스토는 1965년 5월 일본과 한국을 방문, 한일 국교 수립과 베트남 파병, 오키나와 반환 문제를 협의했다. 같은 달 박정희는 미국 방문을 앞두고 있었다.

로스토는 청와대에서 박정희를 따로 만나 경제성장 방안을 조언했다. 경제 관료, 금융인, 정치인들 모임에서 강연도 했다. 서울대 강연에서 그는 한국이 초기 도약 단계에 들어섰다고 말했다.

"한국이 적어도 오늘날의 일본이나 이탈리아 수준까지 발전할 수 있다"고 추켜세우며 "여러분은 고도의 대량 소비 단계로 접어드는 한국을 보게 될 것"이라고 낙관했다. 그는 막 시작한 박정희의 수출 지향적 성장 전략을 칭찬하며 외국인 투자 유치와 상업 차관 도입을 적극 권고했다.

당시는 우리나라 수출액이 고작 1억 달러를 넘어서던 시점이었다. 1차 5개년계획의 성공 여부조차 불확실한 상황이었다. 그런 불확실성 속에서 박정희의 경제정책이 잘 되어가고 있다고 미국이 공인 도장을 찍어준 셈이었다. 박정희 정권은 로스토의 서울대 강연을 각종 정부 간행물에 수록하는 한편, 두고두고 정권 홍보에 활용했다.

존슨 행정부는 일본과의 국교 수립에 반대하는 대학생, 야당, 진보 세력의 데모에 박정희가 계엄령과 위수령을 발동시켜 진압하는 데에도 찬성했다. 박정희는 그 후 정권이 위기에 몰릴 때마다 위수령 3번,

계엄령 3번, 긴급조치 9건을 발동해 반대 의견 표출을 억압했다. 군과 경찰의 통제 아래 국민의 기본권을 묶어둔 세월은 총 105개월로 박정희 집권 기간 220개월 가운데 거의 절반에 달했다.

한국의 발전 가능성을 저평가하던 로스토가 호의적으로 돌아선 배경은 박정희의 노선이 미국의 세계 전략과 딱 맞았기 때문이다. 박정희는 베트남 파병에 선뜻 나섰고 한일 국교 수립을 서둘렀다. 미국이 권고하는 정책을 모두 수용한 것이다.

로스토가 서울을 다녀간 뒤 박정희는 존슨이 보내준 대통령 전용기를 타고 미국을 방문했다. 존슨은 뉴욕에서 환영 인파를 10만 명 동원, 오색 색종이를 뿌리며 후진국 대통령을 떠들썩하게 환영해주었다. 백악관에서 박정희를 숙소까지 안내하는 특별 의전을 베풀었다. 존슨이 박정희가 탄 리무진의 문을 직접 열어준 광경은 일본 언론에서 화제가 됐다. 어떤 일본 총리도 그런 환대를 받은 적이 없었다.

존슨은 베트남 파병 한국군에 비교적 너그러운 보상을 해주었다. 미국은 한국 기업과 민간 기술자들이 동남아 시장에 진출하는 것을 지원했다. 주한미군을 철수하지 않았고, 한국군 장비를 최신형으로 교체해주었다.

존슨은 박정희가 기대하지 않았던 과학기술연구원(KIST) 설립 자금(720만 달러 무상 원조, 차관 180만 달러)까지 보너스로 제공했다. 백악관 과학기술 담당 보좌관인 핵 과학자 도널드 호닉Donald Hornig에게 지시, 미국 최고의 이공계 연구소인 바텔 연구소와 자매결연을 맺도록 해주었다. KIST는 한국과학기술원(KAIST)과 많은 이공계 연구소의 모태로 수출 상품에 적용할 기술을 개발해내는 산실이 되었다.

로스토가 1966년 백악관 안보 담당 수석에 취임한 것을 전후로 미국이 한국을 바라보는 눈은 최고조에 달했다. 로스토는 한국을 경제 도약의 모델 국가로 호평하는 공개 발언을 감추지 않았다. 한국 공무원을 만날 때면 "헤이, 도약하는 아이들(take-off boys)"라고 부르며 반가워했다.

박정희는 베트남 파병, 한일 수교를 계기로 미국으로부터 최상의 이득을 얻었다. 모터롤러를 비롯한 미국 대기업들이 한국에 공장을 짓기 시작했다. 미국 은행들은 너그럽게 한국계 은행과 기업에 상업 차관을 빌려주었다. 일본과 국교가 수립되면서 일본에서도 투자와 상업 차관이 몰려들었다. 여기에 '베트남 특수'까지 겹쳤다.

박정희-존슨의 밀월은 1960년대 후반~1970년대 초 한국이 초고속 성장을 구가하는 토대가 되었다. 외자도입법 제정 이후 절실했던 성장 통화(외화)가 미국, 일본에서 밀려 들어왔다. 외자는 기계류, 부품, 원자재, 에너지원을 수입해 마산과 울산의 수출공단에서 임가공 과정을 거쳐 수출하는 토대가 되었다.

박정희의 친미 노선은 국가 안보와 경제성장에 엄청난 플러스가 되었다. 역사상 처음 고도성장을 달성했다. 미국의 무상 원조는 1970년 중단되었다. 1960년대 말~1970년대 초 한국은 수출 기업을 중심으로 번듯한 일자리들이 대거 만들어졌다. 이에 농촌 인력이 도시로 집단 이동하는 사회적 급변 현상이 나타났다.

1차 베이비붐 세대가 두터운 중산층을 쌓았고, 신흥 중산층은 박정희 지지 성향이 우세했다. 덕분에 박정희는 3선 개헌, 유신헌법 제정을 통해 정권 연장에 성공했다.

로스토는 1969년 백악관 안보 담당 수석보좌관에서 퇴임한 뒤 한국을 세 번째 방문, 박정희를 만나고 한국 경제의 전망을 낙관하는 강연회를 가졌다. 박정희에게 로스토는 친한파 응원단장으로 보였는지 모른다.

수출 주도 정책을 권고하며 한국 상품을 글로벌 마켓에 안내한 미국

존슨-박정희 밀월은 한일 수교, 베트남 참전으로 가속화되었다. 정상 회담에서는 야한 농담을 주고받을 정도의 관계로 발전했다. 미국은 한국을 글로벌 자본주의 체제에 편입시키려고 애썼다. 한국에 금리, 환율, 재정 등 거시 정책과 각종 개발 프로젝트에 관한 조언을 지속하며 한국이 해외 수출 시장에 진출할 수 있는 문을 열어주었다.

미국은 1966년 대한국제경제협의체(IECOK)를 결성해 국제통화기금과 세계은행 및 주요 국가의 정책 당국자와 은행가, 기업인들이 한국 공무원과 정치인들에게 경제 운영 방안을 조언하는 모임을 정기적으로 갖도록 했다. IECOK는 채권단 모임이자 거시 경제 정책을 협의하는 자리였다.

그들은 거시 정책의 방향과 금리, 환율의 결정부터 대형 프로젝트를 어떻게 할지 비판과 조언을 아끼지 않았다. IECOK은 1984년까지 한국의 경제성장에 절실했던 외자 조달에 돌파구를 마련해주는 해결사 역할을 수행했다.

박정희는 대통령 취임 후 1964년과 1965년 두 차례의 환율 인상을 통해 원화 가치를 평가절하했다. 미국은 1963년 10월 한국의 환율 움직임을 분석, 한국 정부와 IMF는 협의를 거쳐 새로운 환율 제도를 만들었다. 박정희는 미국 정부가 권고하는 환율 개편안을 수용했다. 이는 수출 촉진에 결정적인 전기가 되었다. 이승만이 원화를 지나치게 고평가, 수출 기업의 성장을 막았던 것과는 정반대였다.

경제정책에서 미국의 주문은 간단했다. 박정희에게 쇄국적 수입 대체 정책을 버리고 개방형 무역 확대 정책을 쓰라고 요구했다. 일제의 수탈로 인해 피해 의식이 강했던 국민과 지도자로서는 선뜻 받아들이기 힘든 정책 방향이었다.

미국은 1960년대 들어 글로벌 무역 시장을 확장하는 국가 전략을 본격 추진했다. 케네디 집권 시절 무역확대법을 제정, 서유럽과 일본 등 자유 진영 국가끼리 무역 확대를 밀어붙이고 있었다. 교역 확대를 통한 번영이 공산주의를 이기는 최상의 방책이라는 기조였다. 여기에는 물론 미국 기업의 수출 시장을 확장하려는 계산이 깔려있었다.

미국 대기업들도 세계화 전략을 추진하는 초기 단계였다. 임금 상승과 노조의 과격 투쟁으로 공장의 해외 이전이 추진되고 있었다.

미국은 GATT(관세와 무역에 관한 일반 협정)에서 유럽과 상호 시장개방 협상을 추진했다(일명 케네디 라운드). 일본은 미국 요구에 따라 환율을 조정하고 수입 자유화 비율을 1960년의 41퍼센트에서 3년 만에 80퍼센트까지 급속히 높였다. 미국 주도의 글로벌라이제이션 Globalization 물결이 막 일고 있었다.

존슨 행정부는 박정희에게 원화 환율 인상, 금리 조정에 이어 GATT 가입을 권고했다. 글로벌 시장에 진입, 수출 시장을 개척하라는 요구였다.

일본은 1955년 GATT 가입을 계기로 1961년까지 장기 호황을 누렸다. 1964년엔 OECD에 가입하고 도쿄 올림픽을 치르며 선진국 반열에 진입했다. 1965~1970년에는 역사상 최상의 호황 국면에 진입했다. 일본은 한국이 뒤따라야 하는 모범적 선두 주자로 달리고 있었다.

박정희는 10개국에 불과하던 국교 수립국의 수를 크게 늘렸다. 1966년에는 GATT 가입을 신청했다. 미국의 협조 덕분에 몇 달 만에 협상을 끝내고 71번째 GATT 회원국이 되었다. 이는 해외 수출 시장을 확보하는 전환점이 되었다.

수출 주도 성장 전략이 박정희 고유의 착안이라고 믿는 것은 큰 착각이다.

애초 그는 열린 경제보다는 문이 닫힌 자립형 경제구조를 구상했다. 농본주의에 심취, 국가재건최고회의 시절에는 회의 때마다 농업을 국가 중심 산업으로 육성하겠다며 의욕이 넘쳤다고 한다. 5·16 직후 가장 먼저 단행한 경제적 결정 중 하나도 농어촌 부채 탕감이었다. 수출도 쌀을 증산해 해외에 내다 팔겠다는 생각을 여러 번 밝혔다. 가난한 농부의 아들다운 발상이었다.

그러나 시간이 흐르면서 박정희는 공업화와 수출에 눈을 떴다. 1차 5개년계획 수정 과정을 보면 박정희의 정책 방향이 미국 요구에 따라 어떻게 바뀌었는지를 알 수 있다.

쿠데타 직후 국가재건최고회의가 서둘러 작성한 1차 5개년계획은 크게 3가지 점에서 미국과 이견 대립을 보였다.

첫째, 사전 협의가 충분하지 않았다는 불만이 미국에서 제기되었다. 쿠데타 세력은 5·16 후 2개월 만인 7월 하순에 주무부처인 경제기획원을 설립했고, 11월 박정희-케네디 회담에 앞서 5개년계획안을 미국에 전달해야 했다. 계획 작성 기간이 기껏 3개월여에 머무르다 보니 미국의 불만은 여러 방식으로 전달되었다.

두 번째 불만은 성장률을 너무 높게 잡은 점이었다. 군사정권이 장면 정권의 5개년계획에 여러 프로젝트를 추가해 성장률을 높여서 잡은 것이다. 쿠데타 세력을 자극한 것은 북한의 성공이었다. 북한이 한국보다 낮다는 패배 의식이 혁명파 군인들에게 강했다. 북한을 빨리 따라잡겠다는 절박감에서 성장률에 과욕을 부렸다. 미국과 협의 끝에 7.1퍼센트 성장 목표를 5퍼센트 선으로 낮춰야 했다.

가장 중요한 세 번째 불만은 지나치게 자립경제를 지향한다는 점이었다. 수입 대체 산업을 육성, 한국 기업과 한국 상품을 키우겠다는 꿈은 이승만이나 박정희나 다르지 않았다.

박정희는 쿠데타 직후 집필한 저서와 연설에서 '민족 경제'를 누차 강조했고 '자립경제 건설'을 역설했다. 박정희는 자립형 구조를 주장하는 학자(박희범 서울상대 교수)와 군 간부(유원식 장군)를 중용, 그들 중심으로 5개년계획을 다듬었다.

그러나 5·16 이후 3년여 동안 경제는 원만하게 풀리지 않았다. 자립경제 구축에 필요한 자금을 조달하겠다는 명분에서 증권시장을 개편해 자금 시장을 흔들어도 보고(증권 파동), 통화개혁을 단행하기도 했으나 뜻대로 되지 않았다. 묻혀있는 지하 자금이 쏟아져 나올 줄 알았는데 돈줄이 막힌 기업들의 아우성만 높아갔다. 미국은 예금 동결을 당장 풀지 않으면 원조를 끊겠다며 위협했다. 증시 개편, 통화개혁은 혼란만 남긴 채 끔찍한 실패로 끝났다.

게다가 흉년, 쌀 파동까지 덮치는 바람에 군사혁명 정부는 곤경에 처했다. 대통령 선거 직전에는 호주산 밀가루를 긴급 수입, 유권자들에게 뿌리지 않으면 안 될 만큼 위기에 몰렸다.

박정희는 자립경제론을 외치던 교수와 장군을 내쳤다. 그 대신 미국과 대화가 잘 통하는 관료나 개방경제를 주장하는 인물들을 경제 부처 주요 요직에 배치했다.

공업화에는 기계류와 부품을 수입할 외자부터 전력이나 원유 같은 에너지, 첨단 기술이 필수적이다. 무엇 하나 제대로 갖추지도 않은 채 자립경제를 달성하겠다는 욕심은 환상에 불과했다.

박정희는 중남미 같은 폐쇄형이 아니라 일본처럼 개방형 경제로 가지 않을 수 없다는 것을 깨달았다. 그것은 바로 미국이 원하던 방향이었다.

박정희는 1차 5개년계획 기간의 절반이 지난 1964년에 들어서야 비로소 수출 주도형 전략을 추진했다. '수출만이 살길이다'를 내걸고 매달 수출촉진대회를 개최한 것도 이때부터다.

수출 주도 성장 전략이 성공했다는 평가를 받자 공 다툼이 벌어졌다. 재벌 기업인들은 자기들이 박정희에게 건의, 수출 주도 정책 방향이 잡혔다고 목소리를 높였다. 경제 관료들은 자신들이 입안한 수출진흥정책이 결정적 요인이었다고 주장했다. 박정희에게 모든 업적을 돌리는 연구도 적지 않았다.

수출 주도형 성장에는 당연히 현장에서의 맹렬한 기업가 정신이 필요했다. 환율 인상, 우대금리 제도, 자유무역공단 같은 관료 집단의 수출 진흥정책도 수출 촉진을 도왔다. 수출 실적이 우수한 기업을 직접 표창하며 분위기를 북돋는 지도자도 큰 공헌을 한 것이다. 모두 각자의 몫을 평가받아야 옳다.

하지만 무엇보다 시장이 없었다면 박정희의 수출 진흥책은 실행이 불가능했다. 미국은 미국 시장을 열어주었고, 일본과의 국교 수립을 압박해 일본 시장을, GATT 가입을 통해 유럽·중남미 시장을 확보해주었다. 미국은 매년 한국 수출 물량의 40~60퍼센트가량을 수입해주는 초대형 소비자가 되어주었다.

미국은 관세를 추가로 인하해주는 혜택도 베풀었다. 박정희의 수출 주도 정책이 시작되던 시기에 한국산 섬유제품에 특혜를 제공했다. 미국의 글로벌 시장 개방 전략이 실패했다면 박정희의 수출 진흥책은 물거품이 되었을 것이다.

1950년대 이승만은 반공 하나로 미국과 손잡고 정권을 유지했다. 1960년대 이후 미국은 박정희에게 반공만으로는 부족하다며 미국 주도의 글로벌 개방 시장에 편승할 것을 압박했다. 이념 전쟁과 경제 전쟁에 동시에 참전해 달라는 것이 미국의 요구였다. 여기에는 미국의 번영을 지키려는 목적이 최상위 순위에 있었음은 새삼스레 따질 필요가 없다.

박정희는 미국이 설계한 반공 체제와 자유무역 시스템을 적극적으로 활용한 지도자였다. 팍스 아메리카나라는 틀에서 최적의 국정 운용을 채택했다. 때로는 베트남 파병처럼 미국의 고민에 편승, 국익의 극대화를 노렸다.

2차 세계대전 후 식민지에서 독립, 성장 경쟁을 벌이던 후진국들 가운데 인도, 파키스탄, 페루, 아르헨티나는 박정희 집권 초기처럼 대내 지향적 정책에 치우치는 바람에 끝내 실패하고 말았다. 20세기 경제 패전국들은 이념 성향이나 경제 운용 철학에서 좌와 우를 오락가락했다.

박정희는 싱가포르, 말레이시아, 태국, 홍콩, 대만과 함께 반공 벨트에서 대외 지향적 개방형 전략을 꾸준히 추구했다. 20세기 아시아의 경제 승전국들은 이념과 경제 철학에서 일관성을 보였다. 이들의 성공을 보며 중국공산당은 1980년대부터 정치체제를 지키며 40년 이상 줄곧 자본주의경제를 추구, 21세기 들어 세계 2위 경제 강대국으로 부상했다.

자동차 산업을 보면 대내 지향적 경제와 대외 지향적 경제의 경쟁에서 왜 승패가 갈렸는지 분명해진다.

중남미 국가들도 일본, 한국과 같이 한동안 자동차를 전략 상품으로 육성했다. 하지만 자국 시장을 기반으로 한 자립 생산, 자립 소비 구조를 구축하려다 대실패했다. 한국은 처음부터 넓은 해외 시장을 공략하는 전략을 선택했다. 덕분에 자동차는 한국 경제를 지탱하는 주력 업종이 되었다.

박정희는 이승만, 장면의 친미 노선을 뒤집으려고 부질없이 저항하지 않고 오히려 미국 의존적으로 국가 전략을 다듬었다. 안보를 미국에 위탁하고 개방형 경제구조를 지향했다. '매판자본을 도입한 매국노'라거나 대미 종속, 대미 굴종이라는 비판을 들을 만했다.

그는 쿠데타 2년 후 발간한 『국가와 혁명과 나』라는 책에서 이렇게 말했다.

"우리는 미국을 좋아한다. 자유민주주의 제도가 그렇고, 우리를 해방시켜준 것이 그렇고, 공침(공산당 침략)으로부터 우리를 방위한 것이 그렇고, 경제원조를 주어서 그렇다. 그보다도 우리가 미국을 더욱 좋아하는 까닭은, 그와 같은 은혜를 주었으면서도 우리를 부려먹거나, 무리를 강요하지 않는다는 데 있는 것이다. … 미국은 우리에게 은혜로운 대상이다."

박정희는 집권 후반기 베트남의 공산화, 주한미군 축소, 석유 파동을 겪는 위기 국면에서 장기 집권을 추진하고 핵무기 개발에 나서면서 미국과 크게 충돌했다. 베트남에서는 미국보다 철군을 늦추며 미국을 원망하고 배신감을 토로하기도 했다.

경제정책도 내부 지향적 구조로 바꾸려는 움직임을 두드러지게 보였다. 1970년대 중화학공업 투자에 몰두한 이유도 '자주국방' '자립경제'를 노린 측면이 강했다. 그러면서도 쿠데타의 모델로 삼았던 이집트의 나세르나 중남미 일부 국가들처럼 돌연 친소련, 친중국 노선으로 선회하지 않았다. 박정희는 미국이 설정한 시스템에서 끝까지 이탈하지 않았다. 만약 미국과 마찰이 더 장기화되고 심각해졌다면 한국 경제는 1980년 외환위기 때 한번 큰 파탄을 겪었을 것이다.

일본 보수의 국체론 이념과 일본형 성장 모델 따라 하기

야스오카 마사히로安岡正篤(1898~1983)는 일본의 저명한 양명학 대가이다. 그는 일본이 2차 세계대전에서 패배할 때 일본 왕의 8·15 항복 방송 문안 작성에 일조했다. 전쟁 중 일본 정부 부처 고문으로 일했다가 전범으로 중벌을 받을 뻔했으나 장제스 대만 총통의 구명운동으로 5년간 공직에서 추방당하는 것에 그친 인물이다.

그는 2차 세계대전 후 일본 보수 정치를 이끈 요시다 시게루吉田茂부터 이케다 하야토池田勇人, 사토 에이사쿠佐藤榮作, 기시 노부스케岸信介 등 자민당 역대 총리들의 막후 조언자로 활약했다. 그래서 '일본 보수 본류 정치의 교조教祖'라는 평판을 얻었다. 말년에는 일본의 국사國師라는 평가를 들을 만큼 보수 정치인, 기업인, 우익 활동가들이 그를 따랐다. 자민당 장기 집권 아래 고도성장을 달성한 일본인의 정신세계에 그만큼 야스오카의 영향력이 컸다.

야스오카는 박정희와 인연이 많다. 박정희는 쿠데타 직후 야스오카를 한국에 초청하고 싶어 했다.

야스오카는 도쿄 대학에 다니던 20대부터 일본에서 유명 인사였다. 34세의 야스오카가 1932년 서울을 처음 방문했을 때 신문은 그의 조선 방문 일정을 사진과 함께 보도했다. 그의 강연은 언론에 소개될 정도여서 박정희는 학창 시절부터 야스오카의 명성을 알았을 것이다.

야스오카는 장면 정권 시절에 한일 국교 협상을 성사시키려고 일본 정치인들을 움직였다. 자민당의 막후 상담역으로 소문이 자자했던 터라 박정희는 일본과 수교를 위해 더욱 만나고 싶었을 것이다.

박정희는 1961년 11월 첫 해외 순방에서 케네디를 만나기 전에 일본을 방문했다. 이케다 총리와 회담을 가질 때 야스오카는 재일 동포 박철언과 함께 사전 정지작업을 맡았다. 그는 박태준에게 일본 제철 회사의 최고 경영진을 소개하며 포스코 창업을 적극 지원해주었다.

야스오카는 1936년 일본에서 발생한 2·26 청년 장교 쿠데타의 주모자들과 친교가 있었다. 국가주의자, 우익 사상가로 알려진 기타 잇키北一輝라는 2·26 쿠데타의 이론적 지도자, 일부 청년 장교와 교분이 있었다. 그들은 쿠데타 주모자로 몰려 사형을 당했으나 야스오카는 무력을 동원한 거사에 거리를 두었던 덕분에 처벌을 면했다.

2·26 쿠데타는 일본의 농촌 출신 장교들이 국가 개조를 외치며 들고일어났던 친위 쿠데타였다. 그들은 헌법 중단, 귀족제 폐지, 보통선거, 자유 언론, 농지 분배, 노동환경 개선 같은 개혁 조치를 내걸었지만, 국가 개조는 어디까지나 왕을 중심으로 이루어져야 한다고 했다. 국가주의자 집단이 왕정 체제 강화를 노린 쿠데타였다.

일본 왕은 청년 장교들을 '반란군'이라고 규정, 진압을 명령했다. 쿠데타의 꿈은 나흘 만에 좌절되었다. 박정희는 청년 장교 쿠데타에 무척 관심이 많았다. 2·26의 전개 과정, 주모자의 스토리, 쿠데타의 배경과 이념적 목표에 대해 자주 얘기했다. 박정희가 만주 군관학교에 재학하던 시절 교관 중에는 2·26에 동조하는 일본 육사 출신들이 근무하고 있었다. 박정희는 그들로부터 영향을 받았다.

박정희는 2·26 쿠데타에 영향을 주었던 야스오카의 국가주의적 이념을 잘 알고 있었다. 그러던 것이 한일 국교 협상을 계기로 야스오카와 직접 접촉으로 이어진 셈이었다.

박정희에게 야스오카는 쓸모 있는 인물이었다. 야스오카는 자민당 내부 파벌 이름까지 작명해줄 정도로 일본 정치권의 주류 세력과 접촉이 잦았기 때문이다. 박정희는 그런 야스오카와 편지를 주고받았다. 박정희로서는 일본 보수 본류의 이념가와 교유하며 그의 파워를 활용할 기회를 잡은 것이다.

박정희는 야스오카와의 대화가 편했을 것이다. 박정희가 받은 일제의 엘리트 교육이 야스오카의 철학과 궤도를 함께하기 때문이다.

박정희는 대구사범학교를 졸업, 만주 군관학교를 거쳐 일본 육군 사관학교까지 마쳤다. 사범학교는 2세들을 가르치는 교사를 육성하는 기관, 군관학교나 육사는 당대의 지배 엘리트를 양성하는 기관이었다. 세 곳 모두 대일본 제국의 통치 이념과 행동 방식을 가장 정성 들여 설파하던 곳이다.

박정희가 학창 시절 배운 사상이 무엇인지는 국체론國體論으로 설명할 수 있다. 국체란 쉽게 말하면 국가의 통치 시스템을 말한다.

일본 국체론은 일본이라는 국가는 왕을 정점으로 하나의 가문을 형성하고 있고, 일본인들은 왕을 가장으로 모시는 한 가족이라는 생각을 담고 있다. 국체론은 시대에 따라 조금씩 달라지긴 했지만 왕실이 일본 민족의 종가(宗家)라는 점은 바뀌지 않았다.

박정희는 사범학교, 군관학교, 육사에서 야스오카 같은 이념가들이 강조하는 '왕=최고 국체'라는 틀을 받아들였다. 가족 구성원으로서 최고 어른에게 절대 충성하며 모범을 보여야 한다는 의무를 배웠다.

박정희는 '긴 칼을 차고 싶어서' 안정적 직업인 교사에서 군인으로 직업을 바꾸었다. 1930년대 이후 1945년 전쟁에서 패배하기까지 일본 군대는 칼을 휘두른 최고 권력 집단 소속이었다. 일본군이야말로 관료 집단과 함께 국체론을 실행하는 핵심이었다. 2·26 쿠데타도 국체론을 신봉하는 군인 집단의 노선 갈등에서 유발된 사건이었다. 박정희가 그런 군인들을 선망했다는 것은 국체론 사상에 얼마나 깊숙이 심취했는가를 보여준다.

박정희가 야스오카와 교유한 이유는 단지 일본 정치권에 연줄을 댈 디딤돌이 필요했기 때문만은 아니었다. 야스오카야말로 일본 국체론의 형성과 보급에 기여한 철학자다. 야스오카 같은 보수 이념가들의 국체론은 박정희가 통치 이데올로기를 만들어 가는 과정에서 매우 유용했을 것이다.

박정희가 한국 통치를 위해 일본 국체론에서 찾아낸 보물 몇 가지를 꼽아 보자.

가장 중요한 보물은 최고 권력자 1인 중심의 사상이다. 조국을 근대화하는 개혁을 단행하려면 권력을 한 사람에게 몰아줘야 한다는 것이다. 의사 결정권을 최고 권력자에게 집중하는 것이 나라를 신속하고 효율적으로 공업화하는 방책이라는 발상이다.

박정희는 『국가와 혁명과 나』에서 일본 메이지유신의 성공 모델을 높이 평가했다.

"메이지유신은 그 사상적 기저基底를 천황 절대 제도의 국수주의적인 애국에 두었다"고 진단하고, "일본이 메이지유신이라는 혁명 과정을 겪고 난 지 10년 내외에는 일약 극동의 강국으로 등장하지 아니하였던가. 실로 아시아의 경이요, 기적이 아닐 수 없다"고 했다. 1인자에게 힘을 집중시켜야 기적이 일어날 수 있다는 믿음이었다.

일본 국체론은 왕을 살아있는 신으로 추앙하며 군국주의 노선을 치달린 결과 끝내는 원자폭탄을 맞고 항복했다. 개인의 행복보다는 국가의 이익을 우선시하며 과속 질주했다가 붕괴의 비극을 맞이한 것이다.

박정희도 국민 개개인의 기본권보다 국가가 추구하는 목표를 더 중시했다. 국민의 행복은 국익 앞에서 희생될 수밖에 없었다. 그가 말년에 개인 이미지를 신격화하며 영구 집권을 노리는 헌법을 만든 것도 국체론의 핵심과 크게 다르지 않다. 박정희 집권 말기 언론계, 지식인층, 정치권, 관료 사회에 '박정희 교단의 신도'를 자처하는 사람이 얼마나 많았던가.

박정희가 국체론에서 발굴한 두 번째 보물은 '위로부터의 개혁' 사상이었다. 이는 밑으로부터의 시민혁명을 부정하는 생각이다.

박정희는 쿠데타 1개월 만에 『지도자도指導者道』라는 저서를 배포했다. 박정희는 그 책자에서 국민을 '피지도자'라고 표현하고, "혁명기에 처해 있는 지도자란 영웅적이라야만 한다"고 했다. 쿠데타 주동세력은 윗자리에 있는 반면 국민은 가르침을 받아야 할 피교육자라는 인식이었다. 백성은 지배 계층이 설정한 위계질서와 규범을 따라야 한다는 상명하복의 논리다.

일본 국체론은 메이지유신과 함께 발전되어 1930년대 정점에 도달했다. 군인과 관료 세력이 중앙집권적 권력 구조를 구축하던 시기에 국체론 논의가 고조되었다. 국체론에서는 엘리트 집단이 앞장서는 위로부터의 개혁이 합리화된다. 대중의 자각에 의한 반대 의견의 표출은 억제된다.

박정희도 국체론 발상에 따라 관료 조직을 중심으로 강력한 중앙집권제를 고수했다. 정치권의 찬반 토론을 지겨워했고, 권력과 시민 사이에서 활동하는 시민 단체나 노조, 종교계의 발언권을 극력 억압했다. 반대 의견을 끊임없이 탄압한 것도 일본 국체론자들과 박정희의 공통점이다.

박정희가 일본 국체론에서 끄집어낸 세 번째 보물은 민족주의다. 박정희는 5·16 초기 '민족적 민주주의'를 내걸었다. 서양식 민주주의가 아니라 우리 실정에 맞는 민주주의를 하자는 얘기였다.

1963년 12월 첫 번째 대통령 취임사에서 박정희는 "단군 성조가 천혜의 이 강토 위에 국기를 닦으신 지 반만년 … 겨레가 쌓은 이 성단에 서게 되었다"고 했다. 다음 해 발간한 『혁명 과업 완수를 위한 국민의 길』에서는 "우리 한민족은 단군 이래 같은 핏줄을 이어받은 겨레요, 언어와 문화와 역사를 같이하는 단일민족이고 공동운명체임은 말할 나위도 없다"고 했다.

민족은 영어의 네이션nation, 독일어의 포크volk에 해당하는 말이다. 민족이라는 단어는 한자 문화권에는 없었다. 국민이라고 번역해야 더 적당한 말을 일본 지식인들이 굳이 민족이라고 했다. 서양의 막강한 파워 앞에서 국민을 단결시켜야겠다는 의지를 담아 민족이라는 단어를 창조한 것이다.

일본 국체론자들은 일본 민족이 수천 년 동안 한 나라에서 같은 문화와 역사를 누려온 단일민족이라는 논리를 만들어냈다. 수천 년 동안 후대가 끊어지지 않은 왕실(万世一系)이야말로 단일민족의 증거라며 국왕에 충성을 다할 것을 국민에게 강요하는 근거로 삼았다. 왕은 단일민족의 종손이므로 모든 국민이 마땅히 떠받들어야 할 지존이라는 논리다. 일본의 민족주의는 국민을 단결시켜 서구의 경제력을 따라잡으려고 몸부림치는 현상(追いつけ追い越せ)으로 나타났다.

박정희는 우리나라도 민족주의로 국민 에너지를 집결할 필요가 있다고 판단했다. 그래서 국체론자들처럼 모든 한국인은 단군의 후손으로 단일민족이라는 '단일민족 신화'를 강조했다. 단일민족이기 때문에 국가와 최고 통치자에게 충성할 의무가 있다는 논리였다.

박정희는 일본 경제의 성공 비결을 국체론에서 찾았다. 그것은

①최고 권력자가 주도하는 강력한 중앙집권제 도입

②시민 단체, 노조, 종교 단체의 발언권을 도외시하는 엘리트 관료 주도의 정책 집행

③민족 감정 부양을 통한 노동력의 효율적 결집으로 정리될 수 있다.

국익, 공익이라는 대의명분 앞에서 개인의 권리는 묵살되기 일쑤였다. 간첩 조작, 인권침해 사건이 이어진 이유도 국체론적 사고에서 비롯되었다.

'굶주림 탈출' 인간의 본능 자극한 게 박정희 보수의 핵심

박정희가 추종한 조국 근대화 모델은 일본형이었다. 메이지유신이 불러온 기적에 감탄했던 박정희는 패전 후의 일본에 누구보다 예민하게 관심을 가졌다. 일본이 다시 일어선 것을 보면서 일본형 모델에 확신을 굳힐 수밖에 없었다. 그래서 국체론을 신봉하는 일본의 자민당 정치와 똑같은 길을 선택했다.

패전 후 일본의 국가주의자, 우익 활동가들은 일본 왕이 권한을 모두 잃은 상징 천황으로 격하된 현실을 깨달았다. 그들에게 미국은 군사력, 경제력, 외교력을 완비한 만능 권력으로 떠올랐다.

미국은 서유럽과 함께 일본을 팍스 아메리카나에 편입시켰다.

1951년 미일 강화조약을 계기로 일본은 미국의 세계 전략 틀 안에

서 실리를 챙기는 전략을 선택했다. 일본의 보수 정권은 냉전 체제 아래 반공 전선, 친미 노선, 성장 제일주의를 고수했다. 메이지유신 이래 추구해오던 부국강병富國强兵이라는 목표에서 '강병'을 삭제하고 '친미, 반공, 부국'의 국체론이 새로 만들어진 셈이다.

박정희가 내린 결정은 일본 모델의 모방이었다. 일본처럼 안보는 미국에 맡기고 경제 번영에 힘을 쓰는 것이 현명하다는 판단이었다.

일본 상품은 1950년대 중반부터 미국 시장에 널리 판매되면서 장기 호황을 누리고 있었다. 일본형 모델이란 후발 국가들의 전형적인 선발 국가 추적 방식이다.

공업화에 성공한 국가들은 대부분 ① 의무교육을 강화, 균질한 노동자를 계속 공급하고 ② 정부가 금융을 장악, 전략 산업에 성장 통화를 집중 제공하고 ③ 관세·비관세 장벽을 설치, 외국 경쟁자로부터 국내 기업을 보호하며 ④ 철도, 고속도로, 해운 등 물류 네트워크 구축을 통해 국내 시장을 확장하는 정책을 공통적으로 채택했다.

그것은 국가 주도로 농업 개혁부터 경공업, 중공업을 동시에 전략 산업으로 육성하는 총력전 방식(Big Push 이론)이었다. 미국이 그렇게 영국을 따라잡았고, 독일과 일본도 같은 방식으로 경제 부흥을 이루었다.

박정희는 일본 자민당 모델을 모방, 정치권의 합의보다 관료들의 결정을 중시했다. 그가 5개년계획 추진 기구로 창설한 경제기획원의 원형도 일본이 2차 세계대전 전에 설치했던 기획원이었다. 일본은 국민과 자원을 총동원하는 경제 분야 총괄 기구로 기획원을 운영했고, 패전 후에는 그 기능을 통산성(MITI)에 집중시켰다.

자민당의 통치는 관료가 국회의원보다 실권을 갖고 경제를 운영하는 관료 우위 체제였다. 박정희도 경제 관료들이 전략 산업을 육성하도록 정치의 간섭을 막아주었다.

박정희는 또 일본처럼 재벌 기업을 키우는 데 열중했다. 그는 일본 재벌들이 국가 발전에 어떻게 기여했는지, 또 어떤 문제를 유발했는지에 관심이 많았다. 미국 정부는 한국에 중소기업 육성을 권고했지만 박정희는 "일본처럼 커다란 민족기업이 필요하다"며 대기업 육성에 적극적이었다. 이것이 많은 재벌 그룹이 탄생하게 된 배경이다.

그러나 일본형 모델은 고도성장 국면을 끝내고 1990년대 들어 장기 침체에 빠져들었다. 소련 붕괴로 인한 공산주의 파멸, 중국의 부상과 함께 현대 일본의 국체론은 위기를 맞았다. 서구의 기술을 개량하며 부지런히 뒤를 추적하는 방식만으로는 한계점에 도달했다.

일본 뒤를 따르던 한국은 1997년 IMF 외환위기로 추락했다. 일본형 모델이 일본에 이어 한국에서 요란한 파열음을 냈다. 박정희가 설정했던 일본 모델 그대로 수정하지 않고 뒤쫓다 국가 부도 위기를 맞은 것이다.

국제사회로부터도 일본을 뛰어넘은 '비욘드 재팬Beyond Japan'이라는 평판을 듣지 못했다. '미니 재팬' '세컨드 재팬'이라는 냉소를 받는 데 머물렀기에 국란을 맞은 꼴이었다.

일본형 성장 모델은 대외 의존도가 높을 수밖에 없다. 에너지, 자본, 판매 시장, 첨단 기술을 대부분 외국 수입에 의존하기 때문이다. 그렇기에 외환 관리가 치명적인 약점이 될 수도 있었다. 일본은 무역흑자 구조를 일찌감치 정착시키고 해외 자산을 엄청나게 쌓으면서 대비했던 반면, 한국은 아무런 사전 대비를 하지 않았다.

이로 인해 박정희 사후 1980년 한국은 곧바로 외환 부족에 빠졌고, 1997년 IMF 외환위기에 이어 2008년 세계 금융위기 국면에서 다시 외환 부족 사태를 겪었다. 수출 의존도가 높다 보니 국제금융시장이 흔들리면 곧 외환위기에 추락하고 만다.

다행스럽게도 그때마다 미국이 도움의 손길을 제공했다. 1980년에 미국 정부는 IMF의 대기성 차관을 대폭 증액해주었고 미국, 일본, 유럽 은행들에게 채무 상환을 연장해주라고 적극 권고했다. 1997년에는 IMF 지원으로 한국의 외환위기가 수습되지 않자 미국은 G7 국가에게 단기성 채무를 장기로 전환해주자고 제안해 성사시켰다. 2008년 외환위기 때는 미국 연방은행(FRB)을 통해 300억 달러의 구제금융(통화 스와프)을 긴급 제공해주었다.

일본형 모델에 구멍이 뚫릴 때마다 미국이 구명보트를 보내 구렁텅이에서 구제해준 셈이다. 아직은 미국이 설정한 세계 질서의 틀 안에서 미국 의존의 안보 정책과 개방형 성장 전략을 추진한 혜택을 보고 있다고 할 수 있다.

오늘날 보수 세력은 박정희가 일본처럼 한미 동맹을 축으로 반공, 친미 노선, 성장 전략을 선택했던 덕분에 선진국 문턱에나마 도달한 것이라고 말한다. 하지만 한국은 미군이 주둔하고, 미국으로부터 원조와 경제성장에 필요한 자본·기술·시장·정책 노하우를 제공받는 처지였다. 미국 의존 성향이 지나치게 높았던 것이다. 그래서 박정희는 미국이 요구한 틀을 거부할 수 없었다.

그가 우리나라 '보수 원조'라면 한국 보수주의의 큰 틀은 미국이 만들어준 미국산이다. 미국 안에서 나도는 보수주의를 그대로 들여온 것이 아니라 미국이 한국용으로 제조한 보수주의. 여기에는 미국이 자국의 국익을 가득 반영했지만, 한국도 적잖이 이득을 보았다. 또한 일본에도 같은 유형의 보수주의가 횡행하고 있다.

다만 박정희의 보수주의는 다른 곳에서 진심을 느낄 수 있다. 박정희는 "'가난'은 본인의 스승이자 은인恩人이다"(『국가와 혁명과 나』)라고 했다. 이 문장만은 고딕체로 돋보이게 편집했다.

이 책은 군복을 벗고 대통령 출마를 앞둔 시점에 발간되었다. 일종의 대선 공약집이었다. 그는 빈곤 탈출을 강조하며 조국 근대화를 대선 공약으로 내걸었다.

배고픔은 인간의 본능 가운데 가장 근원적인 고통 중 하나다. 한국인들의 원초적 본능을 자극했기 때문에 박정희는 서민층의 지지를 받을 수 있었다. 그는 도시보다 농촌 지역의 지지를 많이 받았다. 농민과 영세 상인, 도시 변두리 주민, 월남 가족 등 배고픈 하층민의 지지로 대통령에 처음 당선되었다. 이어 새로운 중산층으로 등장한 수출 기업 근로자 계층에서도 지지를 획득했다.

박정희는 '배고픈 민주주의'가 아니라 '배부른 강권 통치'를 제창했다. 1978년 이후 중국공산당이 밀어붙이고 있는 것과 같은 국가자본주의 체제였다.

박정희 보수주의의 핵심은 국민이 무엇을 가장 애타게 바라는 바에 대해 해결하겠다고 나선 것이다. 그것은 이념이나 논리, 이상향이 아니었다. 그는 인간 본능에 호소했고, 그 목마름을 해결하려고 애썼다.

오늘날 보수 정치인들이 걸핏하면 망각하는 것이 바로 이것이다. 다수의 국민이 애타게 갈증을 느끼는 것이 무엇인지 박정희만큼도 모르고 있다.

마무리;
21세기 한국 보수를 누가 이끌 것인가

21세기형 모델을 찾아야 할 한국 보수

한국은 오랫동안 유교 철학의 지배를 받았다. 가정과 사회에서 사서 삼경의 가르침을 익혔다. 조선 시대 성리학은 국가 운영부터 마을 공동체 운영, 가족 관계에 이르기까지 널리 적용되었다.

유교의 민본주의, 위민爲民 사상은 서양의 진보적 가치관과 통한다. 중국공산당이 100년 동안 중국을 장악하고 있는 것은 공산당 이념을 유교의 민본주의와 설득력 있게 접목시킨 덕분이다.

그러나 유교는 진보 이념보다 서양 보수주의와 골격을 훨씬 많이 공유하고 있다.

유교와 보수주의는 모두 역사, 전통, 사회 관행을 중시한다. 유교가 가르치는 예의범절은 서양 보수주의가 중시하는 에티켓, 기사도 정신과 상통한다. 가족 간 우애와 우정, 국가 공동체에의 충성을 유교와 보수주의는 무척 소중하게 여긴다.

공동체의 위계질서를 따지는 것도 유교와 보수주의의 공통점이다. 인간 사회에는 계급이 형성될 수밖에 없다고 여기는 것이다. 유교 경전은 조직의 상하 관계, 가족과 공동체의 내부 질서를 원활하게 유지하는 방안을 제시하고 있다. 불평등 허용은 신분 차별을 합리화하는 약점으로 작용했지만, 위계질서가 공동체의 안정과 존속을 달성하는 최선의 방안이라고 여긴다.

유교는 중앙집권제, 엘리트 집단에 의한 통치를 합리화했다. 그러면서 지배 계층의 모럴(윤리 의식)을 강조한다는 점도 보수주의 이념과 통한다. 유교는 엘리트 계층의 청렴과 덕치德治를 중시했다. 서양 보수주의는 상류층에게 미덕(virtue)과 희생, 자선 의무 솔선(noblesse oblige)을 요구했다.

한국 사회에 유교 전통이 짙게 남아있어 서양의 보수주의 이념은 원만하게 수입되었다.

오늘날 보수진영의 논객들은 한국 보수주의가 자유민주주의와 자본주의 시장경제를 두 축으로 삼는다고 말한다. 하지만 현재 한국인들이 익숙하게 이용하고 있는 국가 시스템은 유교에서 파생된 생산물이 아니다. 한국인이 창조해낸 창작물도 아니다. 민주주의, 자본주의, 보수주의는 모두 수입품이다.

자유민주주의, 보수주의, 시장경제 이념은 수천 년 한국 역사에서 수명이 70여 년에 머물러 있다. 여전히 현지 적응 훈련을 받고 있는 외래종이다.

조선의 백성들은 유교의 통치 시스템이 영속성을 갖춘 것으로 생각했다. 중국형 국가 모델이 완벽한 것이라는 믿음은 양반 계층에서 더 강했다. 하지만 18세기 이후 서양의 도전을 받고 중국 모델은 허망하게 붕괴되었다. 중국 모델이 무너진 자리에 1945년 이후 미국이 입식한 서양 모델이 건설되었다.

자유민주주의, 시장경제 시스템이 한국에서 얼마나 살아남을지는 누구도 장담하지 못한다. 제도가 국민 다수에게 행복을 안기지 못하고 무고한 희생을 강요하는 방향으로 가게 되면 반드시 붕괴하는 것이 역사의 법칙 아닌가.

조선 왕조가 무너진 뒤 왕정 복고 운동은 일어나지 않았다. 중국 모델로 국가를 재건하자는 여론도 일어나지 않았다. 중국, 한국 모두 수천 년 묵은 왕정 체제와 결별했다. 보수주의 이념도 국민과 멀어지면 언제든지 폐기 처분될 수밖에 없을 것이다.

한국 보수주의는 프랑스혁명처럼 민란을 계기로 정립된 이념이 아니다. 기존 체제를 무너뜨리겠다고 밑바닥에서부터 끓어오른 끝에 세상을 뒤집은 생각이 아니라는 말이다. 그렇다고 해서 이승만, 박정희가 오랜 세월 동안 숙성시킨 고매한 철학을 하향 전파한 것도 아니다. 어디까지나 건국 초기에 막강한 지배력을 행사한 미국에 의해 입식된 이념이 보수주의다.

광복 직후 남한은 미 군정 지배 아래 사실상 식민지 상태였다. 지배자가 일본에서 미국으로 바뀌었을 뿐이다. 국민, 국토는 일제로부터 해방되었으나 국민은 주권을 행사하지 못했다. 헌법은 물론 행정 조직, 국가의 대표 지도자가 존재하지 않았다. 외국과 접촉할 권리조차 없었다.

해방에서 건국에 이르는 3년간은 국권이 동결된 상태였다. 도쿄에 주재하는 맥아더 장군이 실권을 행사했고, 멀리서는 트루먼 행정부가 원격 통치하고 있었다. 한국전쟁 이후에도 아이젠하워·케네디 정권은 원조와 주한미군 철수를 지렛대로 끊임없이 한국 내정에 간여했다.

미 군정은 한국에서 아무런 네트워크를 갖추지 못했다. 미국인 선교사, 미국에서 유학한 기독교 지도자, 일제강점기의 관료들과 손잡고 한국을 통치했다.

이승만, 장면, 박정희 정권은 저항하거나 절충안을 제시, 미시적으로 조율하는 과정을 거치긴 했다. 하지만 큰 틀에서 미국의 요구를 끝까지 거절할 수는 없는 처지였다.

미국은 2차 세계대전 이후 패권 국가로 위상이 높아졌다. 세계 전략을 다듬지 않으면 안 되는 위치에 선 것이다. 그런 미국 앞에 도전장을 내민 국가가 공산주의 이념으로 무장한 소련이었다.

소련은 적화통일을 내걸고 동유럽을 먼저 손아귀에 넣었다. 이어 중국공산당이 장제스의 국민당을 본토에서 축출했고, 한반도에서 미소, 미중 간 첫 이념 전쟁을 치렀다.

미국은 자유민주주의 진영의 대표로 반공 전선을 구축하지 않을 수 없었다. 미국의 한반도 전략도 반공의 틀 속에서 실행되었다. 한국은 미국 반공 전략의 일선 실험장이 되었다.

이에 따라 미국은 조지 오웰의 『동물농장』을 일찌감치 한글로 번역, 반공 교재로 보급했다. 한국인에게 고급 영문학 작품을 소개하려는 문화적 발상 따위는 애초에 없었다.

빌리 그레이엄이 한국전쟁 중 한국을 방문했던 배경에도 미국의 반공 메시지가 담겨 있었다. 그레이엄은 소련 공산주의에 극도의 적대감을 표시하며 종교적 각성 운동을 펼치고 있었다.

그레이엄은 북한에서 월남한 한경직 영락교회 목사와 인연을 맺었다. 한경직은 한반도 서북지역 출신 기독교인을 대표하는 인물로 친미, 반공주의에 투철했다.

이념 전쟁의 최전방이라 할 한국에는 그 어느 나라보다 미국의 입김이 거셀 수밖에 없었다. 미국은 영국, 독일, 프랑스, 이탈리아 등 서유럽 전체에 쏟아부은 만큼의 원조금을 한국에 퍼부었다. 원조가 늘어날수록 안보, 경제, 사회, 문화 각 분야에서 미국의 간여는 강해졌다. 미국 교회들은 한국의 전후 복구를 적극 지원했고 미국 전도사들은 한국에 많은 교회를 설립했다.

미국의 물량 공세로 한국인들에게 미국은 '가서 살고 싶은 희망의 나라'로 떠올랐다. 양키 문화가 직수입되고 미국에 입양 가는 아이가 대폭 늘었다. 미국 이민을 알선하는 사업도 번창했다. 지식층 사회에는 어느덧 미국 유학을 최상의 출세 코스로 여기는 풍토까지 조성되었다.

사실 해방 무렵 남한의 여론은 사회주의적인 색채가 강했다. 한국 사회는 부의 편중 현상이 심했고 봉건적 신분제가 남아 있었다. 광복을 계기로 사회주의 이상향을 꿈꾸는 분위기가 조성됐다. 미국은 한국 사회에서 그런 사회주의적 색채를 씻어내고 자유민주주의 시스템을 심어야 했다.

미국의 집념은 끈질겼다. 미국은 무상 원조금을 크게 늘렸고 때로는 주한미군을 증원했다. 밀가루, 옥수수, 분유를 무상으로 지원했다.

처음에는 먹을 것, 입을 것을 제공하면 한국인들이 공산주의 유혹을 이겨낼 것으로 보았다. 하지만 무상 원조금을 무작정 늘리기에는 지나치게 많은 비용이 들어갔다. 언제까지 달러를 퍼부어야 할지 막막했다.

미국은 1950년대 후반 한국이 어느 정도 자생력을 갖춰야 한다는 판단을 내렸다. 아이젠하워 대통령은 로스토를 비롯한 후진국 개발론자들의 건의를 받아들였다. 이승만 정권에 장기 경제개발계획을 세우라고 압박했다.

미국은 장면 정권에 이어 박정희 정권에도 똑같은 요구를 했다. 장기 계획경제를 실행하지 않으면 원조를 끊고 주한미군을 철수하겠다며 수시로 위협을 가했다.

그 대신 미국 같은 완전 자유 시장경제가 아닌 국가가 주도하는 자본주의(Guided Capitalism) 체제를 한국에 용인했다. 언론 자유, 집회 결사의 자유를 제한하는 권위주의 통치도 허용해주었다. 후진국에서는 민주화보다 경제 발전을 우선하도록 하는 것이 미국에 유리하다고 본 것이다.

이승만, 박정희, 전두환, 노태우 등 역대 보수 정권은 친미·반공 노선에서 벗어날 수 없었다. 대한민국 건국의 기본 전제 조건이었기 때문이다. 미국의 파워가 워낙 거세게 작동하는 바람에 벗어나려는 노력도 하지 않았다. 여기에 박정희는 미국의 요구에 따라 대외 지향형 성장 노선을 추가했다.

선택의 여지가 없었다. 누군가가 만약 반미·친공 노선, 시장 폐쇄형 경제를 추구했다면 미국의 세계 전략이 그것을 용인하거나 묵인했을 리 없었다.

박정희는 미국의 세계 전략을 효율적으로 활용한 권력자라고 평가할 수 있다. 그는 반공을 5·16 쿠데타의 1번 구호로 내걸었다. 통일, 민주화보다 경제성장을 앞세웠다. 수출 주도형 정책으로 미국의 세계 자유무역 시장 확대에 적극 부응했다. 미국의 요구에 맞춘 맞춤형 국정이었다. 미국의 핵우산과 주한미군에 안보를 의존하며 국방비를 절감, 성장에 투입할 비용을 확보했다.

박정희보다 먼저, 훨씬 지혜롭게 미국의 세계 전략에 편승한 것은 일본 자민당 정권이었다. 국체론의 전통을 이어받은 일본 자민당 정권은 친미·반공 노선을 고수하며 성장 일변도의 국가 전략을 고집스럽게 추진했다. 덕분에 패전 후 20년이 되기도 전에 경제 선진국 대열로 도약했다.

일본의 보수 정권은 때론 안보, 외교에서 미국의 허수아비라는 조롱을 들어야 했다. 미국이 버튼을 누르면 순순히 시장을 개방하고 환율을 조정하는 처신으로 '미국 자판기' '미국의 도쿄 ATM'라며 놀림을 받았다. 그러면서도 경제 번영을 추구하는 실용적 국가 전략을 고수했다. 박정희는 일본 보수 정권의 전략을 모방, 굶주림을 해결하고 중국보다 잘사는 경제를 이룩했다.

그러나 일본형 성장 모델은 1980년대 말 한계점에 도달했다. 냉전 종결, 제조업 모방 기술의 한계, 디지털 경제의 등장, 지구 환경의 급변과 함께 세계는 새로운 국면에 진입했다. 후발 국가들의 선진국 추적 모델로서 약점을 드러내기 시작했다.

일본은 1990년대로 진입하자 장기 불황에 빠졌고, 일본을 뒤따르던 한국과 동남아 국가들은 외환위기를 겪었다.

일본형 성장 모델이 한계를 드러낸 것과 동시에 한국의 보수진영은 권력을 잃었다. 김대중, 노무현 시대가 열리더니 문재인까지 집권에 성공했다. 보수진영은 심하게 요동치더니 분열을 거듭했고 지금껏 안정을 되찾지 못하고 있다.

21세기 들어 한국은 새로운 도전을 겪고 있다. 다른 자본주의 국가들처럼 저성장과 빈부 격차를 동시에 겪고 있다. 사회 내부에서 계급 마찰이 격렬해지고 있다. 잇단 금융위기로 중산층이 얇아지고 있다.

국제 판세도 달라지고 있다. 미국과 중국의 패권 경쟁이 격심해졌다. 한국은 경제력의 상당 부분을 중국에 의존하면서 미국과의 군사 동맹을 유지해야 하는 곤혹스러운 처지에 있다.

냉전 시대처럼 어느 한쪽 편 선택하기를 감행한다면 최소한 30퍼센트 안팎의 경제력 손실을 감수해야만 하는 것이다. 국가의 흥망이 걸린 국면에서 중심을 잡아야 한다는 기대가 높아지고 있다.

한국은 21세기에 적합한 새로운 국가 경영 모델을 모색하지 않으면 안 되는 단계에 접어들었다. 보수든 진보든 지도자는 국제 패권의 변화와 경제구조, 인구구성의 변동에 맞는 새로운 비전을 제시해야만 한다.

한국의 보수진영은 일본 지배 시대의 기득권 집단과 미국 지배 체제 75년 동안 신흥 지배층으로 등장한 집단이 결합한 연합 세력이다. 이들은 미국의 세계 전략 틀에서 한미 동맹을 유지하며 이념 전쟁과 시장 경쟁을 전개했다. 한국은 안보, 외교에서 주체성을 포기한 채 오로지 성장 일변도로 달려왔다. 다행히 미국 주도의 자본주의 체제가 승리하였기에 한국 또한 경제적 번영을 누릴 수 있었다.

하지만 21세기 들어서면서 그러한 번영이 지속될 것인지 장담할 수 없는 혼돈에 빠져들고 있다. 미국은 그동안 누려왔던 압도적 우위의 힘을 잃어가고 있다. 미국 경제력은 심하게 흔들리고, 미국의 한반도 정책마저 정권마다 춤을 추고 있다. 핵 위협을 감행하는 북한을 폭격하려는 행동을 1993년에 이어 2017년에도 감추지 않았다. 한반도는 언제 전쟁 국면에 돌입할지 알 수 없게 되었다. 트럼프 시대를 통과하며 한미 동맹이 위험하다는 징후를 누구나 느꼈을 것이다. 미국을 따르면 그런대로 편히 지낼 수 있었던 세상이 끝나가고 있다.

보수진영의 분열과 갈등은 여기서 비롯된 것이다. 중산층의 붕괴 같은 내부적 요인도 크게 작용했지만, 무엇보다 버팀목이 되어온 미국의 방황과 혼돈이 한국 보수진영을 강타하고 있다.

이제 국민소득이 북한보다 40배 많다는 사실은 그리 중요하지 않다. 세계 10위권의 경제력도, 세계 6위의 군사력 같은 지위도 요동치는 미국을 보며 언제든 물거품이 될지 모른다는 불안에 빠졌다. 조선시대의 중국 의존병, 일제강점기의 일본 의존병에 이어 미국 의존병에서 헤어나지 못하고 있는지도 모른다.

한국의 보수 세력은 '좋았던 어제'와 '배부른 오늘'에 머물러 있기를 좋아한다. '불안하고 불투명한 내일'에 대비하기 위한 홀로서기를 하려 들지 않는다. 어느 철학자의 말처럼 낯모르는 내일의 천사보다 낯익은 오늘의 악마가 편하다고 여기는 게 보수주의자들 아닌가. 21세기형 보수의 줄거리를 잡지 못한다면 보수진영은 소멸할 수밖에 없다.

한국 보수의 3가지 결핍증을 어떻게 극복해야 하나

미국 테네시주는 블루스, 소울, 랩, 로큰롤, 컨트리 뮤직이 크게 성장한 곳이다. 동시에 많은 기독교 종파의 본거지이기도 하다.

테네시 인구의 77퍼센트가 백인이고, 기독교 신자는 81퍼센트에 달한다. 주민의 절반가량은 매주 한 번 이상 교회에 간다.

미국 공화당의 텃밭 중 한 곳이 테네시다. 주지사부터 주 의회, 연방 상원의원 자리를 공화당이 차지하고 있다. 테네시 근로자들의 노조 가입률은 고작 5.5퍼센트에 불과하고 지방세가 낮기로 유명하다. 테네시는 보수주의 색채가 가장 강한 지역으로 꼽힌다.

미국에서 보수주의 성향이 강한 지역은 대체로 기독교인이 많다. 앨라배마의 기독교인은 86퍼센트, 루이지애나는 84퍼센트에 달한다. 사우스다코타, 텍사스도 기독교 신자 비율이 높고 공화당 지지가 뚜렷하다.

서양 보수주의는 기독교를 밑바탕에 깔고 있다. 보수주의 원조 에드먼드 버크, 전도사 빌리 그레이엄뿐만 아니다. 보수주의 정책의 실현자 레이건과 대처는 성경의 가르침을 충실하게 따랐다. 레이건은 연설에 성경을 자주 인용했다. 자신의 장례식에서 읽어야 할 성경 구절(마태복음 5장 14~16절)까지 미리 지정해 놓았다.

에드먼드 버크는 "인간은 천성적으로 종교적 동물이고, 신앙이 없는 생활은 우리의 이성뿐 아니라 본능에도 반하는 일"이라고 했다. 그가 말한 종교는 당연히 기독교다. 그는 기독교는 영혼의 기반이고,

교회는 시민 사회의 중심지이며 서구 문명의 출발점도 기독교라고 보았다.

서양 보수주의자들의 인간관, 국가관은 기독교적이다. 인간의 이성은 한계가 있으며, 인간은 원래 감정적인 존재라고 보았다. 비합리적 욕구와 충동에 흔들리고 자칫 유혹에 빠지는 약점을 갖고 태어났다는 시각이다. 인간은 양면성을 가진 동물이라서 일탈하지 못하도록 예의범절, 규칙, 법, 질서로 통제해야 한다고 보는 것이다.

빌리 그레이엄과 보수 기독교 목사들은 아이젠하워 대통령 시절 미국 화폐에 특별한 문구를 집어넣었다. 'In God We Trust'라는 표현이다. 흔히 '우리는 신을 믿는다'라고 해석하지만, '신 앞에서 우리는 서로를 믿는다'라고 의역하는 게 낫다.

이 문장은 미국의 공식 국가 슬로건이다. 미국 국민은 절대자와 신앙 계약을 맺었고 절대자를 매개로 개개인끼리 계약을 맺었다는 뜻을 담고 있다. 미국은 인간이 신앙을 기반으로 계약을 맺은 나라라는 공동체 정신을 그렇게 표현했다.

달러에 이 문구를 삽입했던 1950년대 중반 미국의 반공 의식은 최고조에 달했다. 소련의 종교 탄압을 보면서 미국은 결코 무신론의 나라가 될 수 없다고 다짐했다. 관련 결의안과 법안은 미국 상하원에서 만장일치로 통과되었다.

청교도가 미국의 보수주의를 지탱한다면 영국은 성공회가 그 역할을 수행해왔다. 일본의 보수주의도 불교와 신도神道를 기반으로 유지되고 있다. 일본 신도는 왕실과 밀접한 관계를 맺고 있다.

영국, 미국, 일본과 비교해 한국의 보수주의는 종교 기반이 무척 취약하다. 우리나라 보수 기독교 교단은 해방 직후부터 고도성장 시대 신흥 중산층을 대거 교인으로 포섭, 보수 정권의 장기 집권을 지탱해 주었다. 기독교 지도자들은 미 군정에 적극 협조한 대가로 도심 요지에 교회 부지를 불하받는 혜택을 누렸다. 이어 이승만·박정희·전두환 등 역대 보수 정권을 거치며 권력과 손잡고 교세를 확장했다. 일부 대형 교회는 특정 대통령 후보를 노골적으로 지지했고, 권력 심층부에 발언권을 행사한 목사도 적지 않았다.

하지만 한국에서 기독교인의 비율은 최고 20퍼센트를 넘은 적이 없다. 그마저도 고도 성장기가 끝나고 보수 정권의 장기 집권이 종료되면서 교인 감소로 고통스러워하는 교회가 급증했다. 코로나 확산 위기에서 영세 교회들이 무리한 모임으로 세간의 눈총을 받고 있는 이유도 기독교인의 감소와 직결되어 있다.

기독교는 한국 사회에서 보편적인 종교가 아니다. 그렇다고 한국이 불교나 유교가 지배하는 나라도 아니다. 많은 한국인은 출세, 건강, 시험 합격을 기원하는 기복祈福 신앙, 축복 신앙을 따른다. 정치인이 특정 종교를 앞세우는 득표 활동을 할 수 없는 다종교 국가다. 대통령이 성경 위에 손을 얹고 취임 선서를 하는 미국과는 전혀 다르다.

박정희는 특종 종교를 믿지 않았다. 정주영은 중동에서는 이슬람 방식으로 기도하고, 울산 공단에는 천주교 성당을 건립해 헌납하는 식이었다. 그에게 종교란 사업을 위한 수단에 불과했다. 이처럼 한국 보수진영에는 공통된 신앙이 없기에 내부 마찰을 겪거나 외부 충격을 받으면 쉽게 흩어진다.

한국 보수주의가 취약한 고리는 단지 종교적 기반만은 아니다. 한국 보수주의자들이 공통적으로 공감하며 읽는 필독서가 없다. 한국 보수주의에는 경전, 고전이 없고 성지聖地도 없다. 논란이 생기면 중심을 잡아줄 철학자, 사상가가 없다는 얘기다. 한국 보수를 상징하는 인물은 오로지 박정희, 이승만 같은 허점투성이 정치인뿐이다.

미국, 영국의 보수주의자들은 성경 외에 에드먼드 버크, 프리드리히 하이에크의 책을 반드시 읽는다. 공화당 대선 후보였던 배리 골드워터의 『보수주의자의 양심』도 있지만, 러셀 커크의 『보수의 정신』, 조지 오웰의 소설도 필독 리스트에 있다.

러셀 커크라는 인물을 보자. 그는 소설가이자 정치사상가다. 그의 책은 서양 보수주의의 역사를 정리한 명작으로 꼽히고, 그는 보수주의의 대부로 숭배를 받고 있다. 한국에서는 최근에야 그의 저서가 번역되었다.

러셀 커크는 매우 흥미로운 학자다. 대학교수직을 거부하고 미시간의 시골 마을에서 평생을 살았다. 인구 450명 수준의 미코스타 Mecosta 카운티에 은둔하며 보수주의 철학을 집대성했다. 잡지와 신문에 정기적으로 칼럼을 썼고, 보수 싱크탱크인 헤리티지 연구소에서 특강을 하는 방식으로 보수주의의 핵심은 무엇인가에 대해 설파했다.

커크의 생가가 있는 '경건의 언덕(Piety Hill)'에는 그를 기념하는 재단이 설립되어 있다. 커크 재단은 보수주의 서적으로 가득한 소형 도서관과 간소한 숙박 시설을 구비해 놓고 대학생, 교수, 교사들에게 연수 프로그램을 제공하고 있다. 그들 중에는 재단 연구비로 미코스타에 체류하며 논문과 책을 완성하는 사람이 적지 않다. 이 때문에 미 코스타는 미국 보수주의자들이 꼭 방문하고 싶어 하는 성지로 꼽힌 다.

커크가 『보수의 정신』을 출간, 보수주의자들을 각성시킨 시기는 1953년이었다. 소련의 부상, 한국전쟁으로 이데올로기 전쟁이 정리 되고 있었다.

커크의 책을 읽고 지적 자극을 받은 보수주의자가 있었다. 윌리엄 버클리는 커크의 책을 읽은 2년 후 보수주의 이념을 표방하는 잡지 「내셔널 리뷰」를 창간했다. 보수주의를 내걸고 대중성을 인정받은 첫 번째 잡지였다. 이 잡지는 보수 논객들이 다투어 기고하며 보수주의 자들을 모으는 허브 역할을 수행해왔다.

윌리엄 버클리는 미국 보수 세력 결집에 결정적으로 공헌한 인물 이다. 잡지 발간 외에 각종 보수주의자 모임을 결성하고 전국 집회를 추진하는 역할을 맡았다.

버클리는 극우 성향을 보이는 존 버치 협회나 극우 기독교 정치 단 체를 공개 비판했다. 보수진영 안에서 극단적 주장을 배격하며 중도 노선을 걸었다. 덕분에 1980년 레이건 대통령 탄생을 통해 보수진영 의 통합을 성공시킨 공로자로 평가받았다.

한국 보수진영에는 커크, 버클리 같은 철학자나 활동가가 없다. 독 서 목록에는 『보수의 정신』, 『프랑스혁명론』 같은 서양산 작품이 대 부분을 차지한다. 한국산 보수주의 저서는 전직 대통령의 일대기나 평전이나 언론 칼럼을 모아놓은 것에 그치고 있다. 한국산 필독서가 없다. 이 때문에 반공과 친미 그리고 경제성장이 보수 이념의 전부라

인식되는 경향이 강하다.

종교, 필독서 외에 한국 보수주의의 세 번째 결함은 대적大賊이 없는 것이다.

서양 보수주의 원조 에드먼드 버크는 프랑스대혁명과 싸웠다. 민란이 체제를 깡그리 뒤엎는 것을 보며 혁명이 몰고 올 파멸을 걱정했다. 민란 같은 대혁명을 막아야 한다는 생각은 보수주의의 출발점이 되었다.

서양 보수주의는 이어 공산주의와 싸웠다. 공산주의의 무신론이 초래한 문명 사회의 붕괴를 막기 위해 전면전을 전개했다. 공산주의와의 전쟁에는 빌리 그레이엄, 조지 오웰, 레이건, 대처가 참전했다. 한국에서는 이승만, 박정희가 힘을 보탰다.

서양 보수주의는 프랑스대혁명, 공산주의에 이어 큰 정부와 싸웠다. 권력이 복지 혜택을 늘리고 정부가 기업과 개인의 일에 세세히 간섭하는 것은 안 된다고 했다. 대처 총리와 레이건 대통령은 '작은 정부'를 내걸었다. 찰스 코크는 기업을 옥죄는 규제를 철폐할 것을 외쳤고, 클린트 이스트우드는 개인의 삶에 권력이 끼어드는 것을 거부했다.

서양 보수주의는 200년간 ①과격 혁명, ②공산주의, ③큰 정부라는 3가지 큰 적과 싸워왔다. 그들은 21세기 들어 중국과 이슬람 테러리스트를 새로운 적으로 설정, 진영의 단합을 모색하고 있다.

반면 한국 보수주의자들에게는 적이 애매하다. 역대 보수 정권들은 헌법 체제를 파괴하며 매번 혁명적 쿠데타와 정권 연장을 시도했다. 권력을 과잉 행사하면서 '작은 정부'와는 반대로 달려갔다. 한국 보수주의는 ①, ③이라는 적과 싸우기는커녕 오히려 애용했다. 한국 보수주의가 동참한 전쟁은 오로지 ②공산주의뿐이다.

그나마 공산주의는 붕괴했다. 남은 것은 북한의 핵과 가난한 세습 독재 체제. 핵 위협은 미국의 핵우산으로 대응하고 있다. 그렇다고 미국, 일본의 보수처럼 중국을 적으로 삼을 수도 없는 게 아닐까.

적이 애매해졌다는 것은 위기 앞에서 진영을 단결시킬 접착제가 흐물흐물해졌음을 뜻한다. 소련 붕괴 이후 한국의 보수진영이 좀체 단합하지 못하는 이유가 여기에 있다.

보수주의자에게 적이란 다가오는 내일의 악마를 말한다. 적이 애매해졌다는 것은 오늘의 나의 재산과 지위, 그리고 공동체를 어떻게 지켜야 할지 망설이게 됐다는 뜻이다. 또 종교 기반이 허약하다 보니 어떤 마음가짐으로 불확실성에 대비해야 할지 모르고, 필독서가 없으니 어떤 방식으로 행동할지 우왕좌왕한다.

이 때문에 보수진영은 기껏 전임 대통령의 실패를 들먹이며 정권 교체 구호로 구심점을 찾으려고 한다. 상대편의 추락으로 진영의 단합을 도모하려 드니 결속력은 약하고 생존 기간도 짧을 수밖에 없다.

적, 종교, 필독서는 보수 이념의 성장을 돕는 불쏘시개다. 불쏘시개가 부족하다면 다른 고성능 재료가 무엇인지 발굴하는 노력을 기울여야 한다.

진보 정권, 북한의 독재 권력은 위협 요인이지만 동조자를 불러 모을 재료로는 충분하지 않다. 역대 보수 정권은 안보 위기, 경제 위기론을 앞세워 단합을 시도했지만 너무 자주 써먹은 바람에 지금은 효력을 잃었다.

공동체를 위협하는 미래의 적이 무엇인지 탐색해야 한다. 신앙도 기독교에만 의존하지 말고 다른 종교에서 보수 철학과 통하는 교리를 찾아봐야 한다.

6대 핵심 보수 집단의 약체화와 확장 방안

여론조사와 거리 시위, 집회, 조찬 모임을 유심히 관찰하면 우리나라 보수진영에서는 6개의 집단을 쉽게 추려낼 수 있다.

첫 번째 집단은 '경제 보수'다. 경제 번영을 중시하는 보수 집단은 두 갈래다.

우선 60대 이상 노령 세대다. 공업화 현장에서 일하며 중산층을 형성해온 계층이다. 이들은 단군 이래 처음 해외 시장을 개척, 나라를 선진국 문턱까지 끌어올려 놓았다는 자부심이 충만하다. 미국 주도의 글로벌 개방 시장 시스템에서 가장 큰 혜택을 만끽한 세대다. 권위주의적 통치와 장기 집권을 지지했거나 최소한 피동적으로 받아들였다. 이들은 나이가 들면서 자기 세대가 이루어 놓은 경제 성과를 지켜야 한다는 의욕이 강해졌다. 다만 노령 보수는 서서히 발언권을 잃어가는 추세다.

40~50대에서도 대기업 임원, 중소기업 오너, 고급 엔지니어, 전문가 집단은 오늘의 이익과 권위를 지키고 싶어 하는 욕망이 강하다. 이들은 상류층 또는 신흥 중산층이다. 정주영, 안철수처럼 성공한 기업인을 지지하는 사람이 많다. 정주영의 대선 지지율은 16.3퍼센트, 안철수의 19대 대선 지지율은 21.4퍼센트였다. 이들은 이념 다툼, 권력 전쟁보다는 남북 평화, 사회 안정 속에서 그저 경제 번영을 희망

한다.

두 번째는 '교회 보수' 집단이다. 미국 복음주의의 영향을 많이 받은 대형 교회의 신도들이 여기에 속한다. 무신론을 주장하는 공산주의를 배격하고 동성애에 반대한다. 줄곧 반공·친미 정권을 지지했고, 친노동자가 아닌 친기업 노선을 견지했다.

서울 용산과 강남, 분당의 초대형 교회들이 이들을 모으는 핵심으로 떠올랐다. 이들 초대형 교회에는 주일예배에 참가하는 성인 신도가 1만 명을 넘는다. 기독교인은 전체 인구의 20퍼센트에도 미치지 못하지만 행정부 고위 관료, 국회의원, 기업인 등 한국 지배층의 기독교인 비율은 40퍼센트 안팎에 달한다. 이렇다 보니 서울 강남의 초대형 교회들이 보유한 정치력, 경제력은 어느 집단보다 막강하다.

한국기독교총연합회(한기총)는 대형 보수 교회 주도로 설립되었으나, 그중 일부 교회들이 극우화로 인해 분열되었다. 대형 보수 교회들은 한기총과는 별도의 단체를 만들었다. 일부 교회 세력은 탄핵받은 대통령을 지지하는 극단 시위 또는 코로나 방역 방해로 사회와 마찰을 빚었다. 교회 보수 집단은 교회를 지탱해오던 중산층이 쇠퇴하면서 규모가 하강 추세에 접어들었다.

세 번째 집단은 지역성이 강한 사람들이다. 해방 후 최장기간 권력을 장악했던 대구-경북(TK) 지역의 주민과 그곳 출신을 말한다. 박정희·박근혜를 맹렬히 추종하며 '원조 보수'를 자처한다. 보수 단체 중에는 TK 출신들이 이끌어가는 사례가 많다. 선거 때는 부산-경남(PK) 출신들이 TK 세력과 연합하는 일이 잦다. TK, PK는 이승만·박정희·전두환·노태우 시대의 성장 배당금을 가장 알차게 분배받은 지역이다. 권력 장악에 어느 지역보다 집념이 강한 세력이 'TK 보수'다. 하지만 다른 지역 주민들의 권리 주장이 강해지면서 TK 보수는 견제받는 추세를 보이고 있다.

보수진영의 네 번째 핵심 집단은 '직업 보수'다. 군인, 경찰, 공무원 출신들이 보수 단체의 핵심에 자리하고 있는 사례가 부지기수다. 국정원과 검찰 출신들도 여기에 포함된다.

이들은 권력기관에서 공산당과 싸웠고 용공주의자 색출에 일생을 보냈다. 많은 직업 보수에게 반공과 친미는 단지 구호에 그치지 않고 인생 자체였다. 다만 권위주의 정권에서 권력 행사의 쾌락을 맛보았던 '사냥개 보수'이기도 하다.

베트남에 파병되었던 32만 명의 퇴역 군인들은 목숨을 걸고 공산당 군대와 싸웠다는 점, 전쟁터에서 벌어들인 외화로 경제성장에 기여했다는 점을 내세워 반공·친미 노선을 지켜야 한다며 목소리를 높인다. 민주화, 노령화와 함께 권력 중심부에서 밀려나면서 직업 보수 집단의 목소리는 점차 낮아지고 있다.

다섯 번째 집단은 '월남 보수'들이다. 북한 공산당 치하에서 탈출한 월남민과 그 후손들을 말한다. 공산당으로부터 피해를 입었거나 공산주의가 싫어 내려온 반공주의자가 대다수다. 다수의 월남민 가족은 대형 보수 교회의 열성 교인들이다. 한동안 월남 가족이 500만 명에 달한다는 얘기가 돌았으나 현재 정부에 등록된 남북 이산가족 숫자는 60~70만 명 내외 수준이다. 고령화와 혼인 등으로 월남 보수 집단은 남한 사회에 스며들었고 해마다 축소되는 추세다.

마지막 집단은 언론 보수다. 「조선일보」, 「중앙일보」, 「동아일보」를 중심으로 보수 이념을 전파하고 보수진영을 연결시키는 허브 역할을 맡고 있다. 고도성장 시대에 반공, 친미, 친재벌, 경제성장 제일주의 노선을 적극 지지하며 영향력을 한껏 확장했다. 언론 보수는 보수주의 논객을 대거 보유하고 있다. 그러나 소셜 미디어의 확장과 함께 영향력이 추락하는 경향을 보이고 있다.

우리나라 보수진영에는 일제강점기 이후 누려온 기득권에 집착하는 태생적 '모태 보수'가 밑바닥 층을 굳히고 있다. 경제 보수, 교회 보수, TK 보수, 직업 보수, 월남 보수, 언론 보수는 보수진영 내에서도 돋보이는 핵심 집단만을 꼽은 것이다. 6개 핵심 집단은 TK 출신 기업인이 강남 교회 신도로 활약하는 식으로 겹치는 부분이 많다. 이들 대다수는 미국의 세계 전략과 권위주의 정치체제에서 큰 혜택을 본 보수진영의 주류이다.

경제 보수 집단은 미국이 제공한 글로벌 시장 덕분에 형성되었고, 많은 샐러리맨이 중산층으로 발돋움했다. 중산층은 대형 교회의 신도이자 언론 보수의 든든한 독자층을 구성했다. 교회 보수 집단은 미국 교회의 전폭적인 도움을 받아 성장했다. 군인·경찰 집단은 미국이 설정한 반공 전선에서 역할을 맡았고, 월남민 집단은 고향 땅을 떠나 미군이 주둔하는 공간에서 삶의 기반을 잡았다. TK-PK 보수는 미국이 한국에 요구한 성장 전략 덕분에 어느 지역보다 큰 이득을 보았다.

이 때문에 보수들은 길거리 시위에 태극기와 함께 성조기를 들고 나서곤 한다. 그것이 미국의 은혜에 보답하는 길이라 생각하는 걸까. 아니면 미국에 힘을 보태달라고 애원하는 걸까.

문제는 핵심 보수 집단의 숫자가 줄어들고 영향력이 감소하면서 결집력이 허약해지고 있다는 점이다. 6개 집단을 연결하는 정치적, 사회적, 경제적 고리도 갈수록 끊어지고 있다.

공산주의 몰락, 냉전 종결, 미국 지배의 약화, 중국의 급부상, SNS의 확산이라는 외부 환경 변화와 함께 나라 안에서는 고도성장의 종언, 급속한 노령화가 단기간에 진행되고 있다. 이에 따라 핵심 보수 집단의 약체화는 거스를 수 없는 흐름이다. 이는 보수진영 전체의 침체로 나타날 수밖에 없다.

이제 TK 주도, 교회 주도, 군 출신 주도의 보수 결집 시도는 도리어 반발을 사기 쉬운 분위기다. 소수의 보수 핵심 집단이 얌체처럼 권력과 부를 독점한다는 것을 깨달았기 때문이다.

보수진영에는 비주류 인구가 많아졌다. 보수 비주류들은 역대 보수 정권에서 배당금을 제대로 분배받지 못했고 찬밥 신세였다는 불만을 갖고 있다. 이들은 대선에서 안철수에게 투표하거나 문재인 지지로 돌아서는 성향을 보였다.

직업, 지역, 연령, 계층, 분야별로 새로운 보수 집단을 발굴하지 않으면 안 되는 시기를 맞았다. 충청·강원·호남 지역의 보수, 예능·스포츠계의 보수 스타, 20~30대를 단합시키는 방식이다.

한국 보수주의자들이 깨달아야 할 세계 흐름의 변화

한국 보수진영은 일제강점기와 냉전 시대를 거치면서 익숙해졌던 것들과 결별해야 할 시기를 맞고 있다. 과거와 딱 단절하라는 말이 아니다. 수정하고 보완할 단계라는 얘기다.

보수진영 지도자는 시대 흐름의 두 가지 변화를 예민하게 느껴야 한다.

우선 세계정세의 변화다. 미국과 중국이 정면 대결하는 국면이다. 미국의 새로운 적은 냉전 시대의 적과 다르다. 중국은 공산주의 이념으로 소련처럼 동유럽 같은 블록을 형성하고 있지 않다. 이념 대립이나 진영 대결 양상은 아니다. 더구나 중국은 미국식 글로벌 개방 시장 시스템에서 급부상한 나라다. 다만 민족주의 성향은 무척 강하고, 소련처럼 전체주의적 통치를 하는 특징을 갖고 있다.

미중 사이에 낀 한국은 안보는 미국과, 경제는 중국과 밀접하게 연결되어 있다. 미중 대립이 격화될수록 일방적인 친미, 친일 노선을 재조정하지 않을 수 없는 입장이다.

트럼프 시대를 거치며 한미 동맹은 큰 상처를 받았다. 미국의 이익 앞에 한국은 굴욕을 감수해야 했고, 주한미군은 언제든 철수할 수 있다는 움직임을 보였다. 한반도 유사시 반드시 신속 개입할 것이라는 믿음에 의문이 일어났다.

바이든 정권도 동북아 외교의 중심축을 옮겼다. 그동안 '아시아·태평양' 전략의 일환으로 한국을 중시해왔으나 이제는 중국과 대결 의지를 분명히 하며 '인도·태평양' 전략을 가다듬고 있다. 미국은 일본, 인도, 호주와 함께 4자 연합전선(Quad)을 가동했다. 미일은 협력 체제를 강화하며, 한국을 미일 동맹의 부품 같은 국가로 여기는 분위기다.

미국의 대한국 전략은 19세기 말 이래 달라지지 않았다. 미일 관계의 틀 안에서 한반도 문제를 다룬다는 것이다.

미국은 경제력에서 흔들리고 외교에서 일관성을 잃고 있다. 일본은 중국을 의식, 사회 전체가 우경화하며 친미 노선을 강화하고 군사력을 키우는 흐름이 역력하다.

그렇다고 우리가 유치하게 반미, 반일을 표방할 필요는 없다. 돌연 친중 노선으로 가야 할 만큼 다급하지도 않다. 하지만 이승만, 박정희처럼 미일 관계에서 종속적 외교 관계, 의존적 동맹은 더는 곤란하다. 미국, 중국, 일본 사이를 급하게 출렁이는 외교도 금물이다.

이명박 정권은 친미 외교를 강화했다. 소고기 광견병 파동도 친미 노선을 보완하려다가 뒤통수를 맞은 격이다. 박근혜는 서방국가 원수 중 아무도 가지 않은 중국 인민군 창건 70주년 기념식에 유일하게 참석해 박수를 쳤다. 그러다 북한이 핵실험을 하자 미국에 사드 기지 건설을 허락하며 오락가락하는 행보를 보였다.

미국, 일본은 금융위기를 잇달아 경험하며 자국의 국익을 우선하는 조짐이 뚜렷하다. 우리는 안보, 외교 측면에서나 경제적 이익을 위해서나 협력 체제를 유지하거나 때로는 강화해야 한다.

시진핑 주석이 퇴진하고, 중국이 미국과 적정선에서 타협한다면 미국의 대중국 전략이 변화할 여지가 있다. 하지만 우리 정부로서는 미일과 중국 사이에서 애매한 입장을 어쩌면 장기간 계속 취하게 될 수도 있다. 심한 마찰이 불가피하겠지만 여차하면 자체 핵무장을 감행하겠다는 배포가 있어야 한다.

또 다른 변화는 경제 기조다. 세계경제는 금융위기와 전염병 만연, AI 기술 발전, 지구환경 변화를 동시에 겪고 있다. 냉전이 끝나자 자본주의 시스템이 최상의 작품이라는 풍조가 풍미했으나 이제 전 세계 곳곳에서 자본주의가 문제를 키우고 있다.

빈부 격차 확대와 중산층 몰락, 온난화 가속으로 인류는 생존을 위협받고 있다. 레이건, 대처가 국가 개조에 채택했던 신자유주의는 신뢰를 잃었고, 케인스는 물론 마르크스나 히틀러를 그리워하는 사람들마저 늘어나고 있다.

개발도상국에 신자유주의 정책을 강요하던 워싱턴 컨센서스 Washington Consensus도 30여 년 만에 사실상 폐기되었다. 세금 인하를 그토록 강조하던 국제통화기금(IMF)도 빈부 격차 해소에 필요한 재원 마련을 위해 법인세, 소득세 인상을 주장하고 있다. 거시 정책에서 커다란 분위기 반전이 일어나고 있다.

미국의 주요 대기업 경영인들(비즈니스 라운드테이블)은 주주의 이익을 최우선 목표로 여기던 주주 제일주의를 포기하겠다고 선언했다. 기업 경영의 흐름이 바뀌는 추세다. '최소 비용으로 최고 이익을 올리는 것이 기업 경영의 목적'이라던 원칙은 깨졌다. 소득세를 더 내겠다는 미국 부자들의 선언도 이어지고 있다.

이제는 이익을 공유하는 방식으로 지속 가능한 공생共生의 자본주의를 모색하자는 분위기가 무르익고 있다.

재벌 육성을 최고로 여기는 한국 보수들의 생각도 바뀌어야 한다. 삼성전자, 현대자동차, 포스코 같은 소수의 글로벌 기업에 의존하는 방식으로는 한국 경제가 지속적 성장세를 유지할 수 없다.

총수 일가의 전횡과 일탈, 불법을 군이 따지지 않아도 된다. 대형 재벌만 믿고 있다가 언제 나라 경제가 날벼락을 맞을지 알 수 없다. 반도체나 휴대폰이 기술 경쟁력이나 판매 시장을 상실하게 되면 삼성전자도 냉장고, 세탁기나 제조하는 작은 가전제품 회사로 전락할 수밖에 없다.

더구나 대기업의 일자리 창출 능력은 갈수록 하강하고 있다. 비정규직을 양산, 빈부 격차와 신분 격차를 심화시키고 있다. 이로 인해 보수진영 지도자들은 정치권력을 잡더라도 점수를 따지 못한다.

박정희, 전두환은 민주주의를 제한한 대신 국민소득 증대로 보상을 해주었다. 하지만 이명박, 박근혜의 경우 국부가 재벌 총수와 대기업들에게 쏠리는 정책을 지속함으로써 일반 국민에게는 배당금을 주지 못했다.

보수의 새로운 리더는 수정자본주의 구상을 다듬어야 한다. 공유의 경제, 공생의 경영을 지향해야 한다.

21세기형 한국 보수가 갖춰야 할 4가지 원칙

한국 역대 보수 정권은 적지 않은 유산을 남겼다. 경제 번영을 이루었고, 건국 이후 장기간 사회를 안정시키며 집권 노하우를 쌓았다. 중산층을 대거 길러내어 민주주의 기초를 다진 업적도 과소평가할 수 없다.

하지만 개인의 행복보다는 기업의 이익, 국익을 앞세우며 인권을 무시했다. 이승만, 박정희, 전두환은 헌법 체제를 중단시키거나 뒤엎는 방식으로 장기 집권을 시도했다. 이 때문에 민주화라는 업적은 반대 진영의 공로가 되었다.

보수 세력이 부활하고 싶다면 앞으로 좋은 유산을 밑천 삼아 21세기의 보수주의 이념을 재정리해야 한다. 성공 스토리를 만들어낸 경험은 값진 것이다. 성공의 체험을 한껏 활용해 21세기형 보수주의의 방향을 잡아야 한다.

21세기 보수진영 리더에게 필요한 4가지 원칙을 꼽아보자면 포용성, 개방성, 실용성, 긍정 철학이다.

한국의 보수 리더가 추구해야 할 가장 중요한 가치는 따뜻한 포용성이다.

한국 사회의 분열과 마찰은 빈부 격차, 신분 격차에서 비롯된 부분이 가장 크다. 정규직과 비정규직, 재벌과 중소기업, 엘리트 집단과 비엘리트 집단의 간극이 너무 크다. 1등 국민, 2등 국민이 대결하는 양상이다.

공무원, 정규직, 전문직은 '신양반' 계층으로 떠올랐다. 비정규직, 프리랜서, 영세사업자, 하급 노동자는 차별이라는 감정을 감수해야 한다. 신종 신분 사회의 출현이다. 내부의 격차 문제는 북한의 핵 위협보다도 중요한 사안이다. 이념 대립, 지역감정보다 신분 격차, 소득 격차의 대립이 훨씬 심각하다.

보수 지도자는 앞으로 '닥치고 반공' 구호를 내리고 '반 격차' 플래카드를 높이 내걸어야 한다. 비정규직, 빈곤층, 비엘리트 등 낙오자 집단을 껴안아야 한다. 보수주의 원조 에드먼드 버크는 일생 동안 소외된 아일랜드, 학대받는 가톨릭교도, 독립운동하는 미국 주민들의 입장을 옹호했다.

포용성의 원칙은 격차 문제에만 발휘할 일은 아니다. '친재벌' '반노조' '반 복지' 간판을 무엇으로 바꿀지 고민해야 한다. 빈곤과 격차 문제에 냉혹한 이미지로는 공동체 통합을 주도할 수 없다.

두 번째 중요한 원칙은 개방성이다.

오랜 역사에서 한국은 쇄국주의 수렁에 머물렀다. 외부 침입의 위협에 몸을 사렸고 새로운 문물과의 접촉을 기피했다. 개방을 무턱대고 거부하다 식민지로 강제 합병되는 비극을 겪었다.

박정희는 내부 지향적 경제 운영을 포기하고 글로벌 시장에 한국을 편입시키는 방식으로 번영의 기초를 다졌다. 한국 같은 중규모 국가는 자원부터 에너지, 식량까지 국민을 먹여 살릴 자산을 절대 자급자족할 수 없다. 개방을 통해 돈, 사람, 물자를 끊임없이 외국과 주고받아야 생존할 수 있다. 대외 지향적 노선을 고수해야 살길이 보이는 나라다.

개방성의 원칙은 이색적인 문화나 기술, 색다른 인물에 대해서도 꼭 필요하다. 반대 의견, 다른 의견을 수용하는 개방적 태도가 절실하다. 클린트 이스트우드, 찰스 코크 같은 자유 만능주의적 발상이 한국에서는 반드시 바람직하다고 할 수는 없으나 어느 정도는 받아들여야 한다는 뜻이다.

세 번째는 실용성이다. 성리학에 몰두했던 조선 왕조는 맥없이 무너졌다. 조선 말기 실용주의를 앞세운 실학파가 등장했지만 국가 개혁으로 이어지지 못하고 좌절했다. 미국이 반대하고 현실성도 없는 북진 통일을 외치던 이승만 정권도 부정선거 파동으로 붕괴했다. 박정희는 '자주 국방'을 내걸고 핵무기 개발을 밀어붙이다 미국과 큰 충돌을 빚었다.

반면 실용주의적 선택은 대체로 성공했다. 박정희는 자립경제라는 명분에 매달리지 않고 현장 기업인들의 의견을 적극 수용, 경제성장을 이루었다. 노태우는 중공군과 싸웠던 역사를 덮고 북방 외교를 서둘러 중국이라는 거대 시장을 개척할 수 있었다. 중국 시장은 한국 중화학공업을 성공시키는 발판이 되어주었다.

마지막으로 중요한 것은 긍정의 철학이다.

조선 말기 양반 계층은 서양의 파워를 부정했다. 김구도 한동안 단발을 거부했고 서양을 오랑캐로 간주했다. 그가 기독교에 귀의, 서양 서적을 접하고서야 항일 투쟁을 평생의 과업으로 삼겠다는 각오를 확실히 했다. 부정적 사고를 버리자 인생의 길이 보이기 시작한 것이다.

정주영은 긍정의 경영으로 세계적 대기업을 키웠다. 험난한 현실에서 희망을 찾는 마인드가 도전 정신을 단단하게 만든다.

보수진영에서 회의론, 비관론이 횡행한다. 보수들 모임에서는 누군가를 험한 말로 꼬집고 나라의 앞날을 비관하는 강사가 대접을 받는다. 낙관이나 긍정, 찬성보다 반대와 부정, 비관, 울분이 넘친다.

보수진영의 새로운 리더는 긍정의 철학이 성공의 씨앗이라는 믿음을 가져야 한다. 보수진영의 새 지도자는 당분간 핵심 집단 밖에서 구해야 한다. 오랜 세월 기득권을 만끽했던 기존의 주류가 앞장서면 비주류 보수들의 반응은 떨떠름, 무관심을 넘어 거부나 결사반대로 나타날 것이다. '당신들끼리 잘해보라'며 냉소로 응답할 가능성이 높다.

지도자는 신앙, 이념, 철학을 기반으로 공동체를 이끌어야 한다. 구체적인 정책은 이념과 철학에서 생산되어야 한다. 대처와 레이건이 그것을 증명했다.

보수가 나를 행복하게 만들어줄 것이라는 믿음을 주는 리더가 생명력이 강하다.

| 참고 서적 |

클린트 이스트우드

마크 엘리엇, 『클린트 이스트우드-목표 없는 청년에서 세계적인 거장으로』, 윤철희
        옮김, 민음인, 2013

로버트 E 카프시스, 캐스 코블렌츠(편), 『클린트 이스트우드-거장의 숨결』, 김현우 옮
        김, 마음산책, 2013

하워드 휴즈, 『클린트 이스트우드-영화의 심장을 겨누고 인생을 말하다』, 이경아 옮
        김, 나무이야기, 2012

조지 오웰

고세훈, 『조지 오웰-지식인에 관한 한 보고서』, 한길사, 2012

김욱동, 『조지 오웰의 동물농장을 다시 읽다』, 이숲, 2012

박홍규, 『조지 오웰-수정의 야인』, 들녘, 2017

스테판 말테르, 『조지 오웰-시대의 작가로 산다는 것』, 용경식 옮김, 제3의공간,
        2017

조지 오웰, 『동물농장』, 신동운 옮김, 스타북스, 2020

조지 오웰, 『1984』, 이종인 옮김, 연암서가, 2019

조지 오웰, 『영국식 살인의 쇠퇴』, 박경서 옮김, 은행나무, 2014

조지 오웰, 『버마 시절』, 박경서 옮김, 열린책들, 2019

조지 오웰, 『나는 왜 쓰는가』, 이한중 번역, 한겨레출판사, 2010

조지 오웰, 『위건 부두로 가는 길』, 이한중 옮김, 한겨레출판사, 2010

조지 오웰, 『카탈루냐 찬가』, 김옥수 옮김, 비꽃, 2017

猪木武德, 『自由の思想史』, 新潮社, 2016

川端康雄, 『ジョージ・オーウェル「人間らしさ」への讃歌』, 岩波文庫, 2020

西川伸一, 『オーウェル「動物農場」の政治學』, ロゴス, 2010

김구

김구, 『정본 백범일지』, 도진순 탈초 교감, 돌베개, 2019

김구, 『백범일지-백범 김구 자서전』, 도진순 주해, 돌베개, 2002

김삼웅, 『백범 김구 평전』, 시대의 창, 2004

김신, 『조국의 하늘을 날다-백범 아들 김신의 회고록』, 돌베개, 2014

김형오, 『백범 묻다, 김구 답하다』, 아르테, 2018

도진순, 『한국 민족주의와 남북관계-이승만 김구 시대의 정치사』, 서울대학교출판
부, 1998

백범김구기념사업회, 《백범과 민족운동연구》 각 호

백범김구기념사업회, 《백범회보》 각 호

손세일, 『이승만과 김구』, 조선뉴스프레스, 2015

한시준, 『대한민국 임시정부의 지도자들』, 역사공간, 2016

찰스 코크

ダニエル シュルマン(Daniel Schulman), 『アメリカの真の支配者/コークー
族』, 古村治彦 번역, 講談社, 2016

ジェイン メイヤー(Jane Mayer), 『ダーク·マネー/巧妙に洗脳される米国民』,
伏見威蕃 번역, 東洋経済新報社, 2017〔제인 메이어, 『Dark Money/자본
은 어떻게 정치를 장악하는가』, 유진하 옮김, 책담, 2017〕

渡辺靖, 『リバタリアニズム』, 中央公論新社, 2019

빌리 그레이엄

김진호, 『대형교회와 웰빙보수주의』, 오월의 봄, 2020

낸시 깁스·마이클 더피, 『백악관과 빌리 그래함』, 류장열 옮김, 기독교문서선교회,

2009

빌리 그레이엄, 『빌리 그레이엄 자서전-내 모습 이대로』, 윤종석 옮김, 두란노서원, 2001

윌리엄 마틴, 『빌리 그레이엄』, 전가화 옮김, 고려원, 1993

조성기, 『한경직 평전』, 김영사, 2003

한경직, 『나의 감사-한경직 구술 자서전』, 두란노서원, 2010

한경직목사기념사업회, 『아름다운 사람 한경직』, 규장문화사, 2000

森本あんり, 『反知性主義-アメリカが生んだ「熱病」の正体』, 新潮社, 2015

마거릿 대처

다카바다 아키오, 『대처 혁명』, 이병호 번역, 아태변협출판국, 1990

마거릿 대처, 『サッチャー回顧録―ダウニング街の日々(上-下)』, 石塚雅彦 번역, 日本經濟新聞社, 1993

마거릿 대처, 『サッチャー 私の半生〈上・下〉』, 石塚雅彦 번역, 日本經濟新聞社, 1995

마거릿 대처, 『국가경영』, 김승욱 옮김, 경영정신, 2003

박지향, 『정당의 생명력』, 서울대학교출판문화원, 2017

박지향, 『대처 스타일』, 김영사, 2012

박지향, 『영국사-보수와 개혁의 드라마』, 까치, 2007

冨田浩司, 『マーガレット・サッチャー;政治を変えた「鉄の女」』, 新潮社, 2018

Robert Colvile, 『Popular Capitalism』, Center for Policy Studies in London, 2019

로널드 레이건

김남균, 『로널드 레이건-보수혁명의 전설』, 선인, 2011

김윤중, 『위대한 대통령 로널드 레이건 평전』, 더로드, 2016

김형곤, 『로널드 레이건-가장 미국적인 대통령』, 살림, 2007

로널드 레이건, 『레이건 회고록-구두장수 아들의 꿈』, 고명식 옮김, 문학사상사, 1991

리처드 E. 뉴스타트, 『대통령의 권력-리더십의 정치학, 루스벨트에서 레이건까지』, 이병석 옮김, 다빈치, 2014

폴 켄고르, 『레이건 일레븐』, 조평세 옮김, 열아홉, 2020

폴 켄고르, 『레이건의 십자군-그는 어떻게 공산제국을 무너뜨렸나』, 최정우 옮김, 조갑제닷컴, 2008

폴 피어슨, 『복지국가는 해체되었는가』, 박시종 옮김, 성균관대학교출판부, 2006

에드먼드 버크

러셀 커크, 『보수의 정신-버크에서 엘리엇까지』, 이재학 옮김, 지식노마드, 2020

러셀 커크, 『지적인 사람들을 위한 보수주의 안내서』, 이재학 옮김, 지식노마드, 2020

W.A. 스펙, 『진보와 보수의 영국사』, 이내주 옮김, 개마고원, 2002

에드먼드 버크, 『프랑스혁명에 관한 성찰』, 이태숙 옮김, 한길사, 2017

에드먼드 버크, 『에드먼드 버크-보수의 품격』, 정홍섭 옮김, 좁쌀한알, 2018

제시 노먼, 『보수주의의 창시자-에드먼드 버크』, 홍지수 옮김, 살림, 2019

제리 멀러, 『자본주의의 매혹-돈과 시장의 경제사상사』, 서찬주·김청환 옮김, Human & Books, 2015

宇野重規, 『保守主義とは何か』, 中央公論新社, 2017

岸本廣司, 『バーク政治思想の展開』, 御茶の水書房, 2000

中野好之, 『バークの思想と現代日本人の歴史觀』, 御茶の水書房, 2002

中野好之, 『バーク政治經濟論集-保守主義の精神』, 法政大學出版, 2000

정주영

고승희 외(공저), 『峨山 鄭周永 研究』, 수서원, 1999

김문현, 『정주영은 살아있다-창조와 혁신의 국부론 특강』, 솔, 2015

박정웅, 『이봐, 해봤어?』, FKI미디어, 2007

정주영, 『이 아침에도 설레임을 안고-아산 정주영 연설문집』, 삼성출판사, 1987

정주영, 『이 땅에 태어나서-나의 살아온 이야기』, 솔, 1998

정주영, 『시련은 있어도 실패는 없다』, 제삼기획, 1991

아산사회복지재단(편), 『(100인 문집) 아산 정주영과 나』, 아산사회복지재단, 1997

현대경제연구원, 『정주영, 경영을 말하다-시대를 초월한 세기의 기업인』, 웅진싱크
　　　빅, 2011

박정희

강상중·현무암, 『기시 노부스케와 박정희-다카키 마사오 박정희에게 만주국은 무엇
　　　이었는가』, 이목 옮김, 책과함께, 2012

김기환, 『한국의 경제기적-지난 50년 향후 50년』, 기파랑, 2013

김일영, 『건국과 부국-이승만 박정희 시대의 재조명』, 기파랑, 2010

한국정치외교사학회, 『한국정치와 헌정사』, 한울, 2001

김흥기(편저), 『秘史 경제기획원33년-영욕의 한국경제』, 매일경제신문사, 1999

대한공론사(편), 『한국의 인상』, 대한공론사, 1966

W.W. 로스토, 『경제성장의 제단계』, 김명륜 번역, 장문각, 1971

한국경제연구원 편집부, 『한국과 제4차 산업혁명-1960~2000』, 한국경제연구원, 1994

박정희, 『지도자도-혁명 과정에 처하여』, 국가재건최고회의, 1961

박정희, 『국가와 혁명과 나』, 상문사, 1963

박정희, 『우리 민족의 나갈 길』, 동아출판사, 1962

박정희, 『혁명과업 완수를 위한 국민의 길』, 박정희대통령기념관, 1961

박태균, 『원형과 변용-한국 경제개발계획의 기원』, 서울대학교출판문화원, 2013

박태균, 『우방과 제국-한미관계의 두 신화(8·15에서 5·18까지)』, 창작과비평사, 2014

안종직, 『우리나라 경제의 방향-경제개발 5개년계획 해설서』, 동아출판사, 1962

양윤세·주익종, 『고도성장 시대를 열다-박정희 시대의 경제외교사 증언』, 해남, 2017

육성으로 듣는 경제기적 편찬위원회, 『코리안 미러클』, 나남, 2013

정성화(편저), 『박정희 시대 연구의 쟁점과 과제』, 선인, 2005

한국경제60년사 편찬위원회, 『한국경제 60년사』, 한국개발연구원, 2010

小熊英二, 『単一民族神話の起源-<日本人>の自画像の系譜』, 新曜社, 1995

小熊英二, 『<日本人>の境界-沖縄·アイヌ·台湾·朝鮮: 植民地支配から復帰運動まで』, 新曜社, 1998

小熊英二, 『<民主>と<愛国>-戦後日本ナショナリズムと公共性』, 新曜社, 2002

白井聰, 『国体論-菊と星条旗』, 集英社, 2018

鶴見俊輔, 『戰時期 日本の精神史(1931~1945)』, 岩波書店, 1991

鹽田潮, 『昭和の教祖 安岡正篤』, 文藝春秋, 1991

神渡良平, 『人生の師父 安岡正篤』, 同信社, 1991

長谷川啓之, 『アジアの経濟發展と日本型モデル』, 文眞堂, 1994

アンガス·マディソン(Angus Maddison), 『世界經濟史槪觀』, 政治經濟研究所
　　　監譯, 岩波書店, 2015

ダロン·アセモグル &ジェイムズ·ロビンソン, 『國家はなぜ衰退するのか-權
　　　力·繁榮·貧困の起源』(上·下), 鬼澤忍번역, 早川書房, 2013

歷史學研究會(편), 『高度成長の時代-日本同時代史4卷』, 靑木書店, 1990

Robert C. Allen, 『Global Economic History-A Very Short Introduction』,
　　　Oxford University Press, 2011

마무리

김병국(편저), 『한국의 보수주의』, 인간사랑, 1999

러셀 커크, 『보수의 정신-버크에서 엘리엇까지』, 이재학 옮김, 지식노마드, 2020

러셀 커크, 『지적인 사람들을 위한 보수주의 안내서』, 이재학 옮김, 지식노마드,
　　　2020

로버트 니스벳, 『보수주의』, 강정인 옮김, 이후, 2012

宇野重規, 『保守主義とは何か』, 中央公論新社, 2017

會田弘繼, 『追跡·アメリカの思想家たち』, 中央公論新社, 2016

中島岳志, 『保守と大東亞戰爭』, 集英社, 2018

2022년 대선 시즌의 막이 올랐다.

서울시장 보궐선거에서 압승한 보수진영은 들떠 있다. 대권까지 곧 거머쥘 듯 기세가 급상승했다.

보수정당에 대권 주자가 몰려들었다. 개발지역에 투기꾼들이 '떴다 방' 중개소를 난립한 모양새를 닮았다.

대형 보수정당은 초년병을 대표로 발탁했다. 보수 정치권에서는 정치 신입생까지 유력 대선 후보로 떠올랐다. 정치 미숙아가 훨씬 낫 다는 것일까.

새로운 보수의 아이콘이 출현하기를 갈망하고 있다. 하지만 전임 자의 실패, 상대 진영의 자폭 쇼를 즐기다가 정권 교체를 외치는 리 액션을 잽싸게 친다고 해서 절로 영웅으로 등극하는 것은 아니다. 어 설픈 정의론, 해묵은 개혁론, 국가 개조론으로 스펙이 완비되는 것도 아니다.

보수진영의 리더를 노리는 인물들이 어떤 인간관과 세계관, 생사 관을 가지고 있는 것인지 알 수 없다. 오늘의 한국인들이 간절하게 느끼는 갈증이 무엇인가 제대로 파악하고 있는지도 미지수다. 포용 력과 개방성, 실용성을 얼마나 보여줄지는 더욱 알 수 없다.

보수진영은 여전히 방황과 혼란을 겪고 있다. 공동체를 어디로 끌고 가야 할지 갈피를 잡지 못하고 있다. 마치 뇌진탕으로 혼수상태에 빠진 환자 손가락의 작은 움직임에 반색하며 흥분한 듯하다. 건강한 뇌를 이식 수술을 받아야 할지 모를 중환자라는 사실을 깜빡 잊고 춤을 추고 있다. 이런 상황에서는 누군가 반짝 리더로 떠오른다고 해도 그 수명이 오래가지는 못할 것이다.

이 책은 21세기 한국에 걸맞은 보수 아이콘의 탄생을 기대하며 썼다. 정치권뿐 아니라 경제, 문화, 종교, 엔터테인먼트 같은 여러 분야에서 수백 가지 음계를 발산하는 인물이 나오기를 바라는 마음이다. 단단한 플랫폼이 갖춰지지 않은 무대에 오른 배우는 누구든 단막극의 단역에 불과할 수밖에 없다.

졸저 『진짜 보수 가짜 보수』(21세기 북스)를 토대로 연속 프로그램을 만들자고 처음 제안해온 곳은 법률방송이었다. 한국 보수주의의 바람직한 미래를 논의하는 기회를 가지자는 뜻이었다. 이에 필자가 인물 중심으로 토론해보자는 아이디어를 냈고, 그것이 이번 책으로 연결되었다. 법률방송 노창극 국장님과 김성현 PD께 감사드린다.

인물 선정 과정에서 윤평중 전 한신대 교수님, 도진순 창원대 교수님, 송양민 가천대 교수님, 전여옥 전 국회의원님의 훌륭한 조언에 신세를 졌다.

기자 시절 경제기획원, 재무부, 상공부, 농림수산부, 한국은행, 한국개발연구원(KDI)에서 박정희와 직접 경제정책을 협의하고 실행했던 수많은 고급 취재원을 접촉했다. 재계에서는 정주영, 구자경, 김우중, 최종현을 비롯해 여러 창업 세대 기업인을 만났다. 공식, 비공식 석상에서 그분들로부터 생생한 증언을 들었던 덕분에 박정희, 정주영에 관해서는 30년 이상 누적된 정보와 분석을 토대로 비교적 수월하게 쓸 수 있었다. 취재 현장에서 솔직한 대화를 나눴던 모든 분께 이번 기회를 빌려 감사 인사를 올린다.

2021년 여름
보수진영이 반짝 들뜨는 모습을 보며